AF130303

G. Theobald

Das Bündner Oberland oder der Vorderrhein mit seinen Seitentätern

G. Theobald

Das Bündner Oberland oder der Vorderrhein mit seinen Seitentätern

ISBN/EAN: 9783743345706

Hergestellt in Europa, USA, Kanada, Australien, Japan

Cover: Foto ©ninafisch / pixelio.de

Manufactured and distributed by brebook publishing software (www.brebook.com)

G. Theobald

Das Bündner Oberland oder der Vorderrhein mit seinen Seitentätern

Das

Bündner Oberland

oder

der Vorderrhein mit seinen Seitenthälern

von

Prof. G. Theobald.

Mit 5 Ansichten in Holzschnitt und einem Kärtchen des Vorderrheinthals

—••••••◆◆•••••—

Chur, 1861.

Druck und Verlag von Leonh. Hitz.

Chur mit der Aussicht in's Bündner Oberland.

Vorwort.

Auf mehrfach geäusserten Wunsch unternahm ich, eine Schilderung des Vorderrheinthals und seiner Seitenthäler zu geben, welche für den Einheimischen eine Zusammenstellung der wichtigsten Verhältnisse seiner schönen Heimath, für den gebildeten Fremden ein Führer durch diese Gegenden sein sollte, die bisher nicht genug gekannt und gewürdigt worden sind. In der That wird Derjenige, welcher die in dem Werkchen angegebenen und geschilderten Wanderungen unternimmt oder sie auch weiter ausdehnt, in unserem Oberland ein Land finden, das an hohen Schönheiten der verschiedensten Art, an lieblichen wie an grossartigen, wilden und schauerlichen Bildern der Natur hinter keinem andern Alpenland zurücksteht, und nur bekannter werden muss, um denselben Ruf zu erlangen. Da es sich hier hauptsächlich um die Natur handelt, so tritt diese in der Beschreibung vorzugsweise hervor, man wird ohne Mühe in dem Verfasser eine Vorliebe für die Seite des Landes er-kennen, welche Gegenstand seiner Studien ist und in die er Andere einführen mögte, doch auch wird Derjenige, welcher sich nicht mit Naturwissenschaften beschäftigt, das was in dieser Beziehung vorkommt, verstehen können, und sich nicht über ausgehängte Gelehrsamkeit zu beklagen haben; die neuere Zeit fordert ein Auftreten der Wissenschaft in anspruchsloser, verständlicher Form.

Von dem Leben des Volkes und seiner Geschichte wird der Leser auch das Wesentlichste finden, so wie ich es auch nicht unangemessen fand, der Volkssage ihr Recht zukommen zu lassen, wo sie in dem edlen Gewand der Volkspoesie auftritt.

Ich hatte, bevor ich die Arbeit anfing, eine Aufforderung an viele
geeignete Personen ergehen lassen, um Notizen zu erhalten. Nur sehr
wenige haben diesem Wunsche entsprochen. Diesen verdanke ich
hiermit ihre Mühe und Gefälligkeit, stelle auch um allfälliger Nachträge
willen an alle Andern die frühere Bitte; Berichtigungen werden mir
willkommen sein, wenn sie in der Absicht gegeben werden, die Wahrheit herauszustellen, und in der hiermit übereinstimmenden Form; einer
Kritik, welche Anderes beabsichtigt, wird bemerkt, dass es besser
gewesen wäre, durch Einsendung des erbetenen Materials, Mängel und
allfällige Irrthümer zu verhüten. So viel an mir war, habe ich das
Wahre zu erforschen und zu geben gesucht.

Ein Gruss an alle Freunde im Oberland, und an alle die, welche
ein klares Auge und ein fühlendes Herz mitbringen zu den Quellen
des Rheinstroms.

Chur, den 10. Juni 1861.

G. Theobald.

Einleitende Uebersicht.

Was Menschen bauten, können Menschen stürzen.
Das Haus der Freiheit hat uns Gott gegründet.

Der junge Tag giesst sein Licht aus über Berg und Thal, duftig blau
wölbt der Himmel sich über den mächtig aufstrebenden weissen Hörnern
des Gebirgs, die ihn zu tragen scheinen, über den schwarzen Wäldern und
grauen Felsenstufen an ihrem Fuss, über den blühenden Auen und Feldern
des Rheinthals, wo der jugendliche Strom die ersten Rebenhügel begrüsst;
der Morgenwind rauscht durch die Tannen mit jenen leichtverwehenden,
dahinschwebenden Tönen, welche die Erinnerung wecken in des Menschen
Brust und sie wieder einwiegen in träumende Ahnung, den schwankenden
Wellen jener Laute gleich. Die Drossel begrüsst den Morgen mit ihrem
ersten Lied, die Felsenblume öffnet ihre thauige Krone, die Frühglocken
klingen melodisch herauf aus dem Thal. Es ist ein Frühlingsmorgen mit
aller Pracht und Frische der Alpenwelt.

Wir stehen auf dem westlichen Vorsprung des Mittenbergs ob Chur der
alten rhätischen Hauptstadt und schauen hinauf in das weithingestreckte
Thal, in welchem der Rhein mit jugendkräftigem wildem Lauf herabeilt,
bald durch Wiesen und Feld sich windend, bald angeschmiegt an die Felsenrippen des Gebirgs, bald diese durchbrechend mit des Bergstroms unge-
schwächter gewaltiger Kraft. Zwei mächtige Bergreihen begleiten ihn; wir
können sie beide ihrem Hauptverlauf nach verfolgen und an den gewaltigen
Umrissen der Berge die Ausgänge der tiefen Seitenthäler erkennen, welche
in sie eingreifen. Auch gewahren wir, dass sich das Hauptthal bald in das
des Hinterrheins und Vorderrheins spaltet; nur das des letztern ist es, das
in so herrlicher Fülle vor uns liegt, wo Berg an Berg, Firne an Firne sich
reiht. Das ist das Bündner Oberland, das wir durchwandern wollen.

Die Sonne ist höher gestiegen; ihre ersten Strahlen treffen die beschneiten Spitzen des Hochgebirgs. Dort in äusserster Ferne hebt sich
glühend roth eine scharfkantige Pyramide über ihre schneebleiche, von
dem blitzenden Licht der Morgensonne noch nicht berührte Umgebung; es
ist der Badus oder Sixmaduna, das Ziel unserer Fahrt; da entströmt der
Vorderrhein den ewigen Schnee- und Eislasten, welche die Nordseite des
Gebirgs umlagern, und den grünen Wassern der fernen Hochseen, die sich

in seinen zerklüfteten Gehängen bergen. Es folgt die lange Felsenkette Crispalta mit den senkrechten, gefurchten Wänden und dem zerklüfteten Kamm, der ihr den Namen gab, dann der Oberalpstock mit seinen mächtigen, stufenweise aufsteigenden Hörnern und Gletschern und die hervorragendste Berggestalt des Thales, das Brigelser Horn, kenntlich an seiner scharf geschnittenen Pyramidenform und der schlanken Gabelspitze, die sich hoch aus Gletschermassen gegen das Blau des Himmels abgrenzt. Sanftere, bewaldete Höhen verdecken die Felsenzacken, die nun folgen und der massige Calanda mit dem Doppelgipfel und den rothgrauen Felsenbändern, welche terassenförmig die bewaldeten Seiten zieren, erhebt sich gerade vor uns. Gegenüber auf der rechten Thalseite steht noch in dunklen Waldschatten gehüllt der Pizokel und das Bündnersteingebirg. Weiter innen leuchten in hellem Sonnenglanz die spitzigen Hörner des Signinastocks und des hohen Piz Miezdi, aber sie verdecken die prachtvolle Bergwelt, die sich in vielgestalteten, von Eis und Schnee umhüllten Gipfeln dort ausdehnt.

Aber werfen wir noch einen Blick auf unsere Umgebung. Unter uns liegt Chur, angelehnt an den äussersten Vorsprung des Mittenbergs, der Hof mit der alten Cathedrale und dem Bischöflichen Schloss, das Kloster St. Lucius und die Cantonsschule stehen schon auf seinen ersten Terrassen. Unten am Fuss zu beiden Seiten der Plessur, die wohl eingedämmt aus dem felsigen Thale hervorrauscht, breitet sich die Stadt in dreieckiger Form aus und streckt nach verschiedenen Seiten Erweiterungen in die Ebene zwischen die blühenden Obstgärten hin bis zu den weitgedehnten Wiesen der Au. Dicht vor den ersten Felsenstufen des Calanda glänzt da und dort der Rhein aus den Erlengebüschen und jenseits liegt unter den drohenden Zacken der zerfallenden Bergwand Felsberg. Auf der rechten Thalseite zieht sich, lange noch von Häusergruppen begleitet durch Korn- und Maisfelder die weissglänzende Strasse nach Ems und Reichenau, wo das Thal sich theilt und den Charakter des vereinigten Rheinthals verliert. Statt einer breiten ebenen Thalsohle, die ohne Unterbrechung bis zum Bodensee fortsetzt, erblicken wir ein engeres Hochgebirgsthal, das sich bald zu kleinen Ebenen erweitert, in denen man leicht die ehemaligen Seebecken erkennt, bald durch vortretende Riffe gesperrt sich zu Felsenengen zusammenzieht, die der Strom im Laufe der Zeit sich gerissen. Aber hoch über diesem auf den Vorstufen der Berge haben auf fruchtbarem Gelände auch da noch die Menschen bleibende Wohnungen gegründet; weissglänzende Kirchen, die von den luftigen Vorsprüngen der Terassen herabschauen, bezeichnen die Lage der an ihrem Fuss ausgebreiteten Dörfer. Sie winken uns freundlich zu sich herauf, denn der Blick von dort herab ist reizender noch als von hier aufwärts, und dort, von den eisigen Höhen, umfasst das Auge einen grossen Theil des Alpengebirgs, jenseits verliert es sich in der blauen Ferne der italischen Fluren.

Doch suchen wir uns zunächst zurechtzufinden in dem Gewirre von Bergen und Thälern, die vor uns liegen; es kann dem Alpenreisenden nicht genug empfohlen werden dieses zuvor wenigstens auf der Karte zu thun, wenn er ein Gesammtbild dessen mitnehmen will, was er gesehen. Ausserdem wird es ihm viele Jrrungen, Umwege und Missverständnisse ersparen. Wie man in einer grossen Stadt sich zuerst die Hauptgebäude und Plätze merken soll, auf welche man aus dem Strassengewirr immer wieder zurückkommt, so ist es nöthig sich an den Alpen gewisse hervorragende, leicht kenntliche Punkte und feste Stationen zu merken, von denen aus man sich zurechtfindet oder an die sich das Uebrige wie von selbst anknüpft. Wer nur auf der breiten Landstrasse zu reisen gedenkt oder nur die längst betretenen in jedem Reischandbuch verzeichneten Stellen aufsucht, bedarf diess freilich weniger, doch wird auch er häufig nicht auf so glatten Wegen wandeln, als er ursprünglich glaubte und genaue Kenntniss grösserer Verhältnisse wird ihm manche Verlegenheit ersparen. Wer aber blos darum die Schweiz bereist, um sagen zu können, er sei an dieser und jener Stelle gewesen und habe per Tag so und so viel fertig gebracht, wie man etwa den Tag über eine namhafte Anzahl Geschäftsbriefe schreibt oder so und so viel Actenfascikel beseitigt etc., für den sind diese Blätter ohnediess nicht geschrieben. Sie sollten den denkenden und fühlenden Leser einführen in eine grosse, herrliche Natur, bewohnt von einem frischen naturkräftigen Volk, sie sollen ihm den Weg zeigen durch das liebliche Thalgelände, durch den finstern Wald, am Ufer des schäumenden Bergstroms ihn auf schmalem schwindelndem Pfad führen, hoch über die luftigen Bergjoche, auf die eisigen Spitzen und wieder herab wo freundlicher Gruss der Menchen ihn empfängt am gastlichen Heerd.

Wir haben oben von zwei Bergreihen gesprochen, welche den Lauf des Vorderrheins begleiten. So scheint es auch wirklich von Chur aus gesehen; bei genauerer Einsicht jedoch lösen sich dieselben beiderseits in eine Anzahl Knotenpunkte auf, welche durch mehr oder minder hohe Joche verbunden sind und von deren jeder Ausläufer nach verschiedenen Richtungen gehen, welche Lauf und Gestalt der Seitenthäler bestimmen. Von dem grossen Centralstock aus, den man gewöhnlich als St. Gotthard bezeichnet, treffen wir so auf der linken Seite den Oberalpstock, die Tödigruppe, den Hausstock und das Sardonagebirg; auf der rechten, wo eigentlich der Hauptzug des gesammten Alpengebirges sich fortsetzt, die Gruppe an den Quellen des Mittelrheins (Catacharauls auf ältern Karten), die Medelser Gruppe (Camutsch), das Adula- oder Rheinwaldgebirg mit den Quellen des Hinterrheins und

Glenners, den Terristock (Contngns) und den Savier Stock. Diese Punkte beherrschen ihre Umgebung und auch geognostisch ist diese Ansicht gerechtfertigt durch Erhebungsform, so wie durch die Art und Lagerung der Gesteine, wobei übrigens zu bemerken ist, dass der eigentliche Mittelpunkt der Erhebung durchaus nicht der höchste Punkt des betreffenden Gebirgsstocks zu sein braucht. Was man gewöhnlich St. Gotthard nennt, ist der verhältnissmässig sehr niedrige Knoten zwischen mehreren sehr hohen Gebirgsreihen. Die Berner Alpen, die sogenannte Tödikette, die Tessiner Alpen, stossen hier zusammen mit dem Walliser Gebirg und der Reihe des Lukmanier, welche die Hauptrichtung der Alpen vertreten und über den breiten Rücken hin sich durch Muttborn, Fibia und Sella mit dem Vorder- und Mittelrheinstock verbinden. Mehrere bekannte Pässe führen über den St. Gotthard, deren nähere Entwicklung nicht hieher gehört. Leicht führt der Oberalppass nach dem Thale der Reuss, der Gotthardpass nach Tessin, die Furka nach Wallis, und vier Ströme, die freilich nicht so nahe bei einander entspringen, als man der lieben Schuljugend lehrt, laufen von da so ziemlich nach den vier Weltgegenden: Tessin, Rhone, Reuss und Vorderrhein. Die hohe Berggruppe, wo letzterer entspringt, nennen wir Vorderrheinstock, denn sie besteht keineswegs allein aus dem Badus, nordwestlich scheidet sie der Oberalppass von dem Oberalpstock, östlich eine weniger tiefe, zwischen Maigels und dem Unteralpthal von dem Mittelrheinstock, der hier mit dem mächtigen Piz Alv beginnt und weit ausgedehnte grosse Gletscher und Schneemassen trägt; er führt auf alten Karten den Namen Catscharauls und verzweigt sich nach allen Richtungen. Ihm entströmen aus den gleichnamigen Thälern das Wasser von Maigels, der Rhein von Cornära, die Nalpsa und Terma, welche zum Vorderrhein gehen, südlich und östlich der Mittelrhein aus den eisigen Seen Scuro, Dim und Insla (Lisero) und eine Menge starke Gletscherbäche, die ihn verstärken.

Es folgt eine tiefe Einsenkung, über welche der Lukmanierpass in's Blegnothal führt und die dann als Medelser Thal sich abwärts senkt gegen Disentis, wo der Mittelrhein nach mehreren mächtigen Fällen sich mit dem Vorderrhein einigt. Letzterer hat mittlerweile das Tavetscher Thal durchströmt, bei Mompé die Querschwelle desselben in einer merkwürdigen Stromenge durchbrochen und fliesst erst in tiefem, dann in flachem Bette bis unterhalb Truns, wo die Berge sich wieder zusammenziehen und der Fluss bei Tavanasa durch mächtige Verrucanofelsen sich einen Durchgang nach dem Thalkessel von Ilanz (Graob) gebahnt hat, um dann noch einmal sich durch schauerliche Schluchten bei Carrera und Versam durchzuwinden, aus denen er bei Reichenau hervortritt, um sich alsbald eben da mit dem Hinterrhein zu vereinigen. Beide setzen dann mit Verlust ihrer Spezialnamen ihren Lauf durch die Churer Thalebene fort.

Doch wir kehren zu dem Gebirgssystem der rechten Seite des Vorderrheins zurück, und bemerken dabei, dass im mittlern und westlichen Bünden jedes ansehnliche Bergwasser wenigstens früher Rhein genannt wurde mit Zusatz des Thalnamens, wenn man es von andern unterscheiden wollte. Von allen diesen aber haben nur zwei Ansprüche auf den Rang der Hauptquelle des grossen Stromes gemacht, nämlich der Vorder- und Hinterrhein. Wenn der Hinterrhein durch grössere Wassermasse, durch die berühmten Pässe Via mala und Roffla, welche er durchströmt, und durch die wunderbar grossartige Umgebung seiner Quellen am Adulagletscher, den Rang als Hauptquelle des Rheins zu verdienen scheint, so hat der Vorderrhein für sich, dass er in dem Hauptthal fliesst, während jener nur ein Nebenthal durchströmt. Was die Umgebung seines Laufes und seiner Quellen betrifft, so sind diese nicht weniger schön und merkwürdig, nur freilich in anderer Art, wie denn Naturschönheiten und Schönheiten überhaupt sich nicht wohl vergleichen lassen, eben darum, weil es Schönheiten sind, die man nicht wiegen und messen kann, wie der Koch die Substanzen abwiegt, woraus er Suppe, Wurst oder Pudding macht.

Während der eigentliche Hauptzug der Alpen sich über den Lukmanier und die hohe Pyramide des Scopi fortsetzt, entwickelt sich nördlich von diesem auf der rechten Seite des Medelser Thals ein Gebirgsstock, dessen gewaltige Höhe, Ausdehnung und ungeheure Eis- und Schneelasten, die ihn umhüllen, ihm eine gewisse Selbstständigkeit geben, wozu noch der Umstand kommt, dass er wie die Gotthardsmasse aus granitischem und sonst kristallinischem Gestein besteht. Es ist das Medelser oder Crystallinergebirg, sonst auch wohl Camotsch genannt. Es scheidet das Medelser Thal von Val Tenji oder Sumvixer Thal, dessen wilder Thalstrom in hohen Fällen hinabbraust und Sumvixer Rhein heisst. Südöstlich senkt das Medelser Gebirg sich zu einem ziemlich ausgedehnten mit niedrigern Höhenzügen besetzten Hochland, über welches die Pässe Greina von Val Camadra nach Val Tenji, Diarut nach Vrin und Searadra nach Vals führen. Hinter letzteren erhebt sich das Rheinwaldgebirg.

Dieses, auch Adula oder Vogelberg genannt, ist einer der grossartigsten Theile der gesammten Alpenwelt. Zwar wird er von manchen an Höhe übertroffen, aber die herrlichen Formen seiner Spitzen, die Grösse und massige Beschaffenheit seiner Gletscher und Firnmassen, die nach allen Seiten weitausgreifende Arme strecken, der Wasserreichthum, den es nach allen Seiten ergiesst, machen diesen wilden Gebirgsstock zu einem der wichtigsten und anziehendsten. Ihm entfliessen der Hinterrhein, die Calancasca, mehrere andere starke Bäche zum Tessin und der Valser Rhein mit dem Glenner zum Vorderrhein. Das Adulagebirg besteht der Hauptmasse nach aus

granitischem Gestein, Gneiss und Glimmerschiefer, welche N.-S. streichen und
östlich fallen, während sonst nordöstliches Streifen der Alpen vorherrscht.
Am Scaradrapass geht vom Adulagebirg ein Höhenzug über das Hochland
nördlich und entwickelt sich dann zwischen Val Tenji und Vrin zu einer
selbstständigen verzweigten Masse wie das Medelser Gehirg, mit dem er sich
über die Greina verbindet. Es erreicht das Terrigebirg (Contagas), Höhen,
welche ewigen Schnee tragen und mächtige Gletscher füllen seine Hoch-
thäler, doch ist seine Ausdehnung im Vergleich zu den vorigen gering. Es
läuft schliesslich in den hohen Piz Miezdi und den Terrassen von Kadils und
Obersaxen aus und gibt als Seitenverzweigung den Mundaungrat ab, der bei
Ilanz endigt und durch seine herrliche Aussicht berühmt ist. Ein anderer
höherer Ausläufer, den dieser Bergstock nicht weit von seinem Ursprung
abgibt, schiebt sich zwischen Vrin und Vals ein und schliesst mit der Doppel-
spitze des mächtigen Piz Aul, der in so grossartigen Umrissen auf das innere
Lugnetz herabschaut.

Auf ähnliche Weise wird Vals noch einmal durch die Funellakette,
welche vom Rheinwaldgebirg ausgeht, in das hintere Vals und Peil gespalten.

Am Valser Berg senkt sich das Adulagebirg zu einer Passlücke, die
2507 M. hoch nach Nufenen im Rheinwald führt. Auch hören hier · die
Gneissbildungen auf und machen dem Bündner Schiefer Platz. Gleich jenseits des Passes aber erheben sich die Berge wieder höher zu dem Bärenhorn (Piz Tomil). Dann folgt die Suvier Passlücke 2490 M. und hierauf
der Löchliberg. Dies alles zusammen bildet den Savier Stock, von welchem
aus eine lange Kette zwischen Lugnetz und Savien hinkauft und mit den
kühn aufsteigenden oben scharf gespaltenen Signinastöcken ob Ilanz endigt,
die sich zu den grünen Alpengeländen von Seewis und dem Waldboden von
Kästris und Vallendas herabsenken.

Wir haben soeben die Anfänge des Lugnetzer Thales in den Verzweigungen Vals und Vrin kennen gelernt. Beide bilden in ihrer Vereinigung
bei dem alten Thurm von Surcusti ein breites reizendes Gelände, wo Alpenwirthschaft und Feldbau auf glückliche Weise vereinigt sind. Der vereinigte
Thalfluss heisst der Lugnetzer Rhein oder Glenner (Glion) und fliesst bei
Ilanz in den Vorderrhein, den er fast um das Doppelte verstärkt.

Der Savier Stock, aus Schiefer und Kalk bestehend, erreicht in den
Hörnern des Löchlibergs (Kalkberg auf der Splügner Seite) ansehnliche Höhen
und endigt mit der schwarzgrauen Pyramide des Piz Beverin 3000 M. Von
da senkt sich das Gebirg plötzlich zu dem langen Rücken des Heinzenbergs,
dessen Vorstufen nicht weit ob Reichenau den Rhein erreichen. So lieblich und fruchtbar sein östlicher Abhang nach dem Hinterrhein ist, so steil
und wild ist der westliche. Zwischen ihm und der Signinakette hat das

Savier Thal von der wilden Rabiosa durchflossen, seinen Verlauf, und endigt mit dem furchtbar tiefen Versamer Tobel, das in einem öden Felsenthal in den Vorderrhein mündet.

Weit weniger verwickelt ist die linke Thalseite, über welche wir ohnedies schon von Chur aus eine fast vollständige Uebersicht haben. Sie wird ganz von der Bergreihe gebildet, welche man gewöhnlich die Tödikette nennt und hat wohl sehr hervorragende Höhenpunkte, aber nur wenig tief eingreifende Thäler; in kurzen steilen Absätzen fällt sie gegen das Rheinthal ab. Weit vielgestaltiger ist ihr Verlauf jenseits im Glarnerland, das ihre Zweige durchziehen.

Hinter der tiefen Einsenkung des Oberalppasses, die an dem langen stillen See vorbei, hinüberführt nach dem Thal von Andermatt und der Gotthardstrasse, erhebt sich der Rienzer Stock, Piz Cotschen u. s. w., von ihnen aus läuft nach Westen hin der Höhenzug, welcher an der Teufelsbrücke der Reuss den Durchgang sperrte und den das Urner Loch durchbricht. An diese Berge schliesst sich die lange Felsenkette Crispalta mit Höhenpunkten Piz Giuf 3098 M., Ner 3057 M., Mutsch u. s. w. an und senkt sich dann zum Kreuzlipass, eigentlich Hrixli 2330 M., welcher durch das rauhe Strimthal über selten schneefreie Joche nach dem Etzli- und Maderanerthal führt, übrigens nicht so arg ist, als er oft beschrieben wird. Ausser dem Strimthal laufen von diesen Gebirgen gegen den Rhein aus Val Mila, Giuf, Terms, auch Tiarms oder kurzweg Val, und Surpalix, kurze, steile, aber weidereiche Thäler, von denen nur die zwei letzten wichtiger sind, weil durch sie die beiden Wege nach dem Oberalppass gehen. Hinter dem Kreuzlipass steigt in den hohen Felsenstufen Lei Alv, Aul und Cotschen oder Tgietschen der hohe Oberalpstock auf. Letzterer ist die höchste Spitze 3330 M. Grosse Gletscher umgeben ihn, namentlich der hohe Brunaigletscher, über den ein nicht häufig betretener Weg nach dem Maderaner Thal geht. Der weitere Verlauf dieser Gebirge zieht sich in hohen Gräten und mächtigen Schneefeldern um den einsamen Thalkessel, in welchem sich die Russeinthäler vereinigen, ein vorderer Grat läuft bis zu deren Ausgang Val Barcuns, wo über eine schöne Brücke die neue Strasse nach Disentis führt. Letzteres liegt um Fuss dieses Bergrückens, das Thälchen Acleta und einige andere, meist mit starken Bergwassern, senken sich von den schroffen Bergseiton über die lieblich und weit ausgebreitete Thalstufe dem Vorderrhein zu. Von da bis Truns ist man am Fuss der Tödigruppe, die unten aus dem Thale nicht sichtbar ist und in bewaldeten Vorstufen, dann in hochgelegenen Alpentriften zum eigentlichen Hochgebirg aufsteigt, das man, um seinen Totaleindruck zu fassen, am besten von der jenseitigen Thalseite oder von dem Piz Mundaun betrachtet. Gewaltige schroffe Felsenwände, meist aus Kalk gebildet, steigen zu scharf ausgezackten Gräten auf, durch ihre zerklüfteten Seiten senken sich blanke Gletscher herab und breiten sich aus im Hintergrund der kurzen Seitenthäler; hoch darüber steigen die Hörner und Zacken auf, von Eis und Schnee umhüllt; über alle erhebt sich in stolzer Majestät der Altvater Tödi 3623 M., vor dem sie alle ihre hohen Häupter neigen. Weit nach Westen hin dehnt sich von da diese mächtige Bergwelt aus, der Claridenstock, das Schneehorn, die Windgelle und unzählige andere riesige Spitzen sind nur Theile derselben; kühn emporstarrende Hörner, scharfe Gräte, steile lange fortlaufende Wände wechseln mit unermesslichen Schneefeldern und Gletschern, zerbrochenen Eismassen und wüsten Trümmern des Gebirgs. Selten betritt ein menschlicher Fuss diese schauerlichen Wüsten. von welchen aus lange Gebirgsarme nach Uri, Schwyz und Glarus hinabreichen. Auf der Bündner Seite treten die Massen des Tödigebirgs nah an den Rhein, denn unmittelbar ob Truns und Schlans steigt vom reissenden Ferrerabach umspült, in hohen Felsenstufen das Brigelser Horn auf (Piz Tumbif 3217 M.). Man zeigt diese herrliche Pyramide, eine recht vollendete alpine Bergform, von Chur aus den Reisenden gewöhnlich als Piz Russein oder gar als Tödi und es ist hier am Ort, eine schwer zu entwirrende Namensverwechslung zu berichtigen. Was jetzt auf Düfours Karte Piz Russein heisst, nennen ältere Beschreibungen Stockgron, der Piz Russein alter Bündner Geographen ist der grosse Tödi selbst oder vielmehr seine westliche Kuppe, während diese den Namen Tödi dem jetzt sogenannten kleinen Tödi gaben. So kommen drei Berge unter dem Namen Russein vor, von denen dieser Name dem alten Stockgron bleiben muss. Von der Hauptmasse der Tödigruppe aus, senken sich nun die mächtigen Felsenstufen immer noch als gewaltige Hörner und Wände mit grossen Gletschern emporragend, gegen den Kistenpass. Da liegen noch von ewigen Eismassen umhüllt der Bifertenstock, der Piz Frisal, Limmern Firn, Selbsanft und Kistenstock. Der Bau der Tödigruppe ist äusserst verwickelt, so dass hier nicht darauf eingegangen werden kann: für die Meisten wird es genügen zu wissen, dass die südliche Basis aus Gneiss, Granit und Verrucano besteht, während die Spitzen der Juraformation, Kreide und selbst den Nummulitenbildungen angehören. Die Einsenkung des Küstenpasses trennt die Tödigruppe von dem Hausstock, dessen höchster Punkt von lang auslaufenden Gletschermassen umgeben, sich 3156 M. erhebt und der Bündner Seite schauerlich hohe Felswände zukehrt. Auf der Glarner Seite gibt er die Kette der Freiberge ab, die zwischen Linth und Sernft verlaufen. Nach dem Rheinthal ist der Abfall kurz bis zu einer weit ausgedehnten Terrasse, auf welcher die grossen Dörfer Brigels und Waltensburg zwischen grünen Matten und reichen Fruchtfeldern in reizender Lage sich ausbreiten. Der Flum und Schmue oder Panixer Bach ergiessen ihre wilden Wasser von da in den Rhein. Der Schnue zeigt uns an Andest und Panix vorüber, den Weg zum Panixer Pass, der 2410 M. hoch zwischen Hausstock und Vorab nach dem Sernfthal geht. Unten verengert sich dann das Rheinthal und nach der Felsenenge von Tavanasa breitet sich die reizende Ebene der Gruob mit der alten Stadt Ilanz und zahlreichen Dörfern aus, theils im Grund, theils auf den höheren Thalstufen auf beiden Seiten.

Die Gruppe des Vorab, welche zwischen dem Panixer- und Segnespass sich ausbreitet, steht zwar den vorhergehenden an Höhe und Ausdehnung bedeutend nach, ist aber immer noch ansehnlich genug, und der Bündnerbergfirn, den er trägt, kann sich sehen lassen unter den Gletschern. Dies Gebirg zeichnet sich aus durch die auffallend zerhackte Form seiner Gipfel und Gräte, besonders gegen den Segnespass und das Martinsloch zu.

Jenseits des letztern, der von Flims aus nach Elm und dem Sernfthal führt, beginnt die letzte Berggruppe, mit welcher wir uns hier zu beschäftigen haben, und welche ich nach dem Gletscher, der den Centralstock deckt, Sardonagebirg nenne. Seine höchsten Punkte: Sauren-Sardonastock, Trinserhorn, Scheibe, Ringelkopf etc. erheben sich noch zu 3056 — 3206 M., aber durch tief eingreifende Thäler ist das Ganze in einzelne Bergreihen zerrissen. Nach der Glarner Seite entwickeln sich von da aus die fächerförmig zwischen Linth, Sernft und Wallensee ausgebreiteten Gebirge, bei Trins dringt das Thal von Bargis tief ein, und von Tamins und Reichenau aus spaltet das Kunkelser und Vättiser Thal den Calanda gleichsam von der Hauptmasse ab. Von da aus langt das Calfeuser Thal noch weiter hinein bis zu der centralen Gletschermasse, und östlich erhebt das Gebirg sich noch einmal in wilder Erhabenheit zu den Felsenzacken der grauen Hörner die den geheimnissvollen Wildsee und seine Gletscher umstehen. Doch diese Gegenden, so wie ihr höchst merkwürdiger Gebirgsbau liegen weit über den Grenzen unserer Aufgabe, und wir können hiermit unsere Uebersicht schliessen, die sich ohnedies schon etwas weit ausgedehnt hat, jedoch nicht kürzer sein durfte, wenn nicht beständige Wiederholungen folgen sollten, die ich hiemit für beseitigt halte.

Wir haben den Strom von seinen Quellen, das Gebirg von seinen Centralstöcken aus verfolgt, unsere Wanderung muss einen umgekehrten Gang einschlagen, sie führt uns thalaufwärts, und zwar werden wir zunächst der Strasse auf dem linken *) Rheinufer folgen, ohne uns gerade pedantisch auf dieser Seite zu halten, wenn es uns einfällt auf die andere hinüber zu gehen.

---

*) Es wird hier, und so auch überhaupt in dem ganzen Werkchen, dasjenige linke und rechte Seite genannt, was demjenigen, der den Fluss oder das Thal abwärts geht, rechts oder links ist, wie dies naturgemäss und in der Wissenschaft üblich ist.

Wir verfolgen diesen Weg bis zu den Quellen des Vorderrheins und kehren auf der rechten Seite zurück, indem wir Excursionen in die langen Seitenthäler derselben machen.

---

1. Eingang in's Oberland. Felsberg, Reichenau, Rhäzüns.

> Auf die Berge will ich steigen,
> Wo die hohen Tannen stehen; —
> Auf die Berge will ich steigen,
> Wo die freien Lüfte wehen!   H.

Wer von Chur aus das Oberland besucht, muss Reichenau nothwendig berühren, und da es sich nicht blos wegen seiner reizenden Lage, sondern auch darum zu einem Mittelpunkt von Excursionen eignet, weil man dort gutes Unterkommen findet, wollen wir von da aus die Umgebung betrachten. Für diejenigen, welche zu Wagen von Chur nach Reichenau reisen, ist es nothwendig, die Strasse über Ems einzuschlagen; wir ziehen es heute vor, dem Staube ausweichend über die Wiesen und dann über Felsberg und Tamins zu gehen. Die Au ist schön, und es geht sich so behaglich zwischen den bunten blühenden Wiesen, am Ufer der schnell hineilenden Bäche. Fremde werden an diesen schon einigen Alpenpflanzen begegnen, deren Samen das Wasser mitgebracht hat. Merkwürdiger als diese Flüchtlinge aus höheren Regionen, die wir dort oben besser finden werden, sind uns eine Anzahl sonderbar gestalteter Hügel, die auf den Wiesen zerstreut liegen und uns von Chur bis Reichenau und weiterhin begegnen. Besonders um und in Ems sind sie sehr zahlreich. Man sieht diesen 20—100 Fuss hohen Köpfen an, dass das Wasser sie einst umspülte und vom Calanda aus betrachtet sehen sie aus, wie Maulwurfshaufen auf einer überschwemmten Wiese. Aussen sind sie meist mit Rasen bedeckt oder auch kultivirt als kleine Weinberge u. dgl. benutzt, und haben in grösserm Massstab Aehnlichkeit mit den nordischen Hühnengräbern. Die Volkssage scheint sie auch ursprünglich als etwas dergleichen bezeichnet zu haben, wie der Name Rosshügel oder Rossgräber besagt; ihr Ursprung gehört aber ins Gebiet der Geognosie und diese ist damit noch nicht ganz im Klaren. Geht man in's Innere, so bestehen sie aus demselben Dolomit (Bitterkalk), woraus die mittlere Partie des Calanda gebildet ist und an den grössern gewahrt man regelmässige Schichtung. Dieser Umstand schliesst die Annahme aus, dass es Reste eines ehemaligen Bergsturzes seien, wie mir sonst wahrscheinlich war, und es bleibt nichts übrig, als sie für Felsenspitzen zu halten, welche aus dem Geschiebe des alten Seebodens hervorragen, und einst Inselchen bildeten, in dem grossen See, der in vorgeschichtlicher Zeit das Rheinthal füllte.

Wir betreten das linke Rheinufer bei Felsberg, nachdem wir über eine Brücke gegangen sind, welche man bei Nacht vorsichtig passiren muss, da sie beingefährliche Löcher und nicht selten lose Planken hat, überhaupt durch ihren waldursprünglichen Zustand ihr traditionelles hohes Alter aus Rhätiens Vorzeit beurkundet. Felsberg hat seiner Zeit viel von sich reden gemacht. Der Ort liegt dicht am Fuss des Calanda gar traulich zwischen hohen üppig aufgeschossenen Obstbäumen, die es wie ein Wald umgeben.

Felsberg am Fusse des Calanda.

Desto ungemüthlicher aber ist die Nachbarschaft des Berges; denn an diesem sind nach und nach grosse Felsmassen herabgebrochen und andere stehen noch in Aussicht. Unter dem ohnedies brüchigen und leicht zerspaltbaren Hochgebirgsdolomit liegt Unterjuraschiefer sehr steil gegen das Thal einfallend, der sich in Folge durchsickernden Wassers zersetzt, worauf er die schweren Dolomitfelsen nicht mehr zu tragen vermag, die auf ihm herabschlüpfen, zerreissen und in mehr oder minder grossen Massen zu Thal gehen. Gewöhnlich erfolgt dies bei Thau- und Föhnwetter. Starke Fälle sehen schauderhaft aus. Ein seltsames Krachen im Berge geht gewöhnlich voraus, kleine

Steine lösen sich und hüpfen den Abhang hinunter, dann brechen grössere
Massen mit furchtbarem Krachen und Rasseln los, stürzen andere mit sich
fortrreissend, über die Felsen und springen dann in langen Sätzen mit immer
beschleunigter Geschwindigkeit über die steile Halde herunter, wo sie gewöhnlich an den schon unten liegenden Blöcken zerschellen oder auch in
die Wiesen und selbst in's Dorf laufen, wo schon mehrere Gebäude dadurch
zerstört worden sind. Dabei hüllt sich die ganze Umgebung in Staub, der
wie Wolken an den Bergseiten hinzieht; weithin wiederholt das Echo des
Gebirgs das Krachen der stürzenden Felsen, das man in Chur noch sehr
laut vernimmt. Indessen sind diese Erscheinungen nach einem bedeutenden
Bergsturz im Winter 1859 seltener geworden, und wenn eine allerdings sehr
drohende säulenförmige Masse wird heruntergekommen sein, mag die Sache
auf lange Ruhe haben. Vor etwa 15 — 20 Jahren, wo die Einstürze sich
häuften, wurde in der ganzen zivilisirten Welt für das Dorf Geld gesammelt,
um es zu verlegen, da man seinen Untergang für unvermeidlich hielt. Reisende
sollen damals bis zur Brücke gefahren sein und still gehalten haben, um das
Spectaculum mit zu geniessen. Während dessen sassen die Felsberger mit
philosophisch-fatalistischem Gleichmuth in ihren alten Behausungen, und als
das neue Dorf fertig war, wollte Niemand hinein, weil es unzweckmässig
angelegt ist und allzukahl duliegt. Jetzt bevölkert es sich allmählich. Der
Mensch gewöhnt sich nach und nach an die Gefahr, wie an alles Andere.
Wenn der Felsberger in der Nacht die Felsenblöcke stürzen hört, sagte mir
einst ein dortiger Einwohner, so dreht er sich im Bett um, denkt Gott habe
ihn bis daher bewahrt, er werde es auch ferner thun; und schläft wieder
ein, wenn der Lärm vorbei ist.

Der Calanda ist überhaupt ein merkwürdiger Berg. Abgesehen von
seinem geognostischen Bau (Siehe Anhang I.) ist es wohl der Mühe werth,
ihn der ausgezeichneten Aussicht wegen zu ersteigen. Die unteren Schichten
sind sehr erzreich, gleich über Felsberg hat man in Quarz- und Kalkspath-
gängen, die im Unterjuraschiefer verlaufen, zu verschiedenen Zeiten Gold
gefunden: die Gruben sind jetzt wieder im Gange und versprechen bei ver-
nünftigem Betrieb mehr Ausbeute als bei der verkehrten Art, mit welcher
man die Sache ehedem angriff. Ausserdem findet sich sehr schön krystal-
lisirten Schwefelkies, Arsenikkies, Fahlerz, Magneteisen und Bergkrystall in
verschiedenen Abänderungen u. s. w. Auch die Flora des Berges ist mannigfaltig und reich, schon die Abhänge von Felsberg liefern recht schöne
Pflanzen.

Wir lassen dies Alles für heute liegen und wandern, nachdem wir uns
die gewaltigen Trümmer besehen, welche der Felsensturz hinter dem Dorfe
aufhäuft, durch einen Wald von Obstbäumen in der Richtung von Tamins

weiter. Hohe Abhänge von Geschiebmassen, die uns begleiten, zeigen, dass der Rhein ehemals viel höher gegangen; sie sind theilweise mit Reben bepflanzt, die noch ein ganz gutes Produkt liefern. Früher waren diese Weinberge ausgedehnter. Nachdem der Weg eine Strecke anmuthig durch Wiesen gegangen, treten die grünen Verrucanofelsen nahe an den Rhein, auf den man über einen steilen Abhang hinabsieht. Gegenüber liegt Ems, ein grosser Ort, dessen romanische Mundart sich mitten in deutscher Umgebung erhalten hat. Zwischen dem Dorf und dem Rhein erheben sich zwei Rosshügel, deren Gipfel mit zwei Kirchen geschmückt sind. Die Hauptkirche im Innern des Dorfes zeichnet sich durch ihre blanke mit Blech überzogene Thurmspitze aus, die man ihres Glanzes wegen von sehr weit her erkennt. Eine Glashütte nahe am Dorf ist in starkem Betrieb, das Material liefern die Quarzgänge des Calanda.

Man kann, um nach Reichenau zu kommen, dicht am Rhein hergehen; es ist dies aber nicht Jedermann anzurathen; denn hoch über dem Flussbett führt eine Strecke Weges ein schmaler Pfad über bewegliches Geröll. Der Mann des Gebirgs schreitet über solche Stellen furchtlos und gleichgültig hin, wenn er sich einmal davon überzeugt hat, dass die Unterlage hält, solche, die daran nicht gewöhnt sind, werden, wenn sie ganz frei an Abgründen hergehen müssen, leicht von Schwindel ergriffen und verlieren für künftige Fälle den Muth, thun also wohl, sich erst langsam daran zu gewöhnen über schmale, schwindelnde Steige zu gehen, wobei am Ende gar keine wirkliche Gefahr ist. In diesem Sinne steigen wir durch einen schönen Eichwald, hier eine seltene Erscheinung, der Höhe von Tamins zu und dann langsam zum Dorfe hinab. Hinter diesem entspringen einige Quellen des klarsten Wassers, die vereinigt einen ansehnlichen Mühlbach bilden, der in muntern Sprüngen sich über die Räder ergiesst, im Winter nie zufriert und sich stets an Masse gleichbleibt. Es wird sich lohnen, einige Schritte Umweg zu machen, um zur Kirche hinauf zu steigen. Diese liegt höchst malerisch auf einem Schutthügel von grossen Dolomitblöcken und schaut mit ihrem schlanken Thurm freundlich auf das Dorf herab, freundlicher noch in das weite Thal, welches der Blick von hieraus beherrscht. In der That ist die Aussicht von dieser Stelle, obgleich sie nicht eben hoch liegt (684 M.), bezaubernd schön. Das Rheinthal abwärts sieht man Chur und seine Umgebung, die in einander geschobenen Felsenpyramiden des Hochwang und das Plessurthal, zunächst am Fuss die Fläche von Reichenau und die Vereinigung der beiden Rheine, die Domleschger Gebirge am Hinterrhein, und am Vorderrhein aufwärts die Schluchten von Trins, aus denen er hervortritt, und die fernen Oberländer Gebirge. Im Rücken aber hinter dem Dorfe folgt erst ein kleiner von Felsen und Wald eingeschlossener Boden, dann ein Halbkreis von schroff aufstarrenden Kalkwänden und wilden Felsenzacken, die theils zum Calanda, theils zum gegenüber liegenden Gebirg gehören, das eine Vorstufe der Ringelspitze ist. Dennoch führt ein bequemer, wenn auch etwas steiler Weg, hier durch; es ist der Kunkelser Pass oder Foppa, den wir dort an der steilen Seite aufsteigen sehen. Er windet sich um die Ecke, verliert sich in der unscheinend unzugänglichen Schlucht und steigt dann in vielen Kehren auf, zu dem hochgelegenen Alpenboden Kunkels, 1351 M. Auf dieser Höhe wird man durch einen schönen Buchenwald überrascht und aus ihm hervortretend durch ein reizendes Thal, dessen herrlicher Wiesenteppich sich zwischen himmelhoch aufsteigenden Felsenwänden ausbreitet und mit unzähligen Alphütten bedeckt ist. Anmuthig führt der Pfad durch diese hin in etwa zwei Stunden nach Vättis und in zwei andern nach Bad Pfäffers zwischen Felsen und Wald am Ufer der wild rauschenden Tamina hin, wenn man nicht vorzieht von Vättis aus durch die erhabene Wildniss des Calfeuser Thals nach Weisstannen überzusteigen und von da nach Ragaz und Pfäffers zu kommen.

Die hohen Felsen Vogelstein und Sassagil, welche auf den Thalcirkus herabschauen, sind nur Vorstufen höherer Gipfel. Der nächste derselben ist la Morra oder Tschep 2843. Die Ersteigung kann von Tamins aus in einem Tage ausgeführt werden und ist eben nicht schwierig. Man sieht von da hinab in die felsigen Tiefen von Crap Matts und die Gletscher zwischen Ringelspitze und Augstberg, ein felsiger Grat, von dessen Gangbarkeit ich nicht aus Erfahrung sprechen kann, läuft nach dem höheren steil und spitz aufstrebenden von furchtbaren Abgründen und hohen Gletschern umgebenen Ringelkopf hinüber, der allein die Aussicht begrenzt. Sonst ist diese unermesslich über das Gebirg und die vier Thäler, welche das entzückte Auge übersieht.

Tamins ist seiner Lage nach eine wichtige militärische Position, und hat daher auch schon mehrmals, wie Reichenau aus demselben Grunde, den Kriegslärm um sich toben hören. Im Jahre 1799 als die aufständischen Oberländer die Franzosen bis über Ems vor sich hertrieben, dann aber ihrerseits von ihnen zurückgeworfen wurden, vertheidigten sie Tamins tapfer aber unglücklich gegen eine von Felsberg her vordringende Abtheilung der Feinde. Der Ort ging damals zum grössten Theil in Flammen auf. Die Einwohner sind deutsch und reformirt und besitzen den Ruf eines sehr derben handfesten Geschlechts.

Wir steigen von der freien Höhe der Taminser Kirche hinab nach Reichenau, wo die beiden Strassen mit den zwei Strömen zusammentreffen. In wenigen Minuten haben wir die Brücke erreicht. Der Vorderrhein kommt in ziemlich geradem Lauf aus der Thalschlucht, sein Wasser ist klar und wie alles helle Gletscherwasser von grünlicher Färbung, es eilt über eine

Felsenschwelle hinab, die man künstlich noch durch einen Wuhrbau erhöht hat. Ihm entgegen kommt in weitem Bogen das trübe Gewässer des Hinterrheins; vor den Felsen, auf welchen Reichenau steht, treffen beide zusammen ohne grosses Geräusch, aber mit nachhaltiger gewaltiger Kraft wie zwei kämpfende Stiere. In wirbelnder Bewegung dreht sich die Fluth und kehrt wieder von den Felsen zurückgeworfen, schwimmende Holzklötze und was sonst in den Strudel geräth, verschlackend und wieder auswerfend. Aber wie zwei ebenbürtige Gegner, die ihre gleiche Kraft erkannt, sich einigen und verbünden, so mischt sich die Fluth der beiden Rheine und unter der kühn gebauten zweiten Brücke hin eilen beide fort in dem tiefen felsigen Bette, zu Thal rauschend mit verdoppelter Kraft.

Reichenau ist unstreitig einer der lieblichsten Orte des ganzen Rheinlaufes. Auf dem niedrigen Felsenvorsprung zwischen Vorder- u. Hinterrhein erheben sich seine wenigen aber schönen Gebäude, das Schloss der Familie Planta mit Nebengebäuden, das ziemlich ansehnliche Gasthaus, ein Posthaus und einige andere Häuser. Schöne Gärten mit geschmackvollen Anlagen, bei denen die Naturverhältnisse meisterhaft be-

Reichenau.

nutzt sind, umgeben diese Häusergruppe; in einigen Treibhäusern findet man eine recht netto Sammlung tropischer Gewächse, deren schöne Auswahl und Gruppirung in dem Besitzer den Naturforscher beurkundet. Aber vorn von der Felsenklippe blickt man von blühenden Büschen umgeben hinab auf die Stelle, wo die beiden Ströme sich treffen und über diese hin in die beiden Rheinthäler und die erhabene Gebirgswelt, die sie umgibt. Das jetzt modern und geschmackvoll eingerichtete Schloss enthält eine merkwürdige geschichtliche Erinnerung. Ueber einem der Zimmer steht: „Louis Philippe, Duc d'Orléans, refugié en ces lieux d'Octobre 1793 à juin 94, y cultivait les sciences." In der That war Louis Philipp, der spätere französische König, vor der Revolution flüchtig, hier unter dem Namen Chabaud Lehrer der Mathematik, an einem Knabeninstitut, welches zu der Zeit in Reichenau bestand. Nur die Vorsteher der Anstalt kannten ihn. Das Zimmer soll noch in demselben Zustand sein, in welchem Mr. Chabaud es verliess; sein Bild so wie ein anderes aus späterer Zeit in königlichem Schmuck, ist darin aufgestellt. Er scheint sich seines damaligen Aufenthaltes auch später nicht ungern erinnert zu haben und die Mitglieder seiner Familie haben dieses Zimmer verschiedentlich besucht. Das Wirken dieses Mannes gehört der Geschichte, welche darüber richten mag; in diesem stillen Raum aber, wo der Flüchtling Zuflucht fand, stehen wir vor dem grossen gewaltigen Schicksal das den Menschen erheben und vernichten mag und ihn mahnt: Sei ein Mann im Unglück, und im Glück gedenke des Endes.

Herr Dr. A. v. Planta besitzt ein sehr gut eingerichtetes chemisches Laboratorium und hat sich in neuerer Zeit besonders mit der Untersuchung der Bündner Mineralquellen beschäftigt.

Die älteste Geschichte von Reichenau ist wenig bekannt. Es stand ehemals hier ein alter Thurm la Punt; später baute der Bischof von Chur hier ein Schloss und nannte es nach dem befreundeten Reichenau am Bodensee. Später kam die Besitzung in verschiedene Hände; berühmt war sie am Ende des vorigen Jahrhunderts als Sitz des Erziehungsinstituts von Bavier und Tscharner, an welchem auch Zschokke lehrte. Die jetzige nette Gestalt verdankt der Ort der Familie Planta.

Die Höhen bei Reichenau bildeten ehemals eine Thalschwelle, hinter welcher sich ein See befand, der sich durch allmäliges Einschneiden des Rheins entleerte. Dies beweisen die Abstufungen der wagrechten Fläche, auf welches die Dörfer Bonaduz und Rhäzüns liegen und auf welcher ebenfalls wagrecht geschichtetes Seegeschiebe, der Grundlage von Schieferfelsen aufliegt.

Bonaduz kann uns nicht sonderlich interessiren. Der Name soll herkommen von Pan à töts, Brod für Alle. Wir halten nicht viel auf die Manier, Ortsnamen etymologisch zu misshandeln, und werden der Curiosität wegen verschiedene Beispiele anführen, welche die geringe Achtung rechtfertigen werden, die uns vor dieser Seite der Gelehrsamkeit inwohnt. Wenn die fragliche Ableitung hier richtig ist, so hat sie eine ähnliche Bedeutung wie lucus a non lucendo und bezeichnet die nachlässige Art, mit der die Einwohner ihre grosse Feldmark benutzen.

Etwa eine halbe Stunde weiter liegt das Dorf Rhäzüns mit einer hübschen Kirche und gleich darunter am Hinterrhein auf einem inselartig abgeschnittenen Schieferfelsen die alte Burg Rhäzüns mit wohl erhaltenen mittelalterlichen Zinnen und Mauern, noch gegenwärtig bewohnt und von einigen andern Gebäuden umgeben. Der Ursprung dieses in der Bündner Geschichte wichtigen Schlosses, verliert sich in die ältesten Zeiten. Die Sage nennt den Etruskerfürsten Rhätus als Erbauer (Rhätia ima?). Das mächtige Geschlecht der Freiherren von Rhäzüns kommt in der früheren

Geschichte oft vor, Heinrich von Rhäzüns half 1424 den grauen Bund zu Trons stiften und entging, da er später diesem untreu wurde, nur durch die Gnade des Volkes der Strafe des Eidbruchs; 1459 starb diese Familie aus, und Rhäzüns kam an den Grafen von Zollern, dann an Oesterreich und nach verschiedenem Wechsel im Besitz erst 1815 an Graubünden. Gegenwärtig besitzt es die Familie Vieli durch Ankauf. Der Schlossberg mit seinen seltsamen Schichtenbiegungen (Unterjuraschiefer) ist geognostisch interessant, in der Nähe ist ein schönes Echo und im Rheinbett eine Sauerquelle. Der Engpass, durch welchen der Rhein bei Rothenbrunnen fliesst, ist die Grenze des Oberlandes gegen Domleschg.

Statt über die staubige Strasse zurückzukehren, ziehen wir es vor, durch Feld und Wiese am Rande des Plateaus herzugehen, wo dieses mit steilem Absturz gegen den Rhein abfällt. Wir kommen zuerst an eine kleine, dem heiligen Georg geweihte Kirche, die in prächtiger Lage am Ufer des Rheins auf einem Schieferfelsen liegt. Es ist der Mühe werth letztern zu ersteigen, wegen der schönen Rundschau und der Ansicht der tiefen Schluchten, in denen der Hinterrhein sich mühsam zwischen den Felsen durchwindet Ich fand einst in dieser Capelle Zuflucht vor einem heftigen Gewittersturm und war dem Heiligen dafür gewiss sehr dankbar, konnte aber nicht umhin. meine zoologischen Betrachtungen über die 3—4 verschiedenen Lindwürmer anzustellen, welche St. Georg auf eben so viel verschiedenen Bildern erlegt. Man sieht dergleichen Ausgeburten der Künstlerphantasie auch anderwärts, und es würde eine Lindwurmsgallerie ein sehr interessanter Beitrag zu der Wahrheit sein, dass es der menschliche Ungeschmack weit bringen kann.

Dicht unterhalb Bonaduz senkt sich ein Fusspfad auf die Rheinwiesen hinab, auf welchen man in kurzer Zeit Reichenau wieder erreicht. Kommt man im Spätsommer dahin, so kann man unter Umständen das interessante Schauspiel geniessen, die grosse Lachsforelle (Salmo lacustris), die man gewöhnlich Ilanke oder unrichtig Rheinlachs nennt, ihre Anstrengungen machen zu sehen die Stromschnelle des Vorderrheins und das auf sie gesetzte Wuhr zu überspringen. Dieser schöne Fisch, welcher 30—40 Pfund schwer werden kann, war sonst hier häufiger als jetzt. Er steigt aus dem Bodensee herauf. um in dem Rhein und seinen Seitenbächen zu laichen. Die Jungen gehen erst im nächsten Jahr in den See.

Geht man durch Bonaduz in südlicher Richtung, so gelangt man in etwa ½ Stunde über die mit Rosshügeln besetzte Ebene nach der sog. Weihermühle und in ein waldiges schluchtenreiches Gelände, wo in Unterjuraschiefer ausgezeichnete Eisenerze brechen, die nicht benutzt werden, aber sehr zu berücksichtigen sind. Ueber das niedrige Joch, wo man eine schöne Aussicht geniesst, führt der Weg nach Versam.

2

2. Trins und Flims.

Wie schäumen deine Wogen
In ungestümem Muth,
Der Berge greise Häupter
Schaun ernst in deine Fluth,
Du eilst im Thalesgrunde
Dem stillen Weltmeer zu,
Ich steig' auf Bergeswiesen
Hinauf zur Alpenruh.   C.

Es gibt von Reichenau aus zwei Wege in das Oberland. Der eine geht
auf der rechten Rheinseite über das niedrige Joch hinter der Weihermühle
am äussersten Ende des Heinzenbergs über die hohe Brücke nach Versam,
dann durch Wald und Schluchten nach Valendas, Kästris und Ilanz; der
andere folgt der Landstrasse auf dem linken Rheinufer, welcher sie bald
verlässt, um in weitem Bogen über Flims eben dahin zu gelangen. Wir
folgen dem letzteren Weg, weil vorausgesetzt werden muss, dass die Meisten
ihn ebenfalls wählen, da er bequemer und im Ganzen interessanter ist. Wir
kehren also nach Tamins zurück und wenden uns dann gleich westlich.
Wenig Schritte hinter dem Dorfe fällt über grüne Verrucanofelsen der hoch-
angeschwollene Bach des Lawoytobels herab. Die schäumende Fluth bricht
sich an den Ecken des dunkeln Gesteins und eilt dann unter der Brücke
hin dem Rhein zu. Folgt man diesem Bach aufwärts, so bildet er oben
um schönen Wiesenthal eine finstere Schlucht, die schwer zugänglich eingerissen ist, weiter oben bricht sie sich Bahn durch die Kalkfelsen und man
kann hier sehr gut die Formationen von Verrucano bis zum mittleren Jurakalk verfolgen. In diesen hat die Schlucht weiter oben ein tiefes Bett gegraben und führt schliesslich bis zu den Gletschern ob Kunkels. Ihr Wasser
leistet gute Dienste zur Bewässerung. In jener Gegend wurde einst Bergbau auf Bleiglanz und Fahlerz betrieben, der nicht viel abgeworfen haben
muss, da er bald liegen blieb. Es ist aber zu bemerken, dass die Kalk-
bänke, welche zwischen dem Verrucano und Unterjuraschiefer liegen, fast
überall in Bünden diese Erze enthalten, wiewohl nur an wenig Orten bau-
würdig. Sie setzen auch in den Verrucano fort. Einige Schritte hinter dem
Lawoytobel beginnen die Kalkformationen und bedecken den Verrucano.

In langen Bogen zieht von da aus die Strasse an den felsigen Höhen
hin; man hat von ihr eine schöne Aussicht auf das unten im Thale liegende

Reichenau und die beiden Thalarme; auch die Terrassen des alten Seebodens und die aus ihnen hervorragenden Felsköpfe erscheinen von hier aus deutlicher als irgendwo. Die Steigung dieses Weges ist übrigens ansehnlich und das Herabfahren wegen Mangel an Barrieren gefährlich, wenn die Pferde nicht sehr sicher gehen. Auf dem höchsten Punkt erhebt sich neben dem Weg eine felsige Höhe und auf dieser ein alter viereckiger Thurm und sonstiges Gemäuer, die Reste der Burg Hohentrins, an deren westlichem Fuss sich das Dorf Trins ausbreitet, bei welchem sich noch die Reste einer andern Burg Proviesch befinden. Eine dritte, das Schlössli genannt, liegt tief unten auf einem vorspringenden Felsen auf dem rechten Rheinufer in dichtem Tannenwald. Von den beiden letzteren hat man, so viel mir bekannt, keine geschichtlichen Nachrichten, Hohentrins aber kommt verschiedentlich in der Bündner Geschichte vor und war wichtig wegen seiner Lage in der Wartlinie und seiner Festigkeit. Die oberländer Burgherrn standen durch Signale, die von dieser hohen Warte gegeben werden konnten, mit denen des untern Rheinthals und Domleschg etc. in Verbindung. Denn bei kommender Gefahr oder sonst wichtigen Anlässen, bildeten bei Nacht Feuerzeichen, bei Tage Rauchsäulen oder ausgesteckte Fahnen eine Art Telegraphie, welche in ihrer Art ziemlich gut ausgebildet gewesen sein soll. Mit grosser Schnelligkeit verbreiteten sich die Nachrichten durch das Gewirre der Rhätischen Thäler und riefen die Burgmannschaften auf, Schwert und Schild in Bereitschaft zu halten.

Hohentrins ist der Sage nach von König Pipin dem Kurzen um 750, nach andern schon von Pipin von Heristall um 680 erbaut, um eine der festen Stationen für die Frankenzüge nach Italien zu sein, die theilweise über den Lukmanier gingen. Urkundlich ist erst, dass die Grafen von Werdenberg-Heiligenberg Herrn von Hohentrins waren. Graf Hugo nahm als solcher 1424 Theil an dem Bundesschwur zu Trons. Er starb ohne männliche Nachkommen; sein Schwiegersohn F. v. Heuen erbte die Burg. In Abwesenheit der Besitzer brannte sie 1470 ab, wobei eine Magd und etliche Knaben umkamen, die man nicht retten konnte, da der Schlosshauptmann Capol auch abwesend war und die Schlüssel mitgenommen hatte. So verbrannten auch sämmtliche Urkunden, unter andern solche, welche die Familie v. Heuen brauchte, um gewisse verpfändete Güter wieder einzulösen, wesshalb man Brandlegung von Seiten der Pfandinhaber vermuthete. Dies Schloss wurde wegen misslicher Vermögensumstände der Besitzer nicht wieder aufgebaut und nachher verschiedentlich verpfändet, kam dann in den Besitz der Familie Schauenstein etc. Solche beständige Wechsel des Besitzes namentlich durch Pfandschaft und Verkauf, die sich fast bei allen Rhätischen Burgen wiederholen, bis sie endlich allmählich zerfallen oder Opfer der siegenden Volksherrschaft wurden, sind an und für sich sehr wenig interessant, beurkunden jedoch als allgemeine historische Thatsache das allmähliche Herunterkommen der alten Geschlechter dadurch, dass ihre Mittel dem Aufwand nicht mehr gewachsen sind, welchen ihre Stellung erfordert. Dieser Zeitpunkt scheint namentlich mit dem 15. Jahrhundert einzutreten; es ist hier nicht der Ort, die Ursachen zu entwickeln.

Es ist der Mühe werth, diese Ruine zu ersteigen, die eine herrliche Aussicht in das Land bietet und in steilen Felsenstufen gegen den tief in der Schlucht fliessenden Rhein abfällt. Im Frühling scheinen einige von Felsen eingeschlossene Wiesen auf der Burghöhe zu den sonntäglichen Spielen der erwachsenen Dorfjugend benutzt zu werden. Als ich eines Tages die westlichen Felsen hinaufgestiegen war und um eine Ecke herumbog, war ich überrascht, diese einsamen Plätze von einer Menge Knaben und Mädchen belebt zu finden. Ich sah ihnen nachher noch lange zu und freute mich namentlich über den natürlichen Anstand, womit die schönen, kräftigen Gestalten der jungen Leute sich bewegten und gesellige Spiele ausführten.

Trins ist trotz seiner hohen Lage (860 M., Hohentrins liegt 929) ziemlich warm und zieht viel Obst. Weniger günstig liegt das untere Dorf (Digg), da es den Luftzügen von den westlichen Gletschern und Schneefeldern ausgesetzt ist. Oben auf der Höhe liegen noch die Häusergruppen Purgs und Munt: sie sind eigentlich nur Sommerdörfer. An der steilen Halde unterhalb diesen stehen rothe Felsschichten an; es ist Unterjurachiefer mit Magnet und Rotheisen, das, wenn Trins hinreichendes Brennmaterial besässe, Gegenstand einer Eisenhütte werden könnte. Unter den jetzigen Umständen wäre es vergeblich, derartiges zu versuchen.

Von Trins aus um die Felsenecke biegend, erblickt man eine zwar beschränkte, aber schöne Aussicht. Unten breitet sich eine weite Wiesenfläche aus, der Seegrund, dessen Namen darauf hinweist, dass er ehemals mit Wasser gefüllt war, ehe der Flimser Bach sich den Weg durch den schmalen Felsenrücken nach dem Rhein bahnte. Noch finden sich einzelne kleine Wasserbecken in den Wiesen, die der Flimser Bach durchfliesst; ein waldiges Hügelland, der Flimser Wald, befindet sich dahinter mit einem kleinen See, dem Trinser- oder Crestasee; rechts aber erhebt sich in massigen, senkrechten Felsenwänden der Flimser Stein, eine merkwürdige, nach allen Seiten durch schwer zugängliche Abhänge begrenzte Felsenmasse, die eine mit schönen Alpentriften bedeckte Hochplatte trägt, vorn 2000, hinten 2600 M. hoch, denn sie bildet eine geneigte Fläche. Es fehlt ihr jedoch in trockenen Jahren etwas an Wasser, denn dieses sinkt in die zerklüfteten Massen des Hochgebirgsdolomits ein, und kommt dann unten auf den dichten plattenförmigen Schichten des unteren Jurakalks in unzähligen Quellen zum

Vorschein. Da auf den Jurakalk die Kreideschichten, auf diesen die Nummulitenbildungen gelagert sind, so ist die Ersteigung dieses Felsens von Interesse, auch wenn man die wirklich sehr schöne Aussicht und die reiche
Flora nicht in Betracht zieht. Man ersteigt ihn leicht auf einem in Felsen
eingehauenen Weg von Alp Bargis aus. An der vordern Felsenwand laufen fast blutrothe Streifen eines mit Eisenoxyd gefärbten Kalktufs herab.
Die Sage erzählt: Als Graf Rudolf von Montfort ins Land einfiel, um die
Herrschaft Belmont zu erobern, stand ein Hirt auf der Felsenkante und sah
den Feind kommen. Da blies er in sein Horn, um die Thalleute zu warnen, lauter und immer lauter, bis er sah, dass die Mannen der bedrohten
Burg die Thore schlossen. Aber die gewaltige Anstrengung hatte ihm die
Blutgefässe der Brust zersprengt; blutend und sterbend sank er zusammen,
und die Blutstreifen blieben zum Zeichen an der Felswand zurück. Wie
aber auch wirkliche Begebenheiten sagenhaft werden können, beweist folgende Geschichte. Ein Bauer, der auf einer der schmalen Felsenbänke
Legföhren zu seinem Holzbedarf fällte, legte diese in einen Haufen auf
einander, um sie die etwa 600 M. hohe Wand herabgleiten zu lassen. Damit das Reisig besser zusammenhalte, stieg er hinauf und trat es fest. Dadurch gerieth der Haufen in Bewegung, rutschte hinab und ehe es sich ver-
sah, schwebte das Bäuerlein in der Luft und fuhr abwärts; aber die Tan-
nenreiser fingen die Luft wie einen Fallschirm und es kam wohlbehalten
nicht weit von seinem Hause in Fidaz an und das Holz brachte es auch
gleich mit. Diess ist wirklich geschehen, aber freilich weiter innen im
Thal und an einer etwa 100 Fuss hohen Stelle.

Dicht unter den grauen Felsenstufen liegt in freier sonniger Lage auf
grünem Wiesenteppich von schwarzem Tannenwald begrenzt das Dörfchen
Fidaz mit der weithin glänzenden, kleinen Kirche, vor alten Zeiten dem
Kloster Pfäffers gehörig, und östlich davon trauern auf einem waldigen Fel-
senkopf die unansehnlichen Reste der einst gewaltigen Feste Belmont. Die
war der Stammsitz eines berühmten Geschlechts, das schon 942 genannt
wird. Conrad von Belmont war Bischof von Chur 1272, verbesserte die
Kirchenzucht und baute Fürstenburg im Tyrol. Bekannt ist namentlich Ulrich Walter von Belmont, der den Grafen von Montfort bei St. Carl und
Porclas besiegte und nach mancherlei ruhmvollen Thaten in Krieg und Frieden 1390 ohne Erben starb. Seine Besitzungen, unter andern die Herrschaft
Flims, kamen an die Freiherrn von Sax, deren letzter, Peter von Sax, die
gedachte Herrschaft um 4000 Gulden an das Bisthum Chur verkaufte, von
welchem sich dann Flims, Ilanz und Lugnez 1533 angeblich um 1800 Gulden loskauften.

. Noch unterhalb Belmont an der Strasse liegen die Trinser Mühlen (Mo-

lins). Hier kommt in reissendem Lauf der Bach von Bargis aus dem gleichnamigen Thal. Ein anderes Tobel, welches die Mühlen treibt, bezieht sein
Wasser, das ebenfalls einen ansehnlichen Bach bildet, aus mehreren starken
Quellen am Fusse des Flimser Steins, wesshalb es auch nicht friert und sich
nicht wesentlich vermindert. Es fällt in prachtvollen Cascaden die enge,
glatt ausgewaschene Kluft hinab. Ein anderer ähnlicher Wasserfall ist etwas
weiter westlich nach Flims hin; beide benetzen mit ihrem glänzenden Was-
serstaub die Landstrasse, unter welcher sie schäumend hinabeilen.

Wem die nöthige Zeit zu Gebote steht, kann von hier aus das Alpenthal
Bargis besuchen, das sich, von hohen Felsenwänden eingefasst, zwischen
dem Flimser Stein und der Ringelkette hineinzieht. Man steigt an den Ruinen von Belmont vorüber, gegen die letzten östlichen Ausläufer des Flimser Steins, dann um diese herum durch eine Art Felsenthor, worauf unten
eine kleine elliptische Thalsohle erscheint, mit dem üppigsten Alpengrün
geschmückt und von einigen Dutzend Alphütten belebt, die nur im Sommer
bewohnt sind und zu Fidáz und Flims gehören. Ich erstieg einst von hier
aus mit Hrn. Forstinspector Coaz die Höhen zwischen dem Trinser und
Sardonagletscher. Wir hatten nicht gerade den besten Weg gewählt und so
kam es, dass wir, an einer steilen Felsenwand gleichsam hängend, uns be-
riethen, ob wir rückwärts oder vorwärts steigen wollten. Nachdem wir zu
dem Ergebniss gelangt, dass ersteres wahrscheinlich zum Halsbrechen führen
werde, stiegen wir wacker aufwärts und erreichten die zwischen Schneefeldern und Gletschern gelagerte Höhe, von wo wir auf den Sardonagletscher
und seinen weit klaffenden Spalten, in die Tiefe des Calfreiser Thals und
auf die einsame Kirche St. Martin hinabsahen, welche, der letzte Rest
eines ehemaligen Dorfes, in einem Beinhaus jetzt meist verschwundene
Menschengebeine von ungewöhnlich grossen Verhältnissen enthielt. Es war
eine wilde, öde Bergwelt, die uns hier umgab; und wenige grüne Flecken
tauchten zwischen den ringsum aufsteigenden grauen Felsenwänden und
grünlichen zackigen Spitzen auf, die sich über zerfallende Trümmerhalden
und aus Schnee- und Eismassen erheben. Dennoch sammelten wir auf diesen Gräten noch Pflanzen, Androsace helvetica, Draba tomentosa und Geum
reptans schmückten die kahlen Felsen, erstern mit den schönen halbkugeli-
gen Räschen von milchweissen Blüthen bedeckt, letztere mit ihren grossen
gelben Blumen, die von dem gefährlichen Standort aus uns anzulachen schienen. Flechten und andere Cryptogamen fanden sich viele; das Gestein ist
das des Flimser Steins und schliesst mit Nummulitenschiefern, auf denen seltsamer Weise ein quarziges Conglomerat von grünlicher Farbe scharf abgeschnitten aufsitzt, das bis jetzt ein ungelöstes geognostisches Problem ist.
So sind die Berge auf der ganzen Glarner Grenze gebildet. Wir suchten

unsern Rückweg über die abschüssigen Schneefelder, unter welchen Eis steckte, und rutschten mit grosser Schnelligkeit hinab. Unser Nachtlager nahmen wir in Bargis bei sehr freundlichen Leuten, und zwar im Kuhstall, da wir dort wärmer gebettet zu sein glaubten. Diess war denn auch wirklich der Fall; dennoch ist ein solches Quartier nicht zu empfehlen, denn bei jeder Bewegung, die eine Kuh wachend oder träumend machte, verursachte sie mit ihrer Schelle einen solchen Lärm, dass bei der beständigen Wiederholung dieser Musik an ruhigen Schlaf gar nicht zu denken war. Am andern Tag gingen wir über den Flimser Stein nach dem Segnespass und dem Martinsloch.

Doch wir kehren von diesem Abstecher in die eisigen Regionen des Hochgebirgs zurück auf der Strasse von Molins und wandlen auf besser gebahnten Wegen, als sie über Felsen und Gletscher führen, wohin doch nur die Wenigsten mitgehen, ruhig unserm Zielpunkt Flims zu. Flüm heisst auf Romanisch Fluss, fliessendes Wasser und in der That findet sich selten ein solcher Quellenreichthum, wie auf dieser Strecke, wo sie überall hervortreten in krystallhellen Bächen zwischen dem blühenden Rasen und dem frischen feuchten Grün der Moospolster hineilen, auf denen rothe Schlüsselblumen, blaue Gentianen und weisse Saxifragen wie Edelsteine glänzen. Unten aber fliesst in felsigem Bett der Flimser Bach von blühenden Büschen beschattet, der alle diese Wasserläufe aufnimmt, und jenseits desselben auf der einen Seite von Wiesen, auf der andern von Felstrümmern und tiefdunklem Tannenwald umgeben, liegt still und tief der blaue Crestasee (Trimser See) auf der Grenzmark zwischen Trins und Flims. Er hat viele Quellen, soll aber doch im Winter zufrieren. Die grossen Hechte, welche er ernährt, sind insofern merkwürdig, als dieser Fisch sonst nicht so hoch vorzukommen pflegt, 860 M. Sie sind wahrscheinlich ein ehrwürdiger Rest der guten alten Zeit und wurden eingesetzt, um weltlichen und geistlichen Herren das Fasten zu erleichtern. Der Wald hinter dem See steht auf Dolomittrümmern, welche wie ein alter Bergsturz aussehen. Solche finden am Flimser Stein auch wohl noch jetzt statt. Vor wenig Jahren fiel eine ganze Felswand herab und that in den Wäldern grossen Schaden, wo der Luftzug, der die niederbrechenden Felsen begleitete, die Tannen wie Strohhalmen knickte.

Flims liegt in einer Einbiegung des Thals auf den untern Jurabildungen. Auf dem letztern Umstand beruht namentlich sein ausserordentlicher Wasserreichthum, wie oben bemerkt. Die Hauptquelle im Dorfe (il Gurg) wäre stark genug, um gleich einige Mühlen zu treiben; sie kommt, wie mehrere andere, aus Geschieb und Trümmergestein, welches den Unterjuraschiefern aufliegt. Sie ist im Sommer eiskalt und im Winter warm, sagen die Leute.

In Wahrheit ist sie Sommer und Winter 5—6° R.; wir würden jene lächerliche Ansicht hier nicht anführen, wenn sie nicht ein allgemein verbreiteter Irrthum wäre, der bei allen Quellen von mehr oder weniger constanter tiefer Temperatur wiederkehrt. Es ist hier weder Raum noch der Ort, diese Ansicht weitläufig zu widerlegen; für solche, die über die Sache nachdenken, wird es genügen, zu bemerken, dass 5° R. bei einer Lufttemperatur von + 15 bis 20° unserm Gefühl eiskalt erscheinen, während dieselben + 5° bei einer Luftkälte von z. B. — 10° uns sehr warm vorkommen. Quellen von so viel Wärme, wenn sie stark sind, frieren nie zu und grüne Pflanzen finden sich darin den ganzen Winter durch. Der Ort liegt 1102 M., dennoch zieht man noch Roggen, Gerste, Kartoffeln, Sommerweizen etc. Kirschen gedeihen noch sehr gut, andere Obstsorten nur an geschützten Stellen, da das Dorf dem NO. und NW. sehr ausgesetzt ist. Es ist ein schöner Ort mit mehreren alten Gebäuden, die Einwohner reden romanisch und sind reformirt. Für Reisende ist gutes Unterkommen in der Post, sowie in den nahen Waldhäusern.

Es geht von Flims aus ein ziemlich betretener Weg, der übrigens nur im Sommer anzurathen ist, über den Segnespass nach Elm im Sernfthal; er kann in 6 Stunden gemacht werden, man wird indess gewöhnlich mehr brauchen. Wer aber auch nicht beabsichtigt, hinüber zu gehen, wird von einer Exkursion nach der Passhöhe nicht unbefriedigt zurückkehren. Der Weg geht von Flims aus über Wiesen aufwärts, dann über die Alpen Foppa, Flida und Gasons, von welcher letztern man sich entweder rechts nach dem Fuss des Flimser Steins, oder links durch einen Thalgrund wenden kann, welcher ein alter Seeboden ist. Lezterer ist der gangbarere, während der erstere allerdings interessanter ist; wir wählen ihn daher zum Aufsteigen; solche, welche der Gegend nicht kundig sind, werden ohnedies wohlthun, sich einen Führer zu nehmen. Ueber steile, zum Theil felsige Berghalden steigen wir auf, an welcher in reicher Fülle allerlei schöne Pflanzen, namentlich die gelben Aurikeln wachsen, und um die letzten Felsenstufen des Flimser Steins biegend, gelangen wir an den Ausgang des Hochthals Segnes Sura, in dessen Hintergrund der mächtige Segnesgletscher sich ausbreitet. Oestlich ist der Flimser Stein, westlich ragen hoch auf die spitzigen Gipfel der Segneshörner und der andern hohen Berggestalten, welche den Sardonagletscher umgeben. Nach der Westseite hin liegt der weitgedehnte Bündner Bergfirn und die vielgestaltigen Gipfel des Ofen, Zwölfhorns, Piz Grüsch, Vorab, Crap St. Gion u. s. w. In der Mitte zwischen all' dem und gerade vor uns sehen wir die seltsamsten Bergformen zwischen den Segneshörnern und dem Ofen. Hier ist das Gebirg auf einem schmalen Grat zusammengegangen, der sich mauerförmig erhebt, aber die Firste dieser Felsenmauer ist in viele schlanke Prismen und Felsennadeln zerspal en, verschieden an Grösse und Form, das Volk nennt sie die Jungfrauen; wer die Entfernung und die Verhältnisse nicht kennt, mögte Werke von Menschenhand erkennen, während es die zerstörenden Kräfte der Natur sind, Regen, Eis, Sturm und Blitzstrahlen, welche hier aus einem Ganzen diese Ruinen schaffen. Zunächst am Segneshorn ist die Mauer bis auf den Grund gespalten und eine weite Breche gelegt, man kann den Schuttwall überschreiten, es ist der Segnespass; links davon öffnet sich in den Felsen eine andere Spalte, ein förmliches, oben durch eine spitze Wölbung geschlossenes Thor von 25' Breite und etwa 40' Höhe, zu dem man jedoch nur mit Schwierigkeit gelangt und mit noch grösserer auf der andern Seite hinabsteigt. Es ist das Martinsloch, berühmt im Glarner Land, weil durch dieses Felsenthor zweimal im Jahr, den 14.—15. März und den 14.—15. Sept., die Strahlen der Sonne auf die Kirche von Elm fallen, welche sonst ganz im Schatten liegt. Man erzählt von den guten Elmern, dass sie sich im Anfang des 18. Jahrhunderts geweigert hätten, den neuen Calender einzuführen, weil dann die Sonne nicht mehr auf den alten Tag durch das Martinsloch scheinen könne.

Die Berge, welche diese seltsame zerrissene Kette bilden, haben wie die am Sardonagletscher das Eigne, dass sie unten aus Nummulitengesteine bestehen, welchen dann scharf abgeschnitten eine Formation von grünlichem Talkquarzit und Schiefer (Verrucano)? aufgesetzt ist, welche eben die zerklüfteten Gräte und nadelförmigen Spitzen bildet und der Verwitterung sehr gut widersteht, während die Nummulitengesteine leicht zerfallen. Es hat bis jetzt nicht gelingen wollen, diese Unregelmässigkeit, die sich bis über den Hausstock hinaus fortsetzt, zu erklären, denn es liegt hier ein Gestein oben auf, das man sonst als eine der tiefsten Formationen in Bünden anzusehen gewohnt ist. Ist es nun wirklich dieselbe, und gehören diese grünen Schiefer, die man in Flims vielfach als Trümmergestein findet und unter dem Namen Platta morte zu Ofenplatten u. dgl. verwendet, noch den Nummulitenbildungen an?

Der starke Gletscherbach von Segnes verschwindet in einer tiefen Spalte die wir überspringen müssen. Das Hineinstürzen könnte sehr verderblich werden, denn wenige Schritte weiter stürzt sich diess Wasser in einem hohen sehr starken Wasserfall hinab in den Wannengrund, so dass es aussieht, als breche es unmittelbar aus dem Felsen als Quelle hervor. Wir folgen nun dem Grat, der uns am Fuss des vordern Segneshorns (Tschingel) auf eine steinige Halde und über diese und gewöhnlich auch über Schneelehnen auf den Pass führt. Wir sehen hinab in die Glarner Berge und Thäler. Ueber steiles Gehänge rechts führt der Weg an tiefen schauerlichen Schluchten und schwarzgrauen zerfallenden Schieferwänden hinab nach

Elm, das man unten liegen sieht. Gegenüber erheben sich die kühnen, wilden Gestalten der Glarner Freiberge. Ist es nicht unsere Absicht, da hinab zu steigen, so kehren wir durch den alten Seegrund Wanne oder Segnes Sut zurück, wo wir Gelegenheit haben, den oben erwähnten Wasserfall zu bewundern; der Weg ist ohnediess besser. Doch werfen wir zuvor noch einen Blick auf den Flimser Stein, der sich nach dieser Seite in weniger steilen Wänden abdacht. Wir gewahren auf der Nordwestseite einen kleinen Gletscher, einzeln, von andern getrennt, mit geradlaufenden scharf abgegrenzten Seiten. Da war einst, so erzählt die Sage, eine schöne, blühende Alpwiese, das Gut einer Wittwe. Ein reicher Nachbar wollte es kaufen, um es mit seinem grossen Gut zu vereinigen, sie aber weigerte sich dessen. Der Mann klagte nun auf eine angebliche Schuld, welche der verstorbene Gatte der Wittwe bei ihm gemacht haben sollte und brachte es dahin, dass das Gericht ihm die Alp als Zahlung zusprach. Vergeblich waren Betheurungen und Bitten der Wittwe. Da erhob sie vor dem versammelten Gericht die Hand und sprach: „Wenn Wahrheit und Gerechtigkeit bei Gott ist, so sollst du auf jenem Gut keinen Grashalm erndten." Die Sache blieb bei dem Beschluss. Aber in der folgenden Nacht trat Sturmwetter ein und dauerte mehrere Tage, und als der Mann hinging, seine neue Besitzung zu besehen, da lag eine Eis- und Schneedecke darauf und wird liegen zum ewigen Gedächtniss, so lange die Berge stehen.

Wer rauhe Wege nicht scheut, kann von Flims aus den etwas schwierigen Weg nach dem Bündnerbergfirn machen. Man geht ungefähr in derselben Richtung, bis zur Alp Platta, steigt dann über mehrere Felsenterrassen, zwischen denen man sich den bequemsten Weg suchen muss, da kein eigentlicher Pfad existirt, und gelangt so an den Fuss des Laaxer Stocks und Piz Grüsch, welche sich an den Grenzen des Firnmeers erheben, das sich zwischen ihnen durch, gegen den Segnespass und auf der andern Seite gegen das Zwölfihorn und den Vorab zieht, und hier eine ungemeine Breite einnimmt. Ein anderer bequemerer Weg geht über die Alp St. Martin weiter westlich. Der Abfluss des Gletschers bildet zur Zeit der Schneeschmelze einen mächtigen Wasserfall über die Felsenstufen. Das Gletscherfeld ist theilweise sehr zerspalten, an andern Stellen leicht zu überschreiten. Der Grat des Vorab, 3018 M., muss von da aus ziemlich leicht zu erreichen sein; die Hauptschwierigkeit bieten die vordern stark zerspaltenen und steilen Partien des Gletschers, grossartig schön ist der Anblick der weit ausgedehnten wellenförmigen Gletscher und des reinweissen Firnfeldes, aus dem sich die schwarzgrauen Bergstöcke erheben mit ihren scharfen gezähnten Rücken und ruinenartig zerfallenden Spitzen. Dennoch wird diese Gegend sehr selten besucht, denn die Reisehandbücher wissen nichts davon. Dagegen sind diese einsamen Gebirge, sowie die der Sardonagruppe noch eine Zuflucht der Gemsen, die man nicht selten hier sehen kann. Eben die zerrissene, schwer zugängliche Beschaffenheit der Berge und die Unsicherheit, mit welcher man auf dem zerfallenden Gestein geht, schützt die leichtfüssigen Geschöpfe, die windschnell über Stellen hinwegsetzen, wo der Mensch ihnen nur langsam und mit grösster Vorsicht folgt, mitunter auch ganz zurückbleiben muss. Ich habe immer meine Freude an den anmuthigen und doch so kräftigen Bewegungen der schönen Thiere gehabt, wenn sie mit unglaublicher Gewandtheit, meist in einer Reihe eine der andern folgend, über Gräte und schmale Felsbänke setzten, dann auf freien Stellen mit hoch erhobenen Köpfen Rundschau hielten, und endlich zwischen den fast gleichfarbigen Felsen dem Auge verschwanden, oder wie eine Reihe schwarzer beweglicher Punkte über ferne Schneefelder hineilten. Doch wird sie das alles auf die Dauer nicht vor Ausrottung schützen, wenn nicht das Gesetz der unvernünftigen Vertilgung dieses schönen und selbst in grösster Menge ganz unschädlichen Wildes ein Ziel setzt.

Die gewaltigen Eis- und Schneemassen, welche hier aufgehäuft sind, geben einer Menge Bäche den Ursprung, die sich schliesslich in den Flimser Bach vereinigen. Dieser schwillt oft sehr hoch an und that es in früherer Zeit noch mehr. Alte Urkunden erzählen davon; 1578 wurden drei Häuser fortgerissen und kamen dabei 11 Menschen um; ein Kind, welches in der Wiege lag, schwamm mit dem ganzen Stubenboden, der zusammenhielt, weiter und wurde unversehrt ans Ufer geschoben. 1687, 1703 fanden ähnliche Zerstörungen statt, seitdem wurden oben durch verschiedene auf Alp Sura gezogene Gräben die Wasser anders geleitet und dadurch die Gefahr beseitigt; ein Beweis, dass dies in vielen Fällen möglich ist, wo man aus Fahrlässigkeit behauptet, Menschenkraft vermöge nichts gegen die zerstörenden Kräfte der Natur.

Mit dieser Betrachtung verlassen wir Flims, wo in diesem Sinne noch mancherlei sonst zu thun wäre, und wandern fort in der Richtung von Ilanz das unser nächster Stationsplatz ist. Der Weg fängt alsbald an zu steigen; die bunten Schiefer, welche wir im ersten Tobel begegnen, stehen an und gehören zur Unterjurabildung; die gewaltigen Massen von Trümmergestein sind alte Moränen aus der Eiszeit, wo unabsehbare Gletscher diese Thäler füllten und das durch Bergstürze gelieferte Material gegen das Rheinthal hinabschoben. Die Ansicht aber, dass auch die Dolomitmassen, durch welche sich unten der Rhein den Weg bahnt, Reste eines grossen Bergschlüpfs seien, ist darum zu verwerfen, weil diese Gesteine in der Tiefe regelmässige Schichtung zeigen.

Wir gelangen nach kurzer Steigung zu einer Häusergruppe, welche 1102

M. hoch, malerisch zwischen alten Lärchenbäumen und grossen Felsblöcken
zerstreut liegt. Kirschbäume beschatten die braunen Gebäude und machen
besonders im Frühling, wenn ihre weissen Blüthen sich mit dem jungen
Grün der Lärchen mischen, einen gar lieblichen Eindruck durch die Mischung
von Obstgärten und Wald. Diess sind die Waldhäuser, ein wegen seiner
lieblichen Lage von Chur und Ilanz aus oft besuchter Ort; in dem kleinen
Wirthshaus am Wege findet man selbst auf längere Zeit gutes Unterkommen
und grössere Bequemlichkeit, als man an diesem Orte erwarten sollte.

Der Flimser Wald, an dessen Grenze wir hier wieder angelangt sind,
bedeckt eine weite Strecke des hügeligen, meist mit Felstrümmern über-
lagerten Bodens. Er schied in alter Zeit das Oberland in zwei Theile, über
und unter dem Wald. Tiefe Schluchten und Einsenkungen ohne Ausgang
liegen zwischen den dicht bewaldeten Höhen und geben Veranlassung zum
Ansammlen von Wasser, das theils zeitweilig verschwindet, theils kleine
Seen bildet. Von leztern ist der grösste der Flimser oder Cauma See gleich
jenseits der Waldhäuser, der ein tiefes Becken füllt, und etwa eine Viertelstunde lang ist. Man steigt erst über Wiesen, dann durch schattige Wald-
wege hinab, und ist dann überrascht, die schöne dunkelblaue Wasserfläche
vor sich zu sehen, in deren Mitte ein kleines, felsiges Inselchen liegt. In
feierlicher, heiliger Stille liegt sie da, die Tannen neigen sich über sie hin
und wölben wie Kirchenbogen ihre hängenden Aeste; Streiflichter der Mittagssonne blitzen herein in die Waldnacht und über die krystallhelle Fluth,
auf welche die grossen Schatten des Waldes fallen; kein Laut regt sich, als
der des scheuen Schwarzspechts oder der Schrei des Falken, der hoch oben
in blauer Luft schwebt. Einladend winkt das reine laue Element dem ge-
übten Schwimmer, in seinen Wellen zu spielen über der geheimnissvollen
Tiefe, aber auch für andere Badende hat diess Wasser den Ruf der Heilkraft und wird desshalb oft besucht. Die Ansicht, dass warme Quellen im
See entsprängen und zwar auf seiner Westseite, wo er im Winter nicht
friert, ist unrichtig. Ich fand im Winter, wo ich über das Eis zur offenen
Stelle gelangte und mit einer Stange das Thermometer tief versenkte, 4^0 R;
im April eben da 6, im Sommer am Rande 15, und weiterhin 18, an der
betreffenden Stelle, aber untertauchend, sehr kalte Quellentemperatur in der
Tiefe. Doch wird das Wasser gerühmt gegen rheumatische Uebel u dgl.
Eine Analyse kenne ich nicht; es enthält viel Kalk, der Boden ist bewachsen mit Charen und dem seltenen Hypnum elodes, beide ganz mit Kalkrinde
überzogen. Westlich liegen noch zwei andere kleinere Wasserbecken, sie
sind aber sumpfig und trüb. Abfluss hat der See nicht; das Wasser ver-
sitzt in dem Geklüft des Kalkbodens; starke Quellen im Trinser See und
nach dem Rhein hin sind wahrscheinlich seine Abzüge. Grosse Fische ent-

hält diess Wasser nicht, sondern nur eine kleine Art, die sogenannte Elle-
rütze oder Bammeli Cyprinus phoxinus, welche nicht benutzt wird.

---

3. Das Rheinthal von Ilanz.

Der Berge Gipfel blicken
Hellgolden in den Rhein,
Viel Schlossruinen nicken
Und schauen träumend drein. P.

Auf der Höhe des Flimser Waldes, die man bei den Waldhäusern erreicht hat, läuft die Strasse geraume Zeit fort. Man hat einige schöne
Blicke auf das nahe Gebirg und den tief unten im Walde liegenden See.
Nach geringem Abwärtssteigen kommt man an eine tiefe Schlucht, das Laaxer
Tobel, über welches hier eine Brücke führt. Es kommt ursprünglich als
breiteres Alpthal unter dem Namen Val Pleun hinter dem Crap St. Gion
hervor vom Bündnerbergfirn und ist grösstentheils in Bergschutt eingeschnitten, woher seine Tiefe und die Menge Schutt kommt, welche es bei Hoch-
wasser mit sich führt. Schauerlich tief und durch Seitenschluchten zerrissen,
ist besonders der Theil unterhalb der Strasse. Indess verlässt diese bald
seine wüsten Ufer, und führt abwärts nach Laax, das am Ende eines Wie-
senthals liegt, welches theilweise durch einen kleinen See mit sumpfigen
Ufern gefüllt ist. Seine Sumpfflora ist dem Botaniker zu empfehlen (s. Anhang). Laax ist ein nettes Dorf; ob demselben stand einst eine Burg Lan-
genberg, von der man jetzt wenig mehr sieht. Abwärts nähert man sich
wieder dem Tobel und einige Vertiefungen bilden kleine Seen. Der Boden
besteht aus Dolomitschutt, unter welchem bald Verrucano hervortritt, welcher hier die Grundlage des Gebirgs ausmacht und bis jenseits Trons sich
als solche behauptet. Ungefähr da, wo die Formationen wechseln, gewinnt
man den freien Ueberblick der unten liegenden Landschaft. Diess ist ein
weites Thalbecken, wo sich Rhein und Glenner vereinigen. Es ist die Gruob
oder Foppa von Ilanz; beide Namen bezeichnen eine Vertiefung. Während
wir auf dem Plateau des Flimser Waldes uns schon der Alpenregion näherten und Alpenpflanzen sammelten, senkt sich die Thalsohle der Gruob am
Einfluss des Glenner auf 691 M. herab und bildet unten ein ziemlich flaches
Thalgelände von grosser Fruchtbarkeit und sehr mildem Clima. Hier gedeihen wieder alle Getreidearten, selbst Mais; die Rebe rankt sich noch an
den Häusern empor und ehemals soll es sogar kleine Weinberge gegeben
haben, freundlich blicken die zahlreichen Dörfer aus Hainen von Obstbäumen
hervor, mitten durch schlängelt sich glänzend der Rhein, die Berge steigen

in schönen grünen Terassen empor, die auch noch Dörfer und Fruchtfelder
tragen, unten mischt noch die Buche ihr frisches Grün mit der dunklen Färbung der Nadelwälder, an den obern Abhängen werden die letztern herrschend, schöne Alpentriften steigen gegen die grauen, felsigen Grüte des
Gebirgs auf und diese blicken ernst herab auf das blühende Land an ihrem
Fuss, während sich schneebedeckte Spitzen noch höher erheben. Gegenüber
sieht man weit hinein nach Lugnetz und in die Eisgebirge, welche seine
vielarmigen Thäler schliessen, auf der rechten Seite des Glenner erheben
sich die scharfzähnigen Signinastöcke, und auf der linken der sanftere Piz
Mundaun, den Rhein aufwärts reihen sich die Hochgebirge des Oberlands an
einander. An beiden Enden ist die Gruob durch Thalengen und Felsenpässe
geschlossen; durch die westliche in Verrucano eingeschnittene geht die
Strasse, die östliche dagegen besteht aus ungangbaren Schluchten, die sich
der Rhein in den lockeren Dolomit gegraben hat. Steile Felsenwände, oft
von beträchtlicher Höhe, engen den Strom ein, Seitenschluchten und Höhlen
sind in sie eingerissen, Auswaschungen und hängen gebliebene Geschieb-
streifen bezeichnen die ehemalige Höhe des Wasserstandes; nur einzelne ma-
gere Tannen sprossen aus dem zerbröckelnden grauen Gestein, oben aber
auf den Thalstufen breitet sich üppige Waldfülle aus und die rechte ist mit
Dörfern und Weilern geschmückt. Ehe der Rhein sich diesen Weg bahnen
konnte, war die Gruob ein See, und es geht die Sage, dass einst durch
Verschüttung des Flussbettes sie sich aufs Neue mit Wasser gefüllt habe
welches bis St. Martin bei Ilanz hinaufgegangen sei. Am Eingang dieser
Schluchten, wo von der Nordseite das Laaxer (Sagenser) Tobel mündet, liegt
Sagens in zwei Häusergruppen und sonst anmuthiger Lage. Von der alten
Burg Schydberg ist kaum noch die Stelle bekannt. Im Anfang des vorigen
Jahrhunderts war hier ein heftiger Religionsstreit unter den beiden Confes-
sionen, der in majorem Dei gloriam in blutige Raufereien ausartete.

Die Strasse führt hoch über Sagens hin; der erste Ort, welchen sie berührt, ist Schlenis, das anmuthig an die Berghalde gelehnt, theilweise auch
schon am Fusse derselben liegt. Auf der Höhe darüber ist die noch bewohnte Burg Leuenburg, der Familie de Mont gehörig, welche ehemals Hoheitsrechte über das Dorf ausübte. Von zwei andern Burgen, Spielberg und
Wildenburg, sieht man jetzt wenig mehr. Letzteres liegt eigentlich auf dem
Gebiet von Fellers und ist der Stammsitz der Familie Rink von Wildenbe-
berg, die in der älteren Bündnergeschichte oft rühmlich genannt wird. Ein
R. von Wildenberg führte in der Schlacht bei der Malserhaide mit L. von
Lumaria den Schlachthaufen an, welcher über den Schlingenberg die Kaiser-
lichen von der andern Thalseite angriff. In den Trümmern liegen der Sage
nach Schätze verborgen und mehrmals wurde schon von Schatzgräbern ein-

fältigen Leuten Geld abgeschwindelt, unter dem Vorwand, dort zu unermesslichen Reichthümern zu gelangen, Jeder auf seine Art — Actien oder Schatzgräberei, — wie man's fertig bringt. Mitten durch Schleuis geht ein Bach mit breitem, von dickem Geschiebe angefülltem Bette und sehr wenig Wasser. Man begreift nicht, wie dieses Wässerlein schon mehrmals durch Rüfen den untern Theil des Ortes mit dem Untergang bedroht hat, und unter anderm 1828 in wenig Stunden einen Schaden von etwa 30000 fr. anrichtete, und doch ist dem so. Für Fremde, welche den Ausdruck nicht kennen, mögte hier der Ort sein, zu sagen, was eine Rüfe ist. Man versteht darunter das plötzliche Anschwellen eines Bergwassers, das viel Schlamm und Steine führt — einen sogenannten Schlammstrom. Wo an kahlen, nicht mit Wald oder sonstigem Pflanzenwuchs bedeckten Bergseiten oder in solchem Boden, der von tiefen Schluchten durchfurcht ist, viel verwittertes Gestein oder lockeres Schuttland liegt, da wird dieses bei heftigen Regengüssen aufgeweicht, herabgerissen, mischt sich mit dem Wasser des Thalbachs und verwandelt dieses in eine mehr oder weniger schlammige Flüssigkeit. Schlammiges Wasser ist aber schwerer als klares und hat darum auch mehr Tragkraft, es hebt demgemäss Steine und Felsblöcke, welche reines Wasser nicht bewegt, und schiebt sie vorwärts. Diese, sowie überhaupt die schlammige Fluth vermöge ihrer Schwere wirken nun wieder zerstörend und aufreissend auf Sohle und Ränder des Tobels, immer neue Massen stürzen nach, Holzblöcke und entwurzelte Tannen, auch wohl Trümmer von Alphütten mischen sich mit dem Schlammstrom, den sie durch quere Lage oft aufstauen, wodurch seine Kraft beim unausbleiblichen Durchbruch verdoppelt wird; oft trägt er einen Wall von trockenen Stein- und Holzmassen vor sich her, die sich stäubend und rasselnd vorwärts bewegen. So stürzt das schwarze, wüste Gemeng, brausend und krachend wie ein Lavastrom, dem Thale zu. Nichts widersteht ihm, Bäume werden niedergeknickt, Häuser aus ihren Grundfesten gehoben und fortgeführt, Rettung von Menschen und Thieren gelingt nur durch Zufall, und wenn dann der Strom sich verlaufen hat, da liegt Wiese und Feld zerrissen, oft bis auf den Felsen blossgelegt und statt des fruchtbaren Bodens und der gehofften Erndte bedecken Schlamm und Felstrümmer, fächerförmig ausgebreitet die verheerten Fluren und auf lange Jahre oft ist alle Ertragsfähigkeit vernichtet. Es sind besonders die grauen und chloritischen Schiefer, sowie Verrucano, Kalkschiefer u. s. w., welche diese verderbliche Erscheinung veranlassen. Rüfen aufzuhalten, ist nach Obigem nicht möglich, dagegen kann man sie unschädlich machen, indem man unten den Lauf des Baches regelt, die Tobel durch Schwellen und Seitenwuhre verbaut, um ferneres Einfressen und damit verbundenes Einstürzen zu verhindern und oben durch Drainage, Ableitung und Verbauung der kleinen Schluchten, dem Schlammstrom seinen ersten Ursprung abschneidet. Vor allem aber muss man sich vor vollständigen Abholzungen hüten, den Wald in gutem Zustand erhalten und auf den Alpen und Wiesen die Bildung kleiner Wasserrisse verhindern. Auf solche Weise wird man zwar nicht an allen Orten und auch nicht für immer, Rüfen beseitigen, aber man wird ihre Wirkung schwächen und sie in den meisten Fällen weniger gefährlich machen, indem sie dann nur als Wasserbäche verlaufen. Bei Schleuis hat man seit einiger Zeit mit Erfolg in diesem Sinne gearbeitet.

Zwischen dem Tobel von Schleuis und dem von Laax liegt auf einer schönen, grünen Thalstufe das Dörfchen Fellers oder Falera, 1218 M. hoch. Die Burg Falera, sowie ein ähnliches Bauwerk in der Nähe der Kirche ist bis auf wenige Spuren verschwunden. Hinter dem Dorfe steigen schöne Alpen mit zahlreichen Alphütten gegen den Piz St. Gion auf, dessen vordere Höhen leicht zu ersteigen sind und eine reizende Aussicht bieten. Kalk und Verrucano grenzen hier an einander. In ähnlicher Lage liegen weiter westlich auf den Terrassen Ladir, 1277 M., und Ruschein, 1158 M., auf felsigen theilweise bewaldeten Höhen. Beide können als schöne Spaziergänge von Ilanz aus empfohlen werden, besonders für solche, die schöne Aussichten suchen. Die Kirchen beider Orte erkennt man an ihrer weissen Farbe von Chur aus, und wenn sie recht deutlich erscheinen, so ist Föhn im Anzug, denn da der Föhn, als warmer trockener Wind in den Alpen ankommt, so bemächtigt er sich schnell aller Feuchtigkeit in der Luft und verursacht jene ungemeine Durchsichtigkeit derselben, die ein Vorbote des Umschlags ist, wenn, wie das immer geschieht, der Westwind in diese aufgelöste Dunstmasse einfällt.

Auf der andern Seite des Rheins sieht man im Thale Kästris und auf der Terasse darüber Seewis liegen, 865 M. Letzteres ist nicht mit Seewis im Prätigau zu verwechseln, wie in einigen neuern Reisebeschreibungen geschieht, woraus unter anderm zu ersehen ist, dass der Dichter Salis durch die schöne Umgegend von Seewis zu verschiedenen seiner Gesänge begeistert worden. G. v. Salis stammte bekanntlich von Seewis im Prätigau, wo er auch begraben ist, sich jedoch nur die kürzeste Zeit seines Lebens aufhielt. Diess schadet jedoch Seewis im Oberland nichts, das in der That eine der schönsten Lagen im Rheinthal hat. Denn über den grünen Matten auf denen es sich ausbreitet, steigen in mächtigen Felsenstufen die Signinastöcke auf, unten rauscht der Glenner, dem Rhein zueilend und mit einem Blicke übersieht man das liebliche Rheinthal, Ilanz und die Orte im Grund, die majestätischen Hörner und Firnen des Tödigebirgs und Lugnetz mit den herrlichen Schneepyramiden in seinen entlegenen Seitenthälern.

Zwischen dem Rhein und dem steilen Abhang des Berges führt die Strasse in etwa $1/2$ Stunde von Schleuis nach Ilanz (Romanisch Glion), das zu beiden Seiten des Rheins sich in schöner Lage ausbreitet. Es ist die erste Stadt am Rhein, die untere Stadt etwa 695, die obere 718 Met. mit 660 Einw. Die obere Stadt auf der rechten Rheinseite ist die ältere; ihre Mauern, Thürme und alterthümlichen Thore stehen grossen Theils noch, im Innern findet man in den krummen, engen Strassen viele alterthümliche, zum Theil ansehnliche Gebäude mit den Wappenschildern der alten Geschlechter geziert, welche sich hier gerne aufzuhalten pflegten, als Ilanz noch der Hauptort des grauen Bundes war, und mehr politische Bedeutung hatte als jetzt. Damals war es auch volkreicher, denn das Ganze trägt das Gepräge ehemaligen, jetzt verschwundenen Glanzes der alten Zeit und führt nicht umsonst die Krone im Wappen. Aber diese ehrwürdigen Reste sind jedenfalls sehenswerth, so das alte Rathhaus, wo alle 3 Jahre sich ehemals der Bundestag versammelte, und verschiedenes Andere, was den Alterthumsforscher interessiren kann, wenn er auch nicht im Stande ist, die zahlreichen Urkunden einzusehen. Aber neben jenen Denkmälern alter Zeit fängt an die Gewerbthätigkeit der neuen sich zu erheben und das Städtchen scheint sich zu neuer Blüthe entwickeln zu wollen. Für Fremde ist es ein bequemer und angenehmer Mittelpunkt, von wo aus der Reisende Excursionen machen kann und man hat zu dem Ende zwischen zwei guten Gasthäusern, Oberalp und Lukmanier, die Wahl. Die Umgebung von Ilanz ist höchst anziehend. Im Mittelpunkt eines schönen Thalgrundes gelegen und an die Berge angelehnt, bietet es in seiner nächsten, wie in weiterer Umgebung eine Auswahl von lieblichen und grossartigen Partien. Traulich liegt der alte Ort zwischen Obstgärten und Maisfeldern, über die sich die bewaldeten Bergstufen erheben, von denen schmucke Dörfer herabsehen und Ritterburgen erzählen von alt vergangener Zeit; darüber erhebt sich in grossartigen Umrissen das nahe Hochgebirg, besonders die mächtigen Berggestalten des Tödi und seiner von ihm abhängigen Nachbarn, von unermesslichen Eis- und Schneelasten umhüllt. Mitten durchs Thal fliesst der Rhein mit heller, glänzender Fluth, eine schöne Brücke verbindet beide Ufer, von welcher aus man beiderseits das Thal übersieht. Schöner noch ist die Umsicht an der alten Kirche St. Martin, die man in einer Viertelstunde erreicht, oder auf der Terrasse von Luwis, das von waldigen Felsenhöhen das Thal übersieht. Wer aber einen Aussichtspunkt sucht, dem wenig andere gleichen, muss den Piz Mundaun ersteigen, wovon der nächste Abschnitt handeln soll. Die Geschichte des Städtchens verliert sich in sagenhafte Zeiten. Es gehörte später zur Herrschaft Belmont, kam mit dieser durch Erbschaft an die Herren von Sax und dann durch Kauf an das Bisthum Chur, von dem es sich loskaufte; 1526 wurde hier ein Religionsgespräch zwischen Katholiken und Protestanten gehalten, wobei die hervorragendsten Männer beider Parteien erschienen. Ein eigentlicher Entscheid kam nach langem Streiten nicht zu Stande, wie das in der Natur der Sache liegt, doch war die mittelbare Folge ein Toleranzedict der Bündner Regierung. Gegenwärtig ist die Mehrzahl der Bewohner wie überhaupt der Gruob protestantisch, doch haben die Katholiken in Ilanz eine kürzlich erbaute, ganz nette Kirche. Die Sprache ist wie im ganzen Thalgrund Romanisch, doch gewinnt in der Stadt die deutsche nachgerade die Oberhand, wegen der Geschäftsverhältnisse.

Sehr schön nehmen sich von Ilanz her die Ruinen der Burg Gröneck aus, besonders wenn die Abendsonne sie beleuchtet und durch die Lücken des alten Mauerwerkes durchblitzt. Man fand hier 1811 beim Sprengen eines Felsens, unter einem Steinblock verborgen, zwei eigenthümlich gestaltete Hörner, die mit Silbermünzen angefüllt waren. Die meisten waren aus dem 9. Jahrhundert, und trugen die Namen der bekannten Bewerber um die Italische Krone, Berengar und Lambert. Sie waren schüsselförmig geprägt mit lateinischer Inschrift; wahrscheinlich eine alte Kriegsbeute. Was daraus geworden, ist mir nicht bekannt. (s. Röder und Tscharner p. 99). Eine andere Burg, Frondsberg bei Ruschein, ist bis auf wenige, vom Wald beschattete Mauerreste zerstört. Sie soll der Stammsitz des später in Schwaben hochberühmten Rittergeschlechtes dieses Namens gewesen sein, das besonders durch Georg v. Frondsberg, den Sieger von Pavia, geschichtliche Bedeutung erlangte. Noch weniger ist von Bruneck und Löwenstein erhalten; von letzterem soll der Kirchthurm von Ilanz selbst ein Rest sein; es beweist aber die Menge dieser Trümmer, dass diese schöne Gegend, wie das auch sonst sich findet, einen Ueberfluss an edlen Herren hatte, von denen einige in der Bündner Geschichte rühmlich genannt werden, die meisten jedoch nicht gerade dazu beigetragen haben mögen, die Segnungen der Natur zu vermehren, oder das Volk solche in Frieden geniessen zu lassen. Mit dieser Herrlichkeit ist's vorbei, aber die Berge stehen noch in alter Pracht und ihre Schneediademe glänzen wie sonst; auf den blühenden Alpen und auf den Trümmern der Vorzeit wandelt ein freies Geschlecht, das keines Herrn Knecht ist, und zu welchem die Sagen von Gewaltherrschaft und Faustrecht herüberklingen wie Träume, welche der Morgen verscheucht. Uebrigens kommen gerade im Oberland weniger dergleichen Erzählungen von Raubrittern und tyrannischen Burgherren vor als anderwärts. Das Uebergewicht, welches die Aebte von Disentis, die Belmont und Sax ausübten, scheint heilsam gewirkt zu haben, und vielleicht war die Stellung des Volkes hier von Anfang an eine andere.

Die Strasse geht auf dem linken Rheinufer weiter; auf dem rechten führt ein schöner Waldweg zwischen dem Strom und felsigen Hochwald hin. Letztere Strecke ist geognostisch wichtig; doch ist der steile Abhang nicht überall gangbar. An der Landstrasse liegt zunächst Schnaus, von wo man eine schöne Aussicht auf das Thal hat, 730 M., auch hier liegen Trümmer einer Burg und hoch darüber auf der Thalstufe liegt Seth, 1319 M. Dort stand das Schloss Friedberg, welches 1327 von Hugo von Werdenberg an den Abt von Disentis abgetreten ward; es ist wie Andere verschwunden. Seth hat schöne Alpen und eine reizende Lage auf der freien Höhe. Das Sether Tobel (Val Gula), welches bei Schnaus in den Rhein mündet, führt diesem einen ansehnlichen Bach zu. Das Thal steigt steil in verschiedenen Stufen, doch nicht eben wild, gegen den Vorab auf, vor dessen Gletschern und Felsenhöhen es sich in viele kleine Schluchten verästelt. Hier liegt noch auf 1800 M. die Ruscheiner Alp und hinter dem Crap St. Gion führt die Sagenser Furka 2385 M. nach dem Ursprung des Sagenser Baches, Val Pleun, am Bündner Bergfirn.

Etwa eine halbe Stunde von Schnaus liegt Ruwis schon ziemlich hoch über der Strasse und nahe dabei tritt als starkes, reissendes Wasser der Flum aus dem Andester Tobel hervor. Hier und am Rhein trieb man ehedem Bergbau auf silberhaltigen Bleiglanz und Fahlerz im Verrucano, woraus die Abhänge bestehen. Auch stand hier ein Hochofen und Kupferhammer. Zu ersterem lieferte das Eisenbergwerk von Ponteglias bei Trons das Erz, zu letzterem ausser den Ruiser Gruben auch die von Obersaxen. Es finden sich im Andester Tobel auf der Ruiser Seite in Talkschiefer Schwefelkies, Bleiglanz und Blende, auf der rechten Seite des Rheins in Verrucanoschiefer körniger Baryt mit Bleiglanz und Zinkblende,; an einer andern Stelle Bleiglanz und Kupferkies in Quarz und endlich im Rheinbett selbst angeblich ein mächtiges Lager derselben Erze. Alte Grubenbauten finden sich noch vor, was aber den Betrieb selbst betrifft, so weiss man nur so viel darüber, dass derselbe in ungeschickten Händen war und desshalb zu Verlust und Aufgeben der Werke führen musste, selbst wenn diese sehr reichhaltig gewesen sein sollten, worüber auch nichts Sicheres feststeht. Es mögte hier am Orte sein, den jetzt ganz eingegangenen Oberländer Bergbau übersichtlich zu betrachten, theils um das, was man davon weiss, in einem grösseren Kreise bekannt zu machen, theils um alle die, welche es angeht, vor Unvorsichtigkeiten und besonders vor Schwindlern und marktschreierischen Ignoranten zu warnen.

Es scheint gewiss, dass schon in sehr frühen Zeiten im Oberland Bergbau getrieben wurde; manches davon steht urkundlich fest, und dann beweisen alte Arbeiten frühere Thätigkeit. Dies war aber grösstentheils vergessen oder der Volkssage anheim gefallen, als im Anfang dieses Jahrhunderts der Bergbau einen neuen sehr schwunghaften Anfang nahm. Die erste

Anregung der Sache wurde durch einen Hrn. Domenga aus Misox gegeben,
der sich damals in Ilanz aufhielt, und sich mit mehreren Theilnehmern aufs
Erzschürfen legte. Sie brachten einige Geldmittel zusammen und dehnten
ihre Wirksamkeit auch weiter aus; so gruben sie (angeblich) goldhaltigen
Schwefelkies zu Tiefenkasten und eben solchen, so wie geringe Mengen von
Fahlerz am Parpaner Rothhorn, worauf sie ohne allen Gewinn im Laufe
mehrerer Jahre etwa 40,000 Fr. verwendeten. Da verwandte Geister sich
finden und verstehen, lernte Domenga einen gewissen Probiermeister Schnitzer
zu Bregenz kennen, der verschiedentlich in Braunkohlenwerken in St. Gallen
etc. beschäftigt war. Dieser brachte durch Vorzeigen der Erze, so wie
dadurch, dass er unermesslichen Gewinn in Aussicht stellte, wirklich eine
Gesellschaft mit namhaften Geldmitteln zusammen, welche aus Personen der
verschiedensten sozialen Stellung bestand und sich 1806 zu Chur im Steinbock unter dem Namen Reichenauer Gewerkschaft konstituirte. Man fing
nun in der ganzen Umgegend an zu schürfen und zu graben, aber die
technische Leitung war so ungeschickt und so ohne alle Kenntniss des
eigentlichen Berg- und Hüttenwesens, dass ohne irgend ein erhebliches
Ergebniss das geschossene Geld verzehrt ward und die Gesellschaft sich
1812 auflöste. Es liessen sich, wenn es der Raum gestattete, erbauliche
Beispiele von Grubenbauten anführen, die aller Wissenschaft sowohl, als
bergmännischen Praxis Hohn sprechen, wie man z. B. einen Stollen von 80
Lachter im Geschiebe anlegte u. s. w.

Sechs Jahre später 1818 trat die meist aus Oberländern bestehende
Bündner Gesellschaft zusammen, um das Eisen von Ponteglias auszubeuten.
Dieses ist ein mit Schwefelkies gemischtes Magneteisen, in grünem Schiefer,
an und für sich ziemlich arm und schlecht dazu, denn jeder Hüttenmann
weiss, dass schwefelhaltiges Eisen rotbrüchig ist. Bedeutende Verluste
waren die Folge eines Unternehmens, bei welchem man sich der Leitung
Unkundiger überliess.

Später, 1826, gingen sämmtliche Oberländer Bergwerke, so wie die in
Schams an eine französische Gesellschaft über, welche bedeutende Namen zur
Schau trug, die an der Sache betheiligt sein sollten. Die Verwaltung wechselte
oft, wie dies fast immer bei Privatgesellschaften geschieht, wo die Intrigue
gewöhnlich kenntnissreiche, ehrliche und erfahrene Leute, die sich nicht zu
Allem hergeben, bald beseitigt und vielversprechende Schwindler an ihre Stelle
setzt. Indessen brachte man es doch so weit, dass man eine Kupferschmelze
so wie 1841! einen Hochofen zu Truns erstellte, welcher neben dem Eisen
von Ponteglias auch einen Brauneisenstein von Obersaxen verschmolz, welcher
höchstens 15 % Eisen enthielt. Es wird, was ich freilich nicht verbürgen
kann, behauptet, die Hüttenverwaltung habe, um die versprochene Quantität

Metall zu liefern, gegossenes Eisen von Ferrera heimlich angekauft und solches für Trunser Eisen ausgegeben?! Die Agenten der Gesellschaft kümmerten sich aber auch blutwenig um den Erfolg, sondern lebten ein jeder, wie es ihm wohl gefiel; der eine liess sichs wohl sein in den Gasthöfen von Chur, ein anderer trieb Holzhandel, der lag dem edlen Weidwerk, ein anderer dem Fischfang ob etc. etc., alle aber bezogen fabelhafte Besoldungen. Bergmännische und hüttenmännische Kenntnisse scheinen bei der Wahl dieser Herren Nebensache gewesen zu sein, als wovon sie bei verschiedenen Gelegenheiten glänzende Proben ablegten; die entscheidende Probe aber war der endliche Erfolg des Ganzen, welches mit Konkurs auslief. 1845 gingen die mit ungeheuren Kosten erstellten Gebäude in Truns nebst andern Effekten aus der Konkursmasse an einige Käufer oder Gläubiger über, welche alles Material einzeln veräusserten und die Bauten auf dem Abbruch verkauften, so dass man jetzt kaum mehr eine Spur davon sieht. Seitdem ist vom Oberländer Bergbau nicht mehr die Rede, und es wird dem geneigten Leser das Urtheil darüber überlassen. Ich habe die meisten dieser Anbrüche gesehen, da aber die Gruben nicht mehr zugänglich sind, so habe ich über die Bauwürdigkeit der Erze nicht überall ein bestimmtes Urtheil, die meisten jedoch erscheinen mir nicht vielversprechend. Ein neuer Betrieb müsste vor allen Dingen von einer genauen Kenntniss des vorhandenen Erzes und dessen Lagerungsverhältnissen ausgeben und von wirklichen Technikern geleitet werden. Obige Notizen über den Betrieb, die ich nur ganz allgemein geben konnte, verdanke ich der Güte eines Freundes, der im Besitz genügender Belege über dieses interessante Stück Industrie ist, und solche an einem andern Orte vollständig veröffentlichen wird.

Da doch einmal von Benutzung der Naturprodukte die Rede ist, so mag auch noch ein anderer jetzt im Eingehen begriffener Erwerbszweig hier erwähnt werden. Das ist der Fischfang. Früher war derselbe sehr beträchtlich, und man fing bei Ilanz und selbst bis Truns hinauf die schönen, grossen Ilanken (Salmo lacustris), die aus dem Bodensee heraufkommen, um in den Bergwassern zu laichen. Weiter oben gab es nur Forellen (Salmo fario) und Groppen (Cottus Gobio), weiter unten aber noch verschiedene andere Fische. Die Ilanken werden jetzt immer seltener, theils wegen der hohen Wuhre und anderer Wasserbauten, theils weil man die laichenden Fische zu wenig schont, aber die andern Fische nehmen auch ab, theils aus denselben Gründen, theils durch die unbarmherzige Weise, womit man, ohne auf deren Vermehrung Rücksicht zu nehmen, die armen Thiere verfolgt und selbst ganz kleine in den engmaschigen Netzen fängt. Vorzüglich aber ist es das Holzflössen zur Laichzeit, welches den alten Fischen schadet und die zwischen Steinen und Sand verborgenen Eier derselben zerstört. Auch hier wird man zu spät bereuen, nicht gesorgt zu haben, so lange es noch Zeit ist.

Wir kehren von diesen Abschweifungen in das Gebiet der Tiefe zur Fortsetzung unserer Wanderung zurück. Will man auf der grossen Strasse bleiben, welche allerdings der nähere Weg ist, und nicht lieber den Weg über eine der beiden höheren Thalstufen zu beiden Seiten nehmen, so folgt ein wenig anziehender Weg bis nach Tavanasa, wo man sich $1\frac{1}{2}$ Stunden lang zwischen steilen Bergseiten ohne Aussicht fortbewegt. Am Ende des Engpasses bildet sich ein kleiner Thalkessel, ebenfalls von hohen Abhängen umschlossen; von der rechten Seite stürzt der Bach von Val Gronda in schönen Wasserfällen über die eckigen Felsen herab, von der andern kommt der Caschinabach. Dieser Thalgrund ist schön, hat aber nichts besonders Merkwürdiges. In Tavanasa, welches eine etwas düstere Lage unter der östlichen Felswand hat, zeigt man einen Brunnen, wo in der alten Zeit die Volksabgeordneten, wenn sie nach Trons zum Bundestag gingen, ihre Vorräthe auszupacken und ein gemeinsames Mahl zu halten pflegten. Das war allerdings viel einfacher als jetzt, aber man muss bedenken, dass zu der Zeit nicht alle Viertelstunden eine Kneipe mit ihrem langen Arm winkte und weder Post noch Omnibus ins Oberland ging. An der Brücke war 1799 ein blutiges Gefecht zwischen Oberländern und Franzosen, welche letztere sich durchschlugen. Tavanasa liegt 825 M.; an der westlichen Halde aufwärts in kurzen Zwischenräumen Danis, Dardin und Capedre. Wir sind auf die rechte Rheinseite getreten; das Thal verengert sich wieder, etwa eine Stunde lang sieht sich die Strasse zwischen waldigen Berghalden, die mit bemoosten Felsen wechseln, und dem rauschenden Flusse hin, dann treten die Berge auseinander; eine Wiederholung des Ilanzer Thalgrundes, tritt uns der von Trons entgegen, weniger regelmässig und weit, aber nicht minder schön, von grossartigen Bergmassen umgeben und reich an grossen Erinnerungen der Vorzeit, die wie die Häupter jener Berge Lichtpunkte sind im Leben des Volkes.

4. Piz Mundaun.

> Sei mir gegrüsst, mein Berg, mit dem
> röthlich strahlenden Gipfel;
> Sei mir, o Sonne, gegrüsst, die ihn so
> freundlich bescheint!

Nicht immer steht die Aussicht im Verhältniss zu den Höhen der Berge. Es gibt solche, die, ohne gerade besonders hoch zu sein, eine überraschend weite, reiche Ansicht bieten von Berg und Thal, während andere ungleich höhere Spitzen, bei aller Ausdehnung des Landes, das man von ihnen überschaut, kein dem Auge wohlgefälliges, harmonisches Bild erblicken lassen.

Denn zu einer Aussicht, welche das Auge befriedigen, die Seele ergreifen soll, gehören gewisse Elemente, die sich zu einem Gesammtbild vereinigen und in einem gewissen Einklang stehen müssen, wie die Töne einer Musik sich einigen zur Harmonie, es gehört dazu ein schönes Verhältniss in den wechselnden Formen der Gegenstände. Aussichten, die nichts Anderes bieten, als starre Gebirgsmassen ohne den lieblich belebenden Anblick der Thäler, Flüsse, Seen und der Wohnungen der Menschen, befriedigen das Auge so wenig, als der Blick in unermessliches, einförmiges Flachland, wenn nicht etwa die überraschende Gestalt, Höhe und sonstige Beschaffenheit der Berge, die mit ihnen auftretenden Gletscher, Schneehalden u. s. w. ähnliche Eindrücke hervorrufen. Hat man beides zusammen, so erreicht die Aussicht ihre höchste Schönheit und Vollendung.

Berge, die bei geringer Höhe solche Vorzüge geniessen, verdanken dies meist dem Umstand, dass sie eine gegen die Thäler oder Ebenen vorgeschobene, freie Lage haben, so dass man von ihnen aus in alle die Thalschaften hinabsieht, die gegen die betreffenden Eckpunkte auslaufen, und die Tiefen sowohl, als die sie begleitenden Höhen ein umfassendes Panorama bilden. Wir erinnern hier blos an den mit Recht gepriesenen Rigi. Bünden besitzt mehrere solche klassische Stellen. Will man zwischen den verschiedenen Aussichten Vergleichungen anstellen und entscheiden, welche die schönere sei, so ist das ein ziemlich unnützes Bemühen, denn jede hat ihre Eigenthümlichkeiten, die sich mit denen der andern oft gar nicht vergleichen lassen.

Es sind diese Aussichtspunkte meist schon lange bekannt, doch wenig beachtet im Lande selbst; auswärts weiss man wenig oder gar nichts davon, wesshalb natürlich Fremde sie auch nicht besuchen. Wie schnell sich dies aber ändern kann, wenn ein solcher Berg anfängt, nach aussen bekannter zu werden, beweist der Piz Languard im Engadin. Auch der Piz Mundaun fängt seit einiger Zeit an, bekannter zu werden, und es ist der Zweck dieser Zeilen, diesen höchst merkwürdigen, viele Aussichtspunkte übertreffenden Berg aus seiner bisherigen Vergessenheit hervorziehen zu helfen.

Der Piz Mundaun erhebt sich unmittelbar ob Ilanz zuerst in waldigen Gehängen, über welchen in reizender Lage das Dorf Luvis in das Thal hinabschaut, worauf Alpenwiesen gegen den steilen Grat aufsteigen, dessen höchster Punkt auf den Karten gewöhnlich Piz Grond genannt, die eigentliche Mundaunspitze ist. Eigentlich ist dies alles nur ein zwischen Vorderrhein und Glenner vorgeschobener Punkt des mächtigen Gebirgszuges, welcher von den weitgedehnten Massen des Rheinwaldgebirgs auslaufend, das vielverzweigte System der Glennerthäler, Lugnetz, Vals und Vrin von Sumwix scheidet, und sich hinten zu dem Hochland entwickelt, über welches die Pässe Scaradra und Greina nach den Tessiner Thälern und Italiens reichen Fluren führen, nachdem man Gegenden durchwandert hat, welche eher an Polarländer oder an die wilde, schauerliche Oede Scandinavischer Fjällen erinnern.

Die Lage des Mundaun ist so, dass man das Rheinthal vom Badus bis zur Landquart und das gesammte Lugnetz übersieht, während ähnlich wie auf dem Piz Languard das bewundernde Auge weit hineinsieht in die einsame, geheimnissvolle Eis- und Schneewelt des Hochgebirgs beider Seiten. Wie dort der Bernina, so hebt hier der Tödi sein stolzes Haupt gerade gegenüber, aber unten in den Thälern breiten sich lachende Fluren am Rhein und Glenner aus, wo Dorf an Dorf sich reiht, dunkle Tannenwälder steigen an den Berghalden empor und darüber zieht sich der grüne Teppich der Alpenweiden hin mit ihren Sennhütten und weidenden Heerden. Aus dem allem gestaltet sich ein Gesammtbild, das sich an grossartigen wie an lieblichen Zügen jedem andern an die Seite stellen darf, selbst den berühmtesten des Schweizerlandes.

Im Sommer 1855 besuchte ich den Piz Mundaun mit einigen Freunden auf einer Reise ins Oberland. Wir stiegen auf der steilen Seite hinauf, weil da am meisten geognostische und botanische Ausbeute zu erwarten war. Dieser Weg ist zwar für geübte Bergsteiger gar nicht schwierig, aber doch nicht Jedermann anzurathen, der nicht die genannten Zwecke verfolgt, da der längere über St. Karlo so bequem ist, dass man ihn nöthigenfalls zu Pferd machen kann. Einer unserer Begleiter verunglückte uns fast in einem Tobel, in das er hinabrutschte, was zwar nachher, da wir ihn unverletzt unten fanden, Veranlassung zu vielfachen Scherzen gab, jedoch sehr übel hätte ablaufen können. Der Himmel hatte in Folge eingetretenen Föhns schon beim Heraufsteigen angefangen sich zu trüben; als wir auf die Spitze kamen, begann es zu regnen, und obgleich dies bald nachliess, konnten wir doch nur die Aussicht auf die nächste Umgebung geniessen, da die höheren Bergspitzen in Nebel gehüllt waren.

Nach dieser verunglückten Expedition fügte es sich erst in den letzten Tagen des Oktobers 1860, dass ich die Bergspitze wieder besuchen konnte. Nach langem sehr ungünstigem Wetter waren endlich einige schöne Tage eingetreten, die zur Bergreise einluden, welche ich mit HH. Buchhändler Hitz und Prof. Simmler von Chur und Hr. Caderas von Ilanz unternahm. Es handelte sich diesmal darum, die Bergspitzen und Ortschaften zu bestimmen, welche man von da aus sieht, und welche einige Zeit vorher von Hrn. Caderas in einem Panorama von Bergprofilen aufgezeichnet worden waren. Der Abend des 27. Oktober war etwas trüb, um so angenehmer überraschte uns der klare, wolkenlose Himmel des andern Morgens. Durch einen unangenehmen Zufall war uns ein Kästchen mit geometrischen Instrumenten zu spät übergeben worden, so dass daraus Verzögerung entstand, und da wir einen bestellten Träger vorausgegangen glaubten, der nachher nicht anwesend war, so waren wir genöthigt, die uns durchaus nothwendigen Gegenstände selbst den Berg hinaufzuschleppen.

Aus dem alterthümlichen Thor von Ilanz führt der Weg zwischen Obstgärten und zerstreuten Häusern nach der kleinen Kirche St. Martin, die angenehm
auf einer Terasse liegt und eine schöne Aussicht auf die Stadt und das Rheinthal
gewährt. Es folgt eine steile mit dichtem Tannenwald bewachsene Berghalde.
Die Schieferfelsen, welche da und dort im Walde zu Tage gehen, zeigen die
bunten Farben, welche den Unterjurabildungen des Rheinthals eigen sind, und
gehen nach oben in die grauen Schiefer über, die man gewöhnlich als Bündner
Schiefer bezeichnet und aus denen der Piz Mundaun besteht. Von der üppigen
Waldflora, welche ich bei meinem früheren Besuch hier getroffen hatte, war
bei der vorgerückten Jahreszeit wenig mehr übrig; dagegen hatte sich der Moos-
teppich des Bodens bei dem feuchten Wetter der vorhergehenden Woche zu
dem frischen, grünen Winterkleid entwickelt, womit die Natur im Herbst die
Wurzeln der Bäume und ihren keimenden Samen schützt. Ueber die Felsenstufen aufsteigend erreichten wir Luvis, ein nettes Dorf, das wegen seiner
hohen, freien Lage und schöner Umgebung ein reizender Sommeraufenthalt
für Fremde sein könnte. Die Ansicht des Thales war wunderschön; wir übersahen mit einem Blick über ein Dutzend Ortschaften, mit den etwas entlegnern
kann man deren über 20 zählen, die Gegend hatte ihren bunten Herbstschmuck
angethan, in glänzendes Roth gekleidet standen die zahlreichen Kirschbäume,
rothe und gelbe Büsche deckten die Berghalden und nickten von den Felsen;
in den Wäldern mischte sich das Dunkelgrün der Tannen mit allen Farben-
tönen, die das Laubholz im Herbst trägt, vom hellen Grün bis zum tiefen Braun,
und glänzend in der Morgensonne zieht der Rhein wie ein silbernes Band durch
die noch immer grünen Wiesen, während der Glenner vielarmig durch die
Flächen hinabeilte, die er beim Austritt aus der engen Kluft ausbreitet, in
welcher ihn die Lugnetzer Felsen gefesselt halten, als freue er sich der kurzen
Freiheit, die ihm bis zu seiner Vereinigung mit dem Rhein vergönnt ist.

Man erwartet von unten nicht die weit ausgedehnten Alpentriften, welche
sich zwischen Luvis und dem Piz Mundaun ausbreiten. Sie bilden eine sanft
geneigte wellige Fläche, die allmählig zu steileren Grashalden ansteigt und
mit den Felsenstufen von St. Karl und Mundaun endigt. Das alles ist im
Sommer mit buntem Blumenschmuck und üppigem Graswachs geziert; jetzt
war dieser meist verschwunden, doch fanden weidende Kühe noch Nahrung
und da und dort hatten sich Enzianen, Schlüsselblumen u. s. w. zur zweiten
Blüthe entwickelt. Zahlreiche Alphütten, die auf diesem Boden zerstreut
liegen, bilden durch ihr braunes Holzwerk eine ganz nette Abwechslung
mit den grünen Wiesen. Wir überschritten diese Strecke in schiefer Richtung und kamen zu der steilen, felsigen Halde von St. Karl, von deren Höhe
die kleine, alterthümliche Kapelle gleichen Namens herabschaut. Ein von
der Natur geschaffener Felsenwall zieht sich dieses Riff, das Lugnetzer Thal

beschützend hinab nach dem Frauenthor von Porklas und dann in steilen Abstürzen zum Glenner. Zwei Wege führen bei St. Karl über den Grat. Hier stritten einst die Männer von Lugnetz, durch Walther von Belmont geführt, siegreich gegen die eingedrungenen Schaaren Rudolfs von Montfort, während die muthigen Frauen des Thales das Felsenthor von Porklas mit gleichem Erfolg vertheidigten.

Der Piz Mundaun zeigt von Ilanz und Luvis aus gesehen, steil vorspringende Köpfe der wunderlich verbogenen Schieferschichten, die südöstlich einfallen; auf der andern Seite sind nur unbedeutende Felsenpartien, ein ganz bequemer Weg führt bis dicht vor den Gipfel, der ebenfalls nur schwach ansteigt. Dieser ist 2065 Meter oder 6883 Schweizerfuss hoch und trägt eine kleine mit Gras und Alpenkräutern bewachsene Platte von hinreichender Ausdehnung, um einer ziemlichen Anzahl Personen Raum zu freier Bewegung zu geben.

Wir erreichten, fortwährend über Grashalden aufsteigend, die Höhe, indem wir unter Weges die noch vorhandenen Pflanzen und selbst verschiedene Insekten sammelten, die sich der warmen Herbstsonne freuten. Die Luft war still und der Himmel klar, doch begannen schon einige Nebel sich um die Berggipfel zu sammeln. Oben herrschte die feierliche Stille, die auf hohen Bergspitzen immer gefunden wird; aber unten aus dem Thal klangen die Glocken melodisch herauf, denn es war Sonntag Morgen. Wir lagerten uns nun auf der Spitze und hielten ein sehr munteres Frühstück, dann wurde das durch die Einfalt muthwilliger Leute zerstörte Steinsignal wieder hergestellt, Karten und Instrumente darauf ausgebreitet und die Arbeiten vorgenommen, welche wir glücklich vollendeten, obgleich einige Wolken uns zu Zeiten verschiedene Bergspitzen verdeckten und mit schlechtem Wetter drohten. Sie verzogen sich wieder und im Ganzen konnten wir die Ersteigung als eine durchaus gelungene ansehen.

Zu unsern Füssen lag der zurückgelegte Weg und das alte ehrwürdige Ilanz „die erste Stadt am Rhein", mit seinen Thürmen und Mauerresten aus mittelalterlicher Zeit, die Rheinbrücke und die modernen Bauten, die sich am Ufer erheben; wir konnten die Leute und Fuhrwerke auf der Landstrasse sehen. Die reiche Ebene der Groob breitete sich aus mit ihren vielen netten Dörfern, die aus Hainen von Obstbäumen hervorschimmern, andere zieren die steilen Bergseiten und grünen Terrassen wie die freundlichen Oertchen Ruschein und Ladir, weithin sichtbar durch ihre weissglänzenden Kirchen. Weiter nach Norden hin erhob sich der Flimser Stein mit seinen grauen massigen Kalkfelsen als Vorstufe des höheren Sardonagebirgs, dessen eckig geschnittene Gräte und Spitzen sich scharf abgrenzten gegen den tiefblauen nördlichen Himmel; hellleuchtend glänzten die Gletscher und Schneefelder

dazwischen, vor allen das breite Gletscherfeld des Vorab- oder Bündner-
bergs; der Segnespass und die zerhackten, zerklüfteten Felsengestalten am
Martinsloch bezeichneten die Stelle, wo man nach dem Glarnerland übersteigt. Rechts von diesen Berggruppen stiegen die schroffen, eckigen Felsenwände auf mit denen der Calanda gegen den Kunkelser Pass und das Vättiser Thal abstürzt, während die sanfter geneigte Ostseite in abgestuften, von
Felsenbändern unterbrochenen Gehängen gegen das Churer Rheinthal sich
senkt. Der untere Theil von Chur und die weissen Häuser des Lürlibads
traten hervor aus der grünen Wiesenfläche und den Tannenwäldern des
Pizokel und Mittenbergs, dahinter stiegen die über einander gethürmten
Felsenpyramiden des Hochwang und Montalin auf. Links vom Calanda
glänzten die Berge westlich von der Scesaplana und rechts davon die grauen
Felsengestalten der Sulzflub und die benachbarten Höhen des Rhätikon, dann
verlor sich der Blick in die fernen Schneefelder und Gletscher der Selvretta-
stöcke und die scharfen Umrisse der Davoser- und Plessurgebirge begrenzten
auf dieser Seite die Aussicht.

Gerade gegenüber aber, wo sich der Rhein oberhalb Ilanz durch die
Felsenengen bei Tavanasa drängt, und auf hohen Felsenstufen sich die grünen
Gelände von Waltensburg und Brigels ausbreiten mit Dörfern, Alphütten und
den Resten alter Ritterburgen geziert, erhebt das Gebirg sich zu seinen grossartigsten, erhabensten Formen. Da steigt dicht am Panixer Pass, welcher
sich zwischen Abgründen und Felsenzacken hinaufwindet, die kühne und
scharf geschnittene Masse des Hausstocks auf, der dachförmige Gipfel mit
ewigem Schnee bedeckt, die grauen Schichtenbänder der schroff abstürzenden
Seiten durch parallele Schneebänder unterbrochen. Mächtige Gletscher senken
sich von da in die Thäler. Dann folgt wieder ein Einschnitt im Gebirg,
durch welchen der Kistenpass zu dem rauhen, vergletscherten Grat aufsteigt
und jenseits sich in das Limmernthal senkt. Schnell folgen nun immer höhere
Berge stufenweise aufsteigend zu den höchsten Gipfeln: der schwarze Kistenstock, und die wilden Gräte von diesem nach dem Biferten Stock, dahinter
der kühn vorspringende Schneegipfel des Selbsanft und der breite Gletscher,
der von da in das Limmernthal hinabsteigt, die schwarzgrauen, hohen Wände
des Bifertenstocks mit schön gebogenen Schichtenbändern, Piz Urlaun und
Russein mit ihren ewigen Schneelasten und hinter dieser Kette von gewaltigen Berghäuptern und dem langgestreckten Bifertengletscher, die breite
Schnee- und Eiskuppe des Altvaters Tödi, alles überragend und gleichsam
erdrückend durch seine Höhe und massige Gestalt; die reinweisse Firnfläche
des Doppelgipfels ist von grausigen Fels- und Gletscherwänden umgrenzt.
Als Vorstufen dieser mächtigen Bergwelt treten hervor die hochaufstrebenden Formen des Piz Frisal, hinter welchem man einen Theil des Frisalthales

und seiner Gletscher erblickt, das Brigelser Horn oder Piz Tumbif mit der luftigen Gabelspitze und den eisbehangenen Seiten, eine der schönsten Bergformen der Alpen, zugleich ein ziemlich sicherer Wetteranzeiger für das ganze Rheinthal. Westlich von ihm senken sich die dicken, blauen Eismassen des Ponteglasgletschers gegen den Ferrerabach, welcher in hohen Fällen hinabeilt nach Trons. Dort, nahe an seinen Ufern steht die Wiege der Bündner Freiheit, die St. Annenkapelle und der alte, ehrwürdige Ahorn, unter welchem die Häupter des Volkes den grauen Bund beschworen. Weiter nach Westen erkannten wir Disentis, die hoch von der Höhe das Thal beherrschende Abtei und die mit Weilern und Kirchen geschmückte Umgebung. In mächtigen Bergstufen erheben sich die Gipfel des Oberalpstockes, jenseits des Kreuzlipasses der scharf gezackte Grat des Crispalts, die hohen Kämme und Spitzen von Tavetsch, welche seine Fortsetzung sind, tief im Hintergrund des weit eingreifenden Tavetscher Thales erblickten wir den Quellenbezirk des Vorderrheins und die düstere Felsenpyramide des Badus, die Wache hält über der Quelle des Stromes; gerade darüber aber sahen wir eine weit höhere, dunkle, halb in Nebel gehüllte Berggestalt, in welcher wir das Gletscherhorn des Galenstocks am Rhonegletscher erkannten. Von hier an werden die Gebirge des inneren Rheinthales verdeckt durch den hohen Bergrücken, welcher Lugnetz von Sumvix scheidet und mit dem Schneehaupt des Piz Miezdi, den breiten Alpen Nadils und Zafragia und der Mundaunkette selbst endigt, an deren Fuss das breite, mit Dörfern und Häusergruppen besetzte Hochland von Obersaxen eine ähnliche Thalstufe bildet, wie die gegenüber liegende von Brigels und Waltensburg.

Nicht minder reizend aber als die Aussicht auf das Rheinthal, war die nach Ost und Süd in das weitverzweigte Thalland des Glenner und den prachtvollen Gebirgskranz, welcher dieses umschliesst. Oestlich zwar wird die Umsicht bald gehemmt durch die steil aufsteigenden, von furchtbar wilden Tobeln zerrissenen Hörner des Signinastocks und den Grat, welcher ihn gegen die Rheinwaldgebirge fortsetzt. Am Fuss dieser Kette rauscht der Glenner in einer tiefen Schlucht dahin, mit meist senkrechten Felsenufern, an welchen man tief unten, zwischen ihm und dem Duviner Tobel an hoch aufsteigende Schieferwände gelehnt, das Bad Peiden erblickt, dessen starke Sauerquellen einen zahlreichen Besuch verdienten. Aber ob der Schlucht, von üppigen Wiesen und Feldern umgeben, liegen die Lugnetzer Dörfer auf dem stufenweise abgesenkten Boden, in dem man ein altes Seebett erkennt. Diese Orte haben zum Theil ein sehr nettes Aussehen und eine malerische Lage, einige davon wie Cumbels, Villa, Surcasti u. s. w. auch schöne, weithin sichtbare Gebände, und die lebhafte, herbstliche Färburg der Obstbäume zeigte, dass hier noch ein milderes Klima im Schutze des Hochgebirgs Produkte erzeugt, welche man so hoch im Gebirg nicht sucht.

Drüben, wo die alte Feste von Surcasti hinabschaut in schauerlich tiefe Tobel, theilt sich das Thal; östlich sahen wir durch tiefe, waldige Schluchten hinein in den schönen Thalgrund von Vals, wo von eisigen Bergwällen umlagert ein abgeschiedener, deutscher Volksstamm, Züge, Tracht und Sitten der Altvordern bewahrt hat, westlich öffnete sich zwischen mächtigen Schneegebirgen die Aussicht in das fast ebenso abgeschiedene Vrin. Zwischen beide schiebt sich ein Bergzug ein, der da, wo er hinter Surcasti endigt, in kühn über einander gethürmten Felsenriffen und Pyramiden zu den beiden prachtvollen Gipfelpunkten Piz Aul und Regina aufsteigt, deren schneeglänzende Spitzen wie eine Thalwacht niederblicken. Im hintern Vrin entwickelt sich eine Bergwelt von ergreifender Grossartigkeit. Hochaufstrebende Spitzen, scharfe, zerhackte Gräte, dazwischen gelagerte, breite, zerklüftete Gletschermassen und weissglänzende Schneelehnen begrenzen hier die Aussicht und begleiten die gewundene, vieltheilige Thalschaft. Das ist der Zug von Schneebergen, der sich an den Adula anlehnt, das Frunthorn, Piz Scherboda, Terri, Güda, Cavell, Tgietschen u. s. w., zwischen welchen der Disrutpass hinüberführt nach Sumvix und Greina; vor allen hervorragend beherrscht dieses wenig bekannte Hochland die ausgezackte Pyramide des Terri, durch ihre kühne Form und gewaltige Höhe. An seinem Fuss liegt die Alp Blengias, jenseits sind die Tessiner Thäler und weiter östlich die weiten Eisgebirge des Adula, denen der Hinterrhein entströmt, nicht eben weit von den Quellen des Glenner oder Valser Rheins, aber einem andern System von Bergen und Thälern folgend.

Wir hatten unsere Arbeit vollendet; es war 4 Uhr Nachmittags, aber schon begann die Sonne zu sinken. Klarer wurde die Luft, die Wolkengebilde, die an einigen Spitzen gehangen, verschwanden und die Tödigruppe trat noch einmal in ihrer ganzen Pracht hervor; ihre Schneeflächen funkelten im Sonnenlicht, während die Schatten schon lang und bleich in die Thäler fielen.

Da wir Höhen und Tiefen des Rheinthals und der angrenzenden Gegenden übersahen, so zählten wir einige vierzig Ortschaften, kleinere Höfe u. s. w. nicht mitgerechnet, und konnten uns in alle dem äusserst leicht zurechtfinden.

Aber vom unteren Rheinthal herauf zog eine Nebelmasse den ganzen Grund erfüllend heran. Sie ward zuerst sichtbar in der Gegend von Zizers und gegen die Herrschaft hin, lagerte sich dann über Chur, Felsberg u. s. w., so dass das Rheinthal einem weiten See glich mit hohen Felsenufern; die Hügel von Reichenau ragten als Inseln hervor. Sonderbar war, dass der Nebel die Rheinschlucht unterhalb Trins, wahrscheinlich wegen des Luft-

zugs vermied, und über Flims allmählig auch den Thalgrund von Ilanz erreichte, der dann ebenfalls bald einem See glich, wie er ehemals gewesen
sein mag, während oben die Berge noch in sonnigem Licht standen.

Wir stiegen, diese Erscheinung in ihrer Entwicklung betrachtend, vom
Piz Mundaun gegen St. Karl herab, dort trennten wir uns, meine Freunde
gingen nach Ilanz zurück; ich schlug den entgegengesetzten Weg nach
Lugnetz ein, um über Morissen und Cumbels nach Bad Peiden zu gelangen.
Die Abendglocken tönten aus den Thälern herauf, die Sonne sank hinter die
Berge und färbte die Hörner und Firnen mit rothem Licht, das nach unten
allmählig dunkler werdend mit den Schatten der Tiefe verfloss. Mit ein-
brechender Nacht erreichte ich Peiden. Das Badhaus war zwar von allen
Gästen verlassen, doch noch bewohnt, und ich fand dort Unterkommen, um
am andern Tage die Wanderung durch Lugnetz fortzusetzen.

5. Obersaxen und Waltensburg.

> Die Sonne strahlt am ersten hier,
> Am längsten weilet sie hei mir.

Wir sahen so eben vom Piz Mundaun auf die schönen Thalstufen von
Obersaxen und Waltensburg herab, die wegen ihrer Ausdehnung, starken
Bevölkerung und reizenden Schönheit ihrer Umgebung eine besondere Be-
handlung verdienen.

Die meisten grössern Alpenthäler, besonders die, welche in Becken getheilt sind, haben das Eigenthümliche, dass von der eigentlichen Thalsohle
aus, sich der Boden stufenweise erhebt, und die zunächst über dem Thalgrund gelegene Stufe gewöhnlich weit ausgebreitete hügelige, oft auch fast
ebene Gelände umfasst, wie diess in unserem Falle wirklich statt hat. Wo
der Fluss sich durch Engpässe drängt, das heisst, wo das Gebirg durchbrochen ist, welches zwei Becken trennte, da findet sich entweder nur sehr
schmaler Boden zur Seite des Stromes oder er fliesst in ungangbaren Schluchten,
und dann ist die genannte Stufe meist allein bewohnt und kultivirt. Darüber
erhebt sich meist noch eine zweite u. s. w., welche aber meist nur Alp-
triften tragen. Die Gehänge zwischen den Terassen sind gewöhnlich steil,
oft felsig und bewaldet. Diese Gestaltung des Bodens behauptet sich im ganzen
Vorderrheinthal; die Tobel, welche die Terassen quer durchschneiden, trennen
in der Regel die Gemarkungen der Dörfer.

Wir kennen schon die am Fusse des Piz Mundaun ausgebreitete Hoch-
fläche von Obersaxen. Man kann recht gut die Excursion dahin mit der
Ersteigung des genannten Berges verbinden und an demselben Tag noch

nach Ilanz zurückkehren, oder auch von da nach Trons hinabsteigen. Da es
uns aber heute darum zu thun ist, den ganzen Strich zu durchwandern, so
steigen wir, den Weg nach Luvis und Mundaun links lassend, alsbald hinter
St. Martin den steilen Pfad durch den Wald hinauf und gelangen an dessen
Ende auf das Plateau. Bald stehen wir am Rande eines tiefen Absturzes gegen
den Rhein, welcher oben aus Kalk besteht, dem die bunten Unterjuraschiefer
aufgelagert sind, welche nach oben in die grauen Schiefer des Piz Mundaun
übergehen. Dann folgt, gleichfalls am Abhang, Flond 1015 M. Höher hinauf,
1367 M., liegt Neukirch, von dessen hoher, freier Lage man eine herrliche
Aussicht auf die gegenüber liegenden Tödigebirge hat. Zerstreut an der
vielspaltigen Schlucht Valata liegen eine Menge Höfe und einzelne Häuser
auf blühenden Wiesen und zwischen Waldgruppen zerstreut. Auf ähnliche
Weise liegt von verschiedenen, kleineren Häusergruppen umgeben der Hauptort von Obersaxen, Mayerhof, an einer tiefen, felsigen Schlucht, in welcher
über hohe Kalk- und Rauhwackefelsen ein Wasserfall herabkommt. In der
Nähe befinden sich die oben berührten Gruben von Obersaxen, besonders auf
Fahlers. Mayerhof ist ein freundlicher Ort mit schöner Umgebung und reizender
Aussicht auf die jenseitige Thalseite, wo man in erhabener Grösse die gewaltigen Schneegebirge aufsteigen sieht, nach Süden hin stufenweise die waldigen Gehänge und grünen Alpentriften gegen den Piz Zernetz. Man kann
den Ort als Mittelpunkt der Excursionen wählen, die in botanischer und mine-
ralogischer Hinsicht reiche Ausbeute geben; es ist ein ganz gutes Wirthshaus
daselbst und die deutsche Mundart der Bewohner wird den Fremden den Aufenthalt erleichtern. Denn merkwürdiger Weise spricht man in Obersaxen zwischen
Romanischer Bevölkerung deutsch; es ist eine jener seltsamen Sprachinseln,
wie sie in Graubünden mehrfach vorkommen. Wie diese deutsche Bevölkerung dahin gekommen, ist nicht ganz geschichtlich klar; im 13. Jahrhundert
wanderten in Graubünden Kolonisten aus Oberwallis ein, gewöhnlich Valser
oder Walser genannt; sie setzten sich überall in die höheren Gegenden, wo
sie Alpenwirthschaft betrieben; mehr weiss man eigentlich von ihrem Ursprung
nicht; sie müssen aber damals auf Veranlassung oder wenigstens unter Be-
günstigung der Herren eingewandert sein, denn sie kamen als freie Leute und
mit bedeutenden Vorrechten, wie mehre Urkunden besagen. Auch die Bewohner von Obersaxen werden zu denselben gezählt. In späterer Zeit treffen
wir die Freiherren von Rhäzüns im Besitz dieser Gegend; ihnen gehörten die
Burgen Heidenberg, Mooreck, Schwarzenstein, Saxenstein (Axenstein?). von
deren Mauern und Thürmen man nur geringe, von Wald und Buschwerk bewachsene Reste findet. Die Obersaxer sind übrigens wie alle Valser ein starker,
mit guten Anlagen versehener Schlag Leute, ihre Religion ist katholisch. Es
sind ihrer etwa 800 in nahe an 20 Häusergruppen vertheilt. Hauptertrag der

Landschaft sind die schönen, reichen Weiden, doch wird auch noch verschiedenes Getreide gebaut, welches aber nicht jedes Jabr reif wird. Doch weiss man sich zu helfen; man schneidet das Korn noch grün ab und hängt es an eigenen Gestellen auf, die man Rescanen nennt, und die überall um die Häuser her stehen. Hier reift es nach und ist nicht schlechter, als wäre es auf dem Acker geblieben. Dieses Verfahren herrscht im ganzen Oberland auf höheren Lagen.

Von Mayerhof westlich geht man fortwährend zwischen anmuthig gelegenen Häusergruppen bis zum grossen Tobel, das bei Tavanasa ausmündet. Es heisst Val gronda oder Ulatsch, und dehnt sich nach oben zu einem etwa 2 Stunden langen Alpenthal aus, das sich in mehrere Seitenthäler spaltet. Das grössere davon heisst Greina, nicht zu verwechseln mit dem gleichnamigen Pass, und schlingt sich westlich zwischen Piz Miezdi und Cavel hinan. Der Theil des Tobels, welchen man hier unten überschreitet, ist eine gewaltige Schlucht, tief in Verrucanofelsen eingerissen. Wilde massige Zacken des rothgrauen Gesteins mit Tannen und Buschwerk überwachsen, ragen empor oder hängen über die Tiefe, der starke Bach braust in zahlreichen Fällen die Felsenstufen hinab, die grossen blauen Blüthenrispen der Campanula latifolia, verschiedene Saxifragen und andere Blüthen schattiger feuchter Schluchten hängen von den Felsen und schmücken die Gebüsche. Unten kleben einige Sägemühlen an den Felswänden und lassen durch den Gegensatz diese wilde Kluft noch schauerlicher erscheinen. Die oberen Theile dieser Schlucht verflachen und entwickeln sich zu weitläufigen Alpenweiden. Man kann von hier aus ohne grosse Mühe den Piz Miezdi ersteigen. Dies ist ein hoher, weit vorspringender Gipfel, 2822 M., um welchen noch einige andere, wenig niedrigere, gelagert sind. Zwischen ihnen, von furchtbaren Abstürzen umgeben, liegt ein Gletscher, aus welchem der wilde Zafrugiabach gegen Zignau bei Trons hinabrauscht, das er mit seinen Fluthen bedroht. Die Aussicht vom Piz Miezdi auf das Rheinthal, Lugnetz, das Sumvixer Thal und die Eisgebirge des Medelser Gletschers und Greinapasses, ist schön genug, um diesen etwas abgelegenen Punkt zu besuchen, namentlich ist es eine gute Orientirungstelle in diesen verwickelten Gebirgssystemen.

Die Landschaft Obersaxen dehnt sich noch eine Strecke über den Ulatschbach aus; dann folgt die Alp Zafragia und jenseits des gleichnamigen Baches zwischen ihm und dem Sumvixer Thal die Alp Nadils. Sie hebt sich in hohen Terrassen gegen die steilen Abstürze des westlichen Armes des Miezdi und war einst als Fundort von Bleiglanz und gelber Blende berühmt. Jetzt sind die Gruben zerfallen und fast vergessen.

Um von der Terrasse von Obersaxen nach Trons zu gelangen, steigt man vom Uebergang über Ulatsch aus allmählich in südwestlicher Richtung

gegen den Rhein hinab. Diesen überschreitet man auf einer Brücke unterhalb dem Dorf Zignau oder Rinkenberg, welches sich an den rechten Thal-
hang anlehnt. Die Trümmer der Burg Rinkenberg dabei, erinnern an ein
berühmtes Rittergeschlecht dieses Namens.

Mit dieser Reise über das Plateau der rechten Thalseite lässt sich natürlich die auf der linken nicht verbinden, man müsste denn die eine auf der
Hinreise, die andere auf dem Rückweg machen. Für diejenigen, welche
letzteres nicht wollen, ist der Gang über den Mundaun und Obersaxen vor-
zuziehen, will aber jemand die Eis- und Schneewelt der Tödigebirge kennen
lernen, so wird er jenseits in Waltensburg oder Brigels hierzu die beste
Gelegenheit haben; auch führen von hier aus zwei Pässe in's Glarnerland,
Panixer- und Kistenpass, deren nähere Kenntniss Manchen willkommen sein
wird. Wir beginnen mit dem ersteren, dessen Eingang in's Rheinthal bei
Ruis ist.

Ein mächtiges Bergwasser auf dessen linkem Ufer wir uns halten, biegt
bei dem genannten Ort um die Felsenecke; es entsteht aus der Vereinigung
der Alpenbäche Flum, Ladral und Smue mit einigen andern. Dort auf jenem
Felsenvorsprung, 945 M., liegen die Trümmer einer Burg, deren Weitläufig-
keit die Grösse und Pracht jenes Rittersitzes beurkunden, zur Zeit, da seine
Zinnen noch drohend hinabschauten in's Land. Denn der Ritter von Jörgenberg war ein Wegelagerer, plünderte die Reisenden und schädigte das Volk
wo er konnte. Da stand dieses bewaffnet gegen ihn auf und belagerte die
Burg, die bald zur Uebergabe genöthigt ward. Dem Ritter drohte das Volk
für seine Uebelthaten den Tod; seine Frau aber, die beliebt war, weil sie
oft durch Wohlthätigkeit das wüste Thun ihres Mannes gut zu machen suchte,
bat, man möge sie abziehen lassen, mit so viel Gut, als sie in einem Korbe
tragen könne. Sie trug aber ihren Mann in dem Korbe davon und obgleich
die Anführer der Bauern die List merkten, glaubten sie doch, ihr einmal
gegebenes Wort halten zu müssen; Jörgenberg entkam und die Burg wurde
verbrannt. So die Sage, welche hinzufügt, der Ritter habe später vom Aus-
lande her seine Ansprüche geltend gemacht, und das Volk solche mit schwerem
Geld abgelöst — das ist die Moral von der Geschichte.

Beide Seiten des Smuebaches sind stark bewohnt und theilweise angebaut; auf der rechten liegt Andest, 1164 M., von grünen Wiesen und Fluren
umgeben. Felsiger und steiler ist die linke Thalseite, doch ebenfalls dicht
mit Alphütten besetzt, zwischen denen der Weg sich unter einer Felsenstufe
hinschlängelt bis an den Mittelpunkt des etwas zerstreuten Panix. Es hat
nur 82 Einwohner und liegt 1300 M. am Eingang eines mehrfach getheilten
Felsenthals, von dessen steilen Wänden (Verrucano) mehrere schöne Wasserfälle stürzen. Der Weg steigt vom Dorfe aus steil an, windet sich durch

4

die Felsenwände und Tobel empor zu dem Boden der Alp, an der linken
Seite des Baches hinauf, der in einer finstern, tief eingeschnittenen engen
Kluft dahinrauscht, nur an einer Stelle durch übergelegte Steinplatten gang-
bar; er kommt von den felsigen Höhen und Schneeklüften des Piz Mar und
Crap Ner; ein anderer ähnlicher Gletscherbach fällt von den Wichteln- und
Fluatschgletschern, die sich als lange hochaufgeschwollene Eisströme zwischen
den Felsenrippen herabsenken, welche von der gewaltigen Pyramide des
Haussstocks, 3156 M., nach Südost laufen. Nach wildem Lauf und kühnen,
malerischen Fällen, vereinigen sie sich auf der Panixer Alp mit dem Bach
von Ranasca. Nachdem der Weg diesen überschritten, steigt er, den Wich-
telenglgletscher vermeidend, fast im rechten Winkel gebogen, über eine neue
Felsenstufe, die diesmal aus Jurakalk besteht, zur Passhöhe auf 2410 M.,
3 Stunden Weges von Ruis an. Diese Höhe heisst das Hexeneck. Es ist
ein ödes Bergjoch fast ohne allen Pflanzenwuchs, obgleich man die Schneeregion nicht erreicht hat, nur von Bildern der starren, unorganischen Natur
umgeben, welche gewaltig in die Seele dringen. Da hebt sich westlich die
majestätische Berggestalt des Haussstockes mit ihren dachförmigen Kanten,
überall von Gletschern umlagert und in furchtbaren, grauen Kalkwänden
abgestuft, weiter innen rückt der scharfeckige Grat, der unter dem Namen
Wichtelenberg und Kalkborn vom Haussstock ausläuft, als Rinkenkopf dicht
an den Pass; östlich erhebt sich 3025 M. der Vorab, und senkt seine steilen
Felsenstufen unter dem Namen Jätzstock ebenfalls dicht an den Pass, der
hier an einem kleinen See vorüber einer engen, mit Schnee gefüllten Spalte
folgt, Jätzschlund oder Gurgel genannt. Dieser Engpass senkt sich nach der
steinigen Jätzalp hinab. Durch neue Felsenengen gelangt man zu der untern
Staffel im Loch und endlich hinab in das Glarner Sernfthal, wo gangbarere
Wege nach Obersteinbach und Elm und von da in das Linththal und nach
Glarus führen. Von der Grathöhe nach Elm braucht man ebenfalls 3 Stunden.
Von da an besteht das Gebirg grösstentheils aus Nummulitengestein. Es ist
der Panixer Pass jedenfalls einer der interessantesten Alpenpässe, besonders
Geologen zu empfehlen, wie aus der angegebenen, oberflächlichen Skizze
erhellt. Geschichtliche Bedeutung erlangte er durch den Rückzug des Rus-
sischen Feldherrn Suwarow 1799 am 5. Oktober.

Nach einem mit den Oesterreichern kombinirten Plan, war Suwarow über
den St. Gotthard gegangen und unerwartet schnell im Reussthal erschienen.
Da er an dem von Lecourbe vertheidigten Ufer des Waldstädter Sees nicht
durchdringen konnte, wandte er sich durch das Schächenthal über den Kin-
zinggrat und erreichte nach unsäglichen Mühseligkeiten den Kanton Schwyz
durch das Muottathal. Aber mittlerweile hatte Korsakow die Schlacht bei
Zürich verloren, Hotze war bei Schännis gefallen, Massena gewann dadurch

Zeit und Kraft, den Russen in Schwyz erfolgreichen Widerstand zu leisten.
Diese zogen über den Pragel in das Klönthal, das sie schon von den Franzosen unter Molitor besetzt fanden und nach blutigem Kampfe behaupteten.
Der Weg nach Glarus stand ihnen offen, aber vergeblich suchten sie von da
bei Näfels gegen den Wallensee vorzudringen; ihre wüthenden Angriffe
scheiterten an der guten Stellung und dem Siegesmuth der Franzosen. Su-
warows Lage war verzweifelt, aber der eiserne Russe unternahm, was seine
Feinde für unmöglich hielten. Er zog das Linth- und Sernfthal hinauf gegen
das Hochgebirg. Die damals sehr schlechten Wege bis Elm wurden langsam
zurückgelegt, und nun begannen die ausgehungerten, von allem Nöthigen
entblössten Schaaren, damals noch etwa 20,000 Mann, die Schluchten und
beschneiten Gräte des Panixer Passes zu ersteigen; eine schwierige Aufgabe für das Heer eines Gebirgsvolks, doppelt schwierig für Leute aus Tiefland und Steppe. Männer, Rosse und Heergeräth stürzten massenweise in
die Tobel und schäumende Bergwasser, aber die Andern setzten den Weg
fort; die Zeit drängte, hinter ihnen, beweglich und leicht, nahten die französischen Schützen, grössere Streithaufen folgten. Furchtbar war das Aufsteigen in dem Jätzschluud durch Verwirrung und übermenschliche Anstrengung. Jetzt hatte das Heer den Grat erstiegen und eilte hinab über Ranaca,
dem rettenden Rheinthal zu. Aber die Berge umschleierten sich, in dichtem
Nebel drängten die Schaaren vorwärts gegen den Ranascabach, dessen Abgrund-
tiefe man erst an seinem Rande gewahrt. Hunderte stürzten von den Hinter-
männern geschoben hinab in den Bergstrom, der sie in die Fälle spurlos
hinabriss, andere hatten dasselbe Schicksal an den Felsenwänden, die gegen
die Panixer Alp abstürzen. Doch hörte vom Grat an die Verfolgung der
Franzosen auf, aber schrecklich war der Verlust an Menschen und Kriegs-
geräth gewesen; noch nach langen Jahren fand man die Skelette von Menschen
und Rossen, auf den eisigen Höhen verstreut, in den Schluchten zusammen-
gehäuft. Suwarow zog das Rheinthal hinab über Ilanz und Chur; das Land
litt bedeutend unter dem Durchzug, doch rühmt man von den Russen, dass
sie sich mit Lebensmitteln u. dgl. begnügt, und den Einwohnern selbst keine
Missbandlungen zugefügt hätten. Ihre Unternehmungen in der Schweiz endigten
hiemit.

Wir kehren von dieser Erinnerung an eine wilde, schwere Zeit zu unserer
friedlichen Wanderung im Rheinthal zurück, das vor der Wiederholung der
Auftritte bewahrt bleiben möge, welche es in jenen Tagen sah. Wir befinden uns wieder an der Ruine Jörgenberg, hinter welcher uns der Weg
nach Waltensburg (Ouors) führt, das weit von vielen vereinzelten Gebäuden
umgeben auf der Terasse sich ausbreitet. Es liegt 1010 M., hat noch viel
Getreidebau und überhaupt eine liebliche, sonnige Lage, so dass auch noch

Obst daselbst fortkommt. Es hat 421 meist protestantische Einwohner während sonst die ganze Thalstufe katholisch ist. Die Romanische Mundart herrscht überall. In der Nähe von Waltensburg liegen noch die Trümmer von drei Burgen: Grünfels, Vogelburg und Kropfenstein. Von letzterer steht noch eine lange Mauer mit Fenstern, an einen grossen Felsblock angelehnt. Die Volks-sage erzählt, ein Ritter von Kropfenstein, der ein Räuber gewesen, müsse mit seinen Gesellen bei Sturmwetter durch die Gebirge jagen, als Führer einer gespenstischen, wilden Jagd. Das Geschlecht Kropfenstein kommt sonst in der Geschichte des grauen Bundes als Name eines Landrichters etc. vor. An dem Wege, der von Waltensburg nach dem Panixer Pass geht, entspringt eine sehr kalte Quelle, welche Asphalt enthalten soll und hier und da gegen Augen- und Ohrenkrankheiten gebraucht worden ist; wissenschaftliche Unter-suchungen liegen darüber nicht vor.

Höher hinauf gegen das Gebirg, aber auch am Flum gelegen, ist Brigels (Brail), zerstreut über eine grosse Fläche am Kuhmattenberg, 1300 M. hoch, ebenfalls noch mit Feldbau und verhältnissmässig warmen Klima, da auf dieser Terrasse häufig schon der Südwind weht, während unten noch kalte Luftströ-mungen ziehen, eine Eigenthümlichkeit, die überhaupt von höhern Gegenden des Oberlandes gilt und eben in dem Terrassenbau und der Lage der Pässe ihren Grund hat. Sonst hat Brigels eine schöne, romantische Lage und freie Aussicht weithin auf die Thäler und aufwärts ins Hochgebirg, dessen Felsen-grätе, Gletscher und Firnen dort oben herabschauen wie gewaltige Wächter des schönen Landes. Vor allen tritt das Brigelser Horn (Piz Tumbif) mit seiner schlanken Gabelspitze hervor, die aus der Entfernung wenigstens ziemlich unersteiglich aussieht. Doch soll sie vor längerer Zeit von einigen jungen Leuten aus Brigels erstiegen worden sein und ein früherer Pfarrer von Schlans rühmte sich, einen ziemlich leichten Weg dahin entdeckt zu haben. Er verfolgte einst auf der Jagd einige Gemsen, die immer höher hinauf flohen, und befand sich, ohne recht zu wissen wie? in der Nähe der Spitze, die er ohne Schwierigkeit erstieg und dies auch später wiederholte. Ein Plan, den ich schon lange hatte, mit diesem Herrn und einigen andern die Spitze zu ersteigen, ist bisher nicht ausgeführt worden, es wäre aber diese Unternehmung von vielem Interesse, da das Brigelser Horn die For-mationsreihe vom Verrucano bis zu den Nummuliten aufwärts ziemlich voll-ständig zu enthalten scheint, wie denn dieses überhaupt in der Umgegend von Brigels der Fall ist, wo sich auch, eine Seltenheit in Bünden, gut er-haltene Versteinerungen zeigen. Nördlich vom Brigelser Horn ist der Piz Frisal und ein hoher vergletscherter Grat, über den man jedoch nach dem Pontegliasgletscher übersteigen kann. Dann folgt das Schneehaupt des Bi-fertenstockes wenig niedriger als der Tödi, in kühnen Umrissen aufsteigend.

Von ihm läuft ein hoher, zum Theil mit Eis und Schnee bedeckter Felsengrat nach dem Kistenstock und dem Muot de Robi. Ein anderer Grat läuft
in steilen, scharfen Felsenriffen vom Brigelser Horn in der Richtung des
Dorfes und zwischen diesem und dem oben genannten verläuft das Frisal-
thal. Vorn eine schöne Alpentrift, von dem starken Gletscherbach durchflossen, erhebt es sich nach hinten in felsigen Stufen und endigt an dem
Frisalgletscher, der es hinten ganz füllt. Aber andere Gletschermassen senken
sich auch von den andern Seiten gegen diesen herab; von Schnee- und Eismassen und himmelanstrebenden Felsen umschlossen, steht man hier in einem
der schönsten Gletscherthäler, welches alles bietet, was man an Naturherr-
lichkeit, schönen und grauenhaften Bildern in dieser Beziehung suchen mag,
und dessen Besuch um so mehr zu empfehlen ist, als man so leicht dahin
gelangen kann.

Nicht weit von Frisal auf Alp Robi zweigt sich ein Weg nördlich ab
und steigt die felsigen Höhen hinauf, indem er sich bald an die Ecken anschmiegt, bald auf den Stufen fortläuft; es ist der Kistenpass, ein wilder,
rauher Bergweg, der durch das Limmernthal nach Glarus geht. Die Passhöhe des Grates zwischen Kistenstock und dem südwestlich vorspringenden,
mächtigen Ausläufern des Hausstockes ist 2590 M., aber höher noch steigt
an den steilen Gehängen der Weg, läuft über den Abgründen hin, wo der
Limmernbach durch tiefe Klüfte in Schiefer und Jurakalk sich Bahn bricht.
Jenseits ist der blanke Limmernfirn, aus welchem sich schroff und hoch die
langen Kalkwände des Selbsanft erheben, dessen Schneehaupt, 3027 M.,
glänzend hervorblitzt aus dem dunkeln Gestein. Ungefähr auf der Formationsgrenze zwischen Jura, Kreide und Eocengebilden läuft der Pfad fort,
über den langen Kistenfirn, an der scharfkantigen Spitze des Ruchi weg,
dessen schwarze, zerfallende Schieferfelsen nur an wenig Stellen den weissen
Schneemantel ablegen, 3117 M., an dem Muttensee vorbei, der in düsterer
Einsamkeit der Muttenalp zwischen den mächtigen Felsstöcken des Ruchi
und Muttenstockes gelagert ist. Von da führen lange Kehren endlich ins
Thal bei der Pantenbrücke, welche in ungeheurer Höhe über die Kluft geschlagen ist in welcher der mit dem Limmernbach vereinigte Sandbach, unter
dem gemeinsamen Namen Linth oft dem Auge in der schwarzen Tiefe ver-
schwindend, das Thal gegen Glarus hinabrauscht. Seltsamer Weise ist die Volkssage von einer wunderbar schönen Musik, welche sich auf den einsamen Höhen
des Kistenpasses und der Sandalp zuweilen hören lasse, in unseren Zeiten
wieder aufgetaucht. Neuere Beobachter wollen sie gehört haben und erklären
die feenhaft verschwimmenden Töne dadurch, dass der Wind in den zerspaltenen Felsen durch Schieferplatten streiche und dadurch die den Klängen
einer Aeolsharfe ähnlichen Accorde hervorbringe. Ich habe wohl an andern

Orten Aehnliches gehört, und in der starren Gebirgswüste ergreift die Phantasie gern alles, was Leben und Lebenshauch scheint und giebt sich träumend solchen Täuschungen hin, die ihr hier wie Stimmen aus einer geheimnissvollen, fremden Welt klingen, da die Vergleichung mit Anderem fehlt.

Der Kistenpass ist schon der Mühe werth, welche 5—6 Stunden Bergsteigen machen, geognostisch höchst interessant, und botanisch nicht minder; da uns aber diese Excursion gar zu weit von unserm Oberland entfernt, so versetzen wir uns nach Brigels zurück, wo man auch so einige Tage mit immer neuen Anschauungen ausfüllen kann. Die Einwohner, etwa 900 mk denen der Umgebung, alle Romanisch und katholisch, sind ein schöner, aufgeweckter Schlag Leute und zeichnen sich durch geistige Entwicklung aus.

Wir gehen von hier in westlicher Richtung, an einem Kalkriff vorbei, das hier auf dem alten Gestein lappenartig aufsitzt, überschreiten den Cachinnas und Pleuncabach und steigen dann nach Schlans, (Slaunes) hinab. Es liegt schon merklich tiefer, 1177 M., an theilweise steilen Halden und hat desshalb verschiedentlich durch Erdschlüpfe gelitten. Eine Burg gleichen Namens liegt in der Nähe, deren Rittergeschlecht ziemlich früh in Urkunden vorkommt, aber im 14. Jahrhundert ausstarb.

Unter den mächtigen Vorsprüngen des Brigelser Horns senkt sich der Weg zu Thal; die Aussicht nach Westen hat sich geöffnet, zwischen den erhabenen Gebirgsmassen liegt im Glanze der sinkenden Sonne das Thal weit ausgedehnt, vom Rhein durchflossen, der blitzend die scheidenden Strahlen zurückwirft. Hoch an den Halden der Berge steigt der Tannenwald auf, darüber dehnen sich die grünen Alpentriften und rothfunkelnd blicken die Firnen herab; sie grüssen die Wiege der Rhätischen Freiheit. Dicht vor uns liegt Trons mit einer Anzahl dazu gehöriger Häusergruppen, weiterhin Rabius, Sumvix u. s. w., die Thalsohle scheint fast ein zusammenhängender Ort zu sein. Dahinter reihen sich in stolzer Pracht andere ferne Eisgebirge. Alles so lieblich und doch so gross — alle Gegensätze harmonisch gelöst und ausgeglichen; nur die Alpen mögen das dem erstaunten Auge bieten.

---

6. Trons.

Heil dir in dauernder Freiheit, du Land der Einfalt und Treue,
Deiner Befreier Geist ruh' auf dir, glückliches Volk,
Bleib durch Genügsamkeit reich und gross durch Strenge der Sitten,
Rauh sei wie Gletscher dein Muth, kalt, wenn Gefahr dich umhüllt,
Fest wie Felsengebirge und stark wie der donnernde Rheinsturz,
Würdig deiner Natur, stark wie die Väter und frei!

Trons, oder wie es sonst auch genannt wird, Truns, liegt in dem Winkel zwischen dem Ferrerabach, Rhein und Gebirg. Sanft an der Halde aufsteigend und noch weit in den Thalgrund gelagert, mit alten, ansehnlichen Gebäuden geschmückt, sieht der Ort bedeutender aus, als er in der That ist, und ein Kranz von Gärten und Obstbäumen zieht sich lieblich um ihn her, während er oben durch einige Weiler gegen die Region der Wälder und Alpenweiden aufsteigt. Der Ferrerabach trennt es von mehreren jenseits gelegenen, dazu gehörigen Häusergruppen. Er kommt von dem nahen Pontaiglinsgletscher, der als hohe, dick aufgewölbte Eismasse in die Schlucht hereinreicht, und hinten den weiten Felsencircus ausfüllt, der von den riesigen Felsen des Piz Ner, Urlaun, Bifertenstock, Frisal und Tumbif umschlossen wird und nur diesen Ausgang hat. In wüthend schnellem Lauf eilt das Gletscherwasser aus seinen Eiskammern hervor, von Felsen zu Felsen stürzend, so dass sein Rauschen in der Nacht weit gehört wird. Dann strömt es weniger wild unter der Brücke hin der Vereinigung mit dem Rhein zu. In mächtigen Felsenstufen steigt gleich von seinem Ufer aus das Brigelser Horn auf, ein Denkstein, wie ihn Menschenhand nicht erbaut, und der weithin ins Land verkündigt: an meinem Fuss ward der Bund der Freiheit gegründet.

Dort vor dem Eingang in den Ort, nahe an der Brücke, steht die Capelle St. Anna, einfach aber geschmackvoll in altem Styl gebaut, die kleinen runden Fenster in grössere Bogen eingesetzt. Vorn wird von vier schlanken Säulen ein Portal von drei Bogen getragen, dahinter in der Halle deuten Bilder und Inschriften auf den ersten Bundesschwur

Die Capelle zu Trons.

1424. Ein uralter Ahornstamm, hohl und vom Alter halb zerstört, doch immer noch Lebenskraft genug bewahrend, um reiche Laubfülle zu treiben, steht neben dem kleinen Gotteshaus, das er einst, in den Tagen seiner Jugendkraft beschattete. Unter diesem heiligen Baume wurde der graue Bund geschlossen.

Die Zeiten des Faustrechts und der Zwingherrschaft, in andern Ländern zu jener Zeit theilweise schon gebrochen und in den Stromlauf grösserer

Staatsverbände eingedämmt, schienen für diese entlegene Gebirgswelt nicht enden zu wollen; unwillig ertrug sie das Volk, welches schon Kunde hatte von dem was jenseits der Berge in den Waldstädten geschehen, und wie der Eidgenossen Banner bei Sempach und Näfels siegreich über die zerschmetterten Schaaren der Ritter und Söldner hinwegschritt. Aufstände gegen die Zwingherrn fanden statt und heimlich schlossen die Männer des Volks Verbindungen, um das Joch abzuschütteln. Da fassten einige der grössern Herrn, von dem weisen Abt von Disentis, Peter Pultinger veranlasst, den hochherzigen Entschluss, sich mit dem Volk zu verbinden, die beiderseitigen Rechte durch festen Vertrag zu ordnen und sich zu einigen zu beider Schutz und Schirm durch Recht im Innern und Waffengewalt nach Aussen. Dort traten Mitte März 1424 zusammen Peter von Pontaningen (Pultinger), Abt von Disentis, Graf Hans von Sax von Misox, Graf Hugo von Werdenberg-Heiligenberg, die Freiherrn Ulrich und Heinrich Brun von Rhäzüns, die Häupter der Gemeinden von Oberland, der Freien ob dem Flimser Wald und im Rheinwald, die Vorsteher von Schams, Heinzenberg, Thusis u. s. w., und schwuren, Angesichts Gottes unter freiem Himmel, die ewigen Firnen als Zeugen: „Gute Freunde und treue Eidgenossen zu sein und zu bleiben, so lange Grund und Grat steht; einander zu helfen mit Leib und Gut, Land und Leuten; die Strassen zu schirmen, Frieden zu halten; einander freien Kauf zu geben und zugehen zu lassen; einen jeden bei seinen Rechten zu schirmen, er sei edel oder unedel, reich oder arm; alle eigene Gewalt abzuthun und Recht zu suchen und zu nehmen nur bei Gericht."

Seit dem Tage bestand der graue Bund und bildete den Kern, an welchen sich die beiden andern, Gotteshausbund und Zehngerichtenbund, anschlossen, als später 1471 zu Vazerol durch Vereinigung der drei die Rhätische Republik in's Leben trat. Wohl haben die Stürme der Zeit gerüttelt an jenem Gebäude, das die Männer von Trons gegründet haben, aber seine Grundlagen haben bestanden. Vieles ist anders geworden seitdem; sollen wir beklagen, was der Gang der Weltgeschichte begraben hat? Jene alten Zeiten hatten viel Schönes; Liebe und Treue schlug vielleicht wärmer in den Herzen, als jetzt und die trotzige Männerkraft jener Zeit stand sittlich höher und schuf auch vielfach Besseres als die geschmeidige Staatsweisheit und Geldsackmoral unserer Tage. Aber wie die granitene Grundlage des Tödigebirgs unwandelbar fest liegt, während oben die leichten Gebilde späterer Weltperioden verwittern und zerfallen und ihre Gestalten wechseln, und wie auf dem verwitterten Gestein die Alprose blüht und die Herde weidet, so hat der feste, unwandelbare Grundsatz der Volksfreiheit bestanden in allen freien starken Herzen und nur die äussere Form hat sich geändert, nicht das innere Wesen. Nach jenen ewigen Grundzügen müssen sich die Umrisse dessen formen, was spätere Zeitalter darauf bauen und ausschmücken ein jedes mit dem, was ihm an Schmuck und Kunst zu Gebote steht, wie die Jahreszeiten die Alpen jede anders kleiden. Aber nehmt das alles hinweg, lasst Wetter und Fluth hinwegreissen, was heranwuchs und sich aufbaute im Laufe der Zeiten, da steht noch in nackter gewaltiger Urkraft das Felsengebäude und zeigt Sturm und Fluth die ungebrochenen scharfen Ecken und die grauen unzerbrechlichen Massen.

Uralte Gemälde stellten in der St. Annenkapelle den Bundesschwur dar. Da sie durch die lange Zeit verwischt und fast unkenntlich geworden, befahl 1836 der Kl. Rath deren Wiederherstellung durch den Mahler Kühlenthal. Es entstanden zwei Bilder, in grellem Gegensatz zu einander. Das eine ist die Stiftung des Bundes 1424. Wir wissen nicht wie viel oder wie wenig von den alten Bildern beibehalten wurde; doch zeigt es die Heldengestalten jener Zeit, den Abt, die Ritter, die Volkshäupter, das Gefolge, alles bewaffnet, wie es damals üblich war, wo Mann und Schwert sich nicht trennten, in kräftiger ernster Haltung, wie sie eine grosse, folgenschwere Handlung fordert. Das andere Bild versinnlicht eine Erneuerung des Schwurs, wie sie eigentlich alle 10 Jahre stattfinden sollte, und auch meist statt gefunden hat. Die Neuzeit ist dargestellt; der Bundesschreiber mit einer grossen Brille, wenn ich nicht irre, liest dem versammelten Volk die Urkunde vor, und in moderner Kleidung umstehen ihn die Abgeordneten der Landschaft. Alles recht schön, wenn nur das andere Bild nicht daneben wäre. Zu Letzterem gehören folgende alte Verse:

Beglückt ist gewest dies Jahr
Für uns zu wahrer Freud,
Indem es uns gebar
Die Unabhängigkeit.
Wofür gewisst besorgt
Sind unsre thüre Ahnen,
Und haben keck geborgt
Gut, Ehr und Leben z'sammen,
Um sich der Tirannei
Vor immer loszuwinden.

Hier neben siehst du drei
Hier unter dieser Linden,
Wie sie mit Härz und Mund
Mit usgestreckter Hand,
Beschworen jenen Bund,
Der Groue wird genannt,
Auf Gott und G'wissen achen,
Mit Hilf und Rat und Werk
Einander beizustehen,
Dis war ihr Augenmerk.

Von Vögten wurd's regiert
Das Land und hart geplagt,
Das Volk war ruiniit
Und Alles war verzagt;
Es war ein Tyrannei,
Man durft sich gar nicht klagen,
Das Volk zu machen frei
Wollt Pündten muthig wagen,
Es ging die Tyrannei
Und Sklaverei verloren,
Sobald die Häupter drei
Zusammen hatten geschworen.

Es bruchte Heldenmuth
Und unzertrennlich G'spannen
Zu wagen Leib und Blut,
Es bruchte unsre Ahnen.
Von ihrem Freihritsbund
Sind wir im wahren G'nuss
Wie's sunst noch mit uns stund
Mach jeder selbst den Schluss.

An dem mit Sternen besetzten Gewölbe der Halle steht:

In libertatem vocati estis; Ubi Spiritus Domini ibi libertas
In te speraverunt patres. Speraverunt et liberasti eos.

Die ältere Sage knüpft an Trons auch die Geschichte des heil. Placidus, welchen St. Sigisbert dort für die Lehre des Evangeliums gewann, das durch seinen Einfluss festen Boden fasste, ihn selbst aber zum Märtyrertod führte.

Sehenswerth ist in Trons die Kirche, die neben mancherlei Alterthümern ein schönes Altarbild von italienischer Schule besitzt, sodann das Rathhaus mit dem historischen Saal, in welchem verschiedene Gemälde zu sehen sind, die sich auf die Bündner Geschichte beziehen, sowie die Wappen sämmtlicher Landrichter. So hiess nämlich nach der alten Bündner Verfassung der auf ein Jahr gewählte Vorsteher des grauen Bundes, während der des Gotteshausbundes Bundespräsident und der des Zehngerichtenbundes Bundeslandammann hiess. Diese drei bildeten den Kleinen Rath (die eigentliche exekutive Regierungsbehörde). Bei der neuen Verfassung, wo die drei Bünde verschmolzen sind, ist die Zahl der Regierungsmitglieder geblieben und obgleich es nicht nothwendig ist, dass jeder der drei alten Bundestheile eines stellt, ist doch meist die alte Weise beibehalten worden, und der Titel Landrichter ist im Oberland auch noch üblich. Eine schöne Excursion von Trons aus ist die an den Fuss des Gletschers, wobei man auch die alten Eisengruben besichtigen kann, die freilich in sehr verwüstetem Zustand sind. Sie befinden sich auf beiden Seiten des Tobels in grünem chloritischem Schiefer, der mit dioritischem Gestein in Verbindung steht, sehr hoch oben. Das Erz, welches man gewann, war nicht von der Beschaffenheit, dass es zu einer Wiederaufnahme aufmuntert, es ist oben Cap. 4 das Nöthige davon gesagt. Das Pontagliastobel ist eine tiefe Schlucht, die sich nach oben erweitert; man steigt an den brausenden Fällen des Ferrerabaches aufwärts, den man mehrmals überschreitet, bis sich der Pfad zwischen den Trümmern verliert, die in ungeheuren Massen dort aufgehäuft sind und zwischen welchen das Gletscherwasser sich durcharbeitet. Ueber anstehenden Felsenmassen bildet dieses dann noch einen prächtigen Fall und hoch herab hängt die blaue Eismasse des Gletschers. Hinter derselben steht der mächtige Piz Urlaun. Die Felsen des hintern Pontagliasthals gehören zu den höchsten und steilsten, die man finden kann, und sind nur an wenig Stellen zugänglich. Wer etwas mühsames Klettern nicht scheut, kann aus dem Hintergrund der Schlucht auf die Alp Puntaiglias (Ponteljas) gelangen, auf welche man jedoch bequemer und auf gutem Weg unmittelbar von Trons kommen kann. Es ist eine prachtvolle Alpenweide von hohen Felsen begrenzt. Diese steigen allmählich gegen die düsteren Felsen des Piz Ner an, welche in furchtbaren Abstürzen sich steil zu der kegelförmigen Spitze erheben, 3070 M. Diese ist von hier

ans schwerlich zu ersteigen, muss aber eine sehr schöne Aussicht haben.
Die Klippen von Pontaiglias gehören überhaupt zu den höchsten und steilsten,
die man finden kann; sie sind nur an wenig Stellen zugänglich und stehen
desshalb in sehr übelem Ruf, so dass von einem Ziegenhirten, der lange Zeit
dort ohne Unfall sein vorwitziges Vieh hütete, gesagt wurde, er verdanke
dies nur seiner besonderen Frömmigkeit. Er liess nämlich die Ziegen klettern und ging, nachdem er sie auf die andere Seite der Schlucht geführt
hatte, in die Kirche. Eine Vorstufe des Piz Ner ersteigt man leicht und hat
von dort aus eine herrliche Aussicht auf den nahen Gletscher, das wilde
Tobel und den dahinter in kühnen, herrlichen Umrissen aufsteigenden Piz
Tumbif, so wie auf das Rheinthal und die Gebirge, welche es umgeben.

Eine eigenthümliche Erscheinung dieser Gegend ist das plötzliche Anschwellen der Ferrera, welches gewöhnlich gegen Mitte des Juni erfolgt.
Dann sprützt das Wasser aus allen Spalten des Gletschers wie aus Brunnenröhren. Die Ursache ist, dass die rasch eintretende Schneeschmelze diese
Spalten, so wie die grösseren im Innern des Gletschers mit Wasser gefüllt
hat, das sich dann entleert.

Der Bau von Pontaiglias ist geognostisch äusserst interessant und daher
eine Excursion dahin für Geologen nothwendig, welche die Entstehung und
Struktur der Tödikette kennen lernen wollen. Im Hintergrund des Tobels
und der Alp steht ein schöner Granit mit zolllangen Felsspathkrystallen an,
der in Form von erratischen Blöckern bis hinab zum Bodensee verschleppt
ist, und sich leicht aus allem andern Gestein herausfindet. Mit ihm erscheint
ein Syenit, der in Diorit übergeht. Auf diesen massigen Gesteinen liegt
Talkquarzit, auf den Jura, Kreide und Eocenbildungen folgen; dann liegt
wieder Talkquarzit oben auf. Wie letzteres zu erklären sei, hat bis jetzt
nicht ermittelt werden können.

Ausser den Eisenerzen findet man auf Alp Pontaiglias auch Kupferkies,
Schwefelkies und Antimonglanz, so wie sonst verschiedene interessante Mineralien. Von einem Gold führenden Bach in der Nähe von Trons hat sich
seit Sprechers Zeiten nichts wieder finden wollen. Die Flora ist gut, wie
überall, wo verschiedene Felsarten zusammentreffen. Auf den Bergen hat
man noch Gemsen, Murmelthiere, Adler, Lämmergeier und sonstige Vertreter
des alpinen Thierlebens.

Die Umgegend ist gut angebaut. Mit anderm Getreide kommt hier auch
viel Hirse vor, Weizen und Spelz wird auch noch gebaut. In den Gärten
finden sich die meisten Obstarten und an Spalieren gedeiht noch die Rebe.
Ueberhaupt ist hier alles höchst anziehend; der liebliche, freundliche Charakter des Thales schliesst sich anmuthig den grossen Eindrücken des Gebirgs an.

Trons ist den Lawinen ausgesetzt. Noch 1808 sollen die Häuser bis an's Dach unter Schnee begraben gewesen sein, es ist aber aus den mir zu Gebote stehenden Notizen nicht recht klar, ob dies nicht durch Sturm herbeigeführter Schnee war. Dagegen wurde 1480 ein Theil des Dorfes und grosse Wald- strecken durch Lawinen weggerissen.

Ausser Rinkenberg, wovon oben die Rede war, standen bei Trons noch drei andere Schlösser, Freiberg, Crestatsch und Piesel. Letztere ist ganz verschwunden, von ersteren stehen noch einige Ueberbleibsel. Von den Rittern von Freiberg wird erzählt, sie seien durch die von Sax verdrängt nach Schwaben ausgewandert, das überhaupt der Zufluchtsort des überzäh- ligen Rhätischen Adels gewesen zu sein scheint. Dies trug unstreitig dazu bei, dass jene Gegend so ausnehmend mit Junkern gesegnet war und theil- weise noch ist. Mit einem wehmüthig demokratischen Nachruf an diese Herren und ihre zerfallenen Nester scheiden wir von Trons, das schönere Erinnerungen für uns hat. Crestatsch und Piesel sollen übrigens der Familie Rinkenberg gehört haben.

Der nächste Ort, den wir an der Strasse treffen, ist Rabius. Es liegt recht schön am Fusse des Berges ausgebreitet; drei Bäche kommen hier von dem Grat, welcher den Piz Ner und Piz Gliems verbindet. Weit ansehnlicher ist Sumvix (summus vicus?), auf einer Höhe gelegen und von städtischem Aus- sehen; jedoch ist die grosse Einwohnerzahl, 1322, auf einem sehr weitläufigen Gebiete vertheilt. Indess ist der Hauptort immerhin bedeutend und hat eine schöne Lage. Der hohe Kirchthurm, welcher das schönste Geläut im Ober- land haben soll, ist von weither sichtbar. Bei 1054 M. Höhe zieht Sumvix noch Obst, besonders viele Kirschbäume, zwischen denen der Ort sich sehr gut ausnimmt. Gegenüber sieht man weit hinein nach Val Tenji, gewöhnlich Sumvix-Thal genannt; hohe Schneegebirge schliessen überall die Aussicht, welche, so weit sie reicht, sehr schön ist. Sumvix eignet sich zum Mittel- punkt von Excursionen in der Umgebung. Die Einwohner sind ein leben- diges, lebensfrohes Völkchen, das, wie verschiedene Erzählungen und Volks- witze beweisen, mitunter recht muthwillig zu sein scheint.

Auch hier finden wir die Trümmer eines alten Schlosses, Hohenbalken, woher das Geschlecht Karl von Hohenbalken stammt, das in der Bündner Geschichte einen Namen hat und verdiente Männer aufweist.

Gegenüber Sumvix auf dem rechten Ufer des Rheins liegt Surrhein, und nahe dabei das Tenniger Bad, letzters schon im Sumvixer Thal.

Oberhalb Surrhein liegen die dazu gehörigen Höfe von Reits, und über diesen steigen waldige Bergstufen auf, über denen auf der Terrasse die Alp- hütten von Laus sich auf schönen Triften ausbreiten, welche oben von den Felswänden Garvera abgeschlossen werden. Unter diesen liegt der fischreiche

See von Lam, dessen Abfluss in einer Kluft verschwindet, dann wieder hervortretend in einem starken Fall über den Felsen stürzt. Weiterhin liegen am Rhein die Weiler Perdomet und Cavardiras.

Wir berühren indess auf der neuen Strasse diese Seite des Thales nicht, sondern steigen von Somvix aus, Campadiels links lassend, an der Halde der linken Seite weiter, wo der Weg durch Wald und an felsigen Abhängen vorüber sich anmuthig und mit schöner Aussicht auf die andere Seite aufwärts zieht. In 1½ Stunden kann man Disentis erreichen. Vorher aber müssen wir eine Gegend betrachten, die durch ihre erhabene Naturschönheit eine der merkwürdigsten des Oberlandes ist; es sind diess die Russeinthäler, deren Eingang Val Barkuns wir etwa auf halbem Wege treffen.

7. Die Russeinthäler und ihre Umgebung.

Der Einsamkeiten tiefste schauend unter meinem Fuss,
Betret' ich wohlbedächtig dieser Gipfel Saum.

Mehr und mehr hebt sich die Strasse und ist in grauen Hornblendefels eingesprengt; wir stehen vor einer tiefen Schlucht mit senkrechten Wänden von derselben Felsart, aus welcher ein mächtiges Alpenwasser, weissschäumend über die dunklen Felsentrümmer hervorstürzt, die es auf seinem wilden Lauf mitbringt. Der Wald zieht sich hier tief hinab und selbst auf den Vorsprüngen und Felsenzacken wurzeln noch Tannen in dem spärlich vorhandenen Boden und strecken ihre alten, mit grauen Flechten behangenen Häupter hoch aus der Tiefe empor. Der hohe Bergrücken ist durch diese Kluft gleichsam gespalten, die tief in sein Innerstes eindringt und aus der Masse des ausströmenden Wassers muss man auf die Reichhaltigkeit seiner Quellen schliessen. Es ist der Ausgang der Russeinthäler Val Barkuns oder Russeintobel. Noch vor wenig Jahren war diese Schlucht hier durchaus ungangbar und der Weg umging sie in weitem Umweg, um in der Thalsohle den „Rhein von Barkuns" zu überschreiten; gegenwärtig führt in kühnem Bogen eine schöne, hölzerne Gitterbrücke von festem, aber zierlichem Bau, hoch über die schauerliche Kluft und die Strasse setzt sich jenseits in gleicher Höhe auf das Plateau von Disentis fort. Von der Höhe der Brücke sieht man hinab auf das liebliche Rheinthal, auf die im Grunde zerstreuten Dörfer und Höfe und die jenseits in hohen Stufen aufsteigenden Berge, die sich zu den Felsenwänden Garvera, dem Piz Muraun und den Schneegipfeln Valesa und Lavaz erheben.

Ueber hoch ansteigende felsige Halden geht der Weg von der Russeinbrücke aus aufwärts im Tannenwald und dann am linken Ufer des Thalwassers weiter über einige Waldwiesen an verschiedenen Alphütten vorüber.

Das Thal fängt an, sich zu erweitern. Oestlich steigen schroffe Felsenwände gegen den Crap nér und Piz Glims auf. So gelangt man von grossartigen Ansichten umgeben zu dem Thalbecken der vorderen Alp (Gliems oder Hems), wo sich die Thäler spalten. Das westliche heisst Cavrein und spaltet sich bei der Alphütte Cavrein wieder in das gleichnamige, das nach NW. gegen den Tschingelgletscher und Piz Cambrieles ansteigt, und das südwestliche Cavardiras, in dessen Hintergrund der Brunnigletscher sich ausbreitet; ein felsiger hoher Grat, der vom Piz Cavardiras ausgeht, trennt es vom Rheinthal. Mächtige Felsenstufen senken sich in beide Thäler herab, auf ihnen lagern stufenweise die Gletscher und strecken lange Eiszungen, erstarrten Wasserfällen ähnlich, auf die unteren Stufen herab; besonders grossartig erscheint der blanke Firn des Hüfigletschers, der sich zwischen dem Piz Cambrieles und dem Düssistock im Hintergrund von Cavrein auf dem hohen Grat ausbreitet. Man ist hier überall von krystallinischem Gestein umgeben. Ein wilder Felsengrat, der von da herab südlich läuft, scheidet letzteres Thal von dem Russeinthal, das seinerseits wieder durch die Felsenrippen des Cuolm Tgietschen in die Thalarme Pintga und Russein getrennt wird. Aber schon etwas unterhalb dieser Trennungsstelle steigt das Thal Gliems in verschiedenen Thalstufen, welche durch Wasserfälle des starken Baches bezeichnet sind, gegen den mächtigen Gliemsgletscher auf, welcher durch eine Lücke in den Felsenwänden mit dem von Pontaiglias in Verbindung steht. An dieser Thalspaltung liegen die Hütten der Alp Russein, deren reichliche, freilich oft durch wüstes Gestein unterbrochenen, Weiden, dennoch einen lieblichen Gegensatz bilden gegen die wilden zerklüfteten Felsenmassen, welche in erdrückender Erhabenheit sich nach allen Seiten hin erheben und die Eis- und Schneelasten, die von ihnen herabhängen, sie krönen, decken und umhüllen. Die Alp Russein liegt 1841 M.; von da bis zu der einsamen obern Alphütte steigt das Thal bedeutend über grasreichen jedoch felsigen und von Abhängen unterbrochenen Boden, über welchen der Thalbach viel kleine Fälle und Stromschnellen macht; die äussersten Thalecken sind Steinwüsten mit ungeheuren Schuttmassen und Resten von Bergstürzen gefüllt, unter welchen theilweise Eis steckt. Im Hintergrund am Ende des Cuolm Tgietschen erblickt man westlich den Gletschergrat Catscharauls, östlich die röthliche Felsenmasse des kleinen Tödi, 3070 M. Zwischen beiden schlängelt sich ein Felsensteig auf den 2807 M. hohen Grat des Sandfirns, von wo man über den Gletscher hinter dem Tödi weg zu der oberen Sandalp gelangen kann. Unabsehbar breitet sich um diese Grathöhe die grossartige Berg- und Gletscherwelt aus; nach Norden senkt sich die Sandfirn hinab, östlich erheben sich übereinander aufsteigend der kleine Tödi, und d.e Doppelkuppe des grossen Tödi und Russein, westlich dehnt sich der grösste Gletscher des ganzen Gebirgsstocks der Hüfi aus, als blankes Eis- und Schneefeld zwischen hochaufstrebenden Felsengräten und mächtigen Hörnern gelagert. unter denen vorzüglich das Schneehorn und die Clariden durch ihre gewaltigen Massen hervortreten und südlich in unendlicher Tiefe von scharfgesägten Felsenrippen zerspalten, von den glänzenden Fäden der Gletscherwasser durchzogen, liegen die eben verlassenen Russeinthäler.

Betrachtet man von diesen aus die östliche Seite des Gebirges, so ent- wickelt dieses eine unendlich grossartige Ansicht. Vom kleinen Tödi aus zieht sich der Felsengrat Crap Glaran gegen die weit höher in gewaltigen Felsenmassen ansteigende Doppelkuppe des grossen Tödi und des etwas höheren Piz Russein, welche durch eine Einsattelung des Firnfeldes mit einander verbunden sind, letzterer ist die westliche Kuppe. In furchtbarer Höhe und Steilheit erheben sich hier die Felsenwände fast bis zur Spitze des Berges, welche ein mächtiges Gletscherfeld deckt, das auf dieser Seite steil abgebrochen auf den rostfarbenen Kalkfelsen ruht, und in scharf ab- gegrenzten Bändern erscheinen hier alle Formationen des Gebirgs, dessen Bau man aufgeschlossen erblickt von dem Gneiss, welcher die Thalsohle der Russeinthäler bildet, bis zu den Juraformationen, welche den Scheitel der Tödispitzen decken; ein Verhältniss, welches, wenn auch weniger deutlich, auch an den folgenden Felsenwänden beobachtet wird.

Diese wenden sich nun südlich und nach einer von Gletschern gefüllten Einsattelung erhebt sich hier zu 3478 M. die Felsenpyramide des Stockgron, (Piz Russein auf neuern Karten und nicht mit der gleichnamigen westlichen Spitze des Tödi zu verwechseln) nach Norden von ungeheuren Eismassen umlagert. Von ihnen aus läuft ein hoher Felsengrat von tiefen Einschnitten zerrissen, der am Eingang des Thales Gliems mit dem seltsam geformten Piz Avat endigt. Der Volkswitz verglich diese Spitze mit der Mütze eines Abtes; sie ist nicht eben schwer zu ersteigen und giebt eine schöne Aussicht in die östlichen Berge. 2868 M. Aber im hintersten Winkel von Val Gliems, wo dessen Gletscher mit dem von Pontaiglins sich verbindet, steigen nach Osten gewendet, neue Felsenwände aus dem Eismeere auf von einer ge- rundeten Firnkuppe bedeckt. Es ist der Piz Urlaun, 3372 M., den wir schon von jenseits her kennen; von ihm führt ein ähnliches Felsenriff zum Bifertenstock und scheidet den südlichen Gletscher von dem langen Biferten- firn der zur Höhe des grossen Tödi aufsteigt.

Wenn die Russeinthäler durch die wilde Grossartigkeit ihrer Umgebung das Gemüth aller deren ergreifen müssen, die für die Schönheit der Natur empfänglich sind, und den Geologen in das Innere des Tödigebirgs eindringen lassen, dessen Gliederung hier offen zu Tage geht, so macht auch der Bota- niker und Zoologe hier gute Erndte. Es ist eine bekannte Sache, dass sich die

meisten und schönsten Pflanzen der Alpen immer da finden, wo die quarzig-
krystallinischen Felsarten, vulgo Urgebirg, mit Kalk und Schieferbildungen
zusammentreffen, da Kalk- und Kieselpflanzen sowie Thon liebende Gewächse
hier die Mineralbestandtheile finden, welche sie brauchen. In den Russeinthälern ist die Grundlage krystallinisch, von den hohen Gehängen der gewaltigen Felsenwände aber und durch die zahlreichen Tobel und Rüfen
werden solche Massen von Kalkgestein herabgeführt, dass besonders in den
hinteren steinigen Thalverzweigungen fast der ganze Boden damit bedeckt
ist. Ausserdem hat man hier die verschiedenste Temperatur von den wärm-
sten, geschütztesten Felsenwinkeln, bis zu den Stellen, wo das organische
Leben in Eis und Schnee erstarrt, oder vergeht vor dem eisigen Luftzug.

Auf den Absätzen der steilen Felsenwände, an sonnigen geschützten
Einbuchten des Gesteins oder wo aus den Eismeeren der Gletscher sich
spärlich bewachsene Klippen heben, sind hier die schwer zugänglichen
Weideplätze der flüchtigen Gemsen, die ihnen theilweise vollkommene Sicherheit gewähren gegen den verwegensten Jäger, nicht aber eben so gegen
ihre geflügelten Feinde. Denn auf diesen Felsenstufen, unter den überhängenden Zacken des Gesteins baut der königliche Steinadler sein Nest; hoch im
Kreise schwebend über den höchsten Gipfeln späht er mit dem braunen
blitzenden Auge, um verderblich auf die sichere Beute herabzustürzen und
sie zu fassen mit den eisenfesten krummen Krallen und den furchtbaren
Schneiden des hakenförmigen Schnabels. Seltner, aber verderblicher noch
erscheint zu Zeiten auch der Beherrscher des Felsengebirgs, der Lämmergeier. In melancholisch-feindseligem Hinbrüten sitzt er dort, den Kopf ein-
gezogen, auf einem Felsblock oder schwebt, kenntlich an den langen gebogenen Flügeln, hoch über Spitzen und Klüften hin. Dann plötzlich mit
sausendem Geräusch senkt er sich pfeilschnell herab, laut schreiend und
durch Schläge mit den mächtigen braunen Flügeln sein Opfer betäubend und
dem Abgrund zujagend, in welchen Angst und Verwirrung es stürzt, wenn
es auch den Flügelschlägen und gewaltigen Schnabelhieben zu widerstehen
vermögte. Friedlich und gesellig nistet in den Felsenklüften die Alpendohle
und der schöne rothflüglige Mauerläufer. Tichodroma phoenicoptera, der
Alpenflühvogel singt sein melodisches Lied auf dem Steinblock sitzend nicht
fern von seinem brütenden Weibchen, unter dem Alprosengebüsch nistet
das schöne Weisshuhn, jetzt in seinem bunten Sommerkleid, während es im
Winter sich in blendendes Weiss kleidet, bunte Schmetterlinge wiegen sich
auf den Blumen und zahlreiche Schaaren anderer Insekten benutzen die
wenigen sonnigen Tage, die ihnen vergönnt sind, um ihr kurzes Dasein zu
geniessen.

Vor nicht langer Zeit waren diese abgelegenen Thäler auch noch von

Bären bewohnt, oder wenigstens besucht, welche jetzt so wie der Luchs vertilgt zu sein scheinen. Dagegen weiden zahlreiche, schöne Herden hier auf den kräftigen Weiden, und gastfreundlich öffnet sich die Thür der Sennhütte dem Besuchenden.

Aus Mangel an Zeit und wegen Unsicherheit des Wetters ist es mir, als ich jene Gegenden besuchte, nicht möglich gewesen, die Spitzen zu ersteigen, welche die Thäler umgeben. Es wird aber unseren Lesern nicht unangenehm sein, die Beschreibungen eines Mannes hier zu finden, welcher seiner Zeit sich um die Erforschung dieses Gebietes, so wie überhaupt des Oberlandes, nicht genug anerkannte Verdienste erwarb, nämlich Pater Placidus a Spescha, von dem später ausführlicher die Rede sein soll.

Ersteigung des Stockgron. Anstatt des leichteren Weges durch Barkuns, wählte Spescha von Disentis aus den schwierigeren über das Gebirg, stieg den Val Acleta hinauf, durch das Seitenthälchen Laiserein über den Brunnigletscher, hinter dem Piz Cavardiras weg in das gleichnamige Thal und übernachtete in Alp Cavrein. Er hatte zu seiner Begleitung einen alten Bergsteiger C. M. Huonder aus Montpe Tawetsch, und nahm auf der Alp noch einen zweiten Begleiter mit.

Sie überstiegen eine grasige Halde und kamen in das Russeinthal, in welchem sie bis zu Endhütte hinauf gingen. Von da stiegen sie östlich einen ebenfalls bewachsenen, aber steilen und felsigen Abhang hinauf und kamen in etwa 2 Stunden auf einen Gletscher, an welchem sie links vorübergingen, dann über eine Schlucht setzten und auf dem nun folgenden Schneefeld einen See fanden. Der Berggiebel lag vor ihnen, aber auch ein sehr zerrissener Gletscherarm, über den sie steigen mussten, um eine Schlucht zu erreichen, welche östlich von Stockgron zwischen diesem und der nächsten Felsenecke (Porphyr?) hinaufführte. Sie verbanden sich mit einem Strick und überkletterten den Gletscher, wo eine Querspalte das Vordringen beinahe unmöglich gemacht hätte, dann überstiegen sie eine sehr steile Halde von hartem Schnee, in welchen sie sich Tritte einhauen mussten. Die Kälte war so gross, dass ihnen die Tropfen an der Nase froren und die Gesichtshaut angegriffen wurde. Sie waren auf die Höhe des Schneefeldes gekommen und wandten sich nun westlich gegen den Gipfel, der ohne grosse Schwierigkeiten erreicht wurde. Auf dem Schnee fanden sie Bienen und Schmetterlinge, welche mit dem Tode kämpften. Der Gipfel, 3478 M , war schneefrei, eine kleine, abgerundete Fläche, mit grauem, dichtem Marmor (Jurakalk) wie gepflastert, welcher cubische Schwefelkiese enthielt. Westlich war der Bergkopf so steil abgebrochen, dass Spescha fest glaubte, den Russeinbach mit einem Steinwurf erreichen zu können und bei schnellem Umdrehen eine Anwandlung von Schwindel empfand. Die Kälte hatte schon auf dem oberen

5

Schneefeld bedeutend abgenommen, nachdem sie aus der Schlucht aufgestiegen waren, oben war es angenehm warm. Speschas Gefährten schliefen
dort eine Zeit lang. Von dem Stockgron, der ein Vorgebirg gegen das
Russeinthal bildet, läuft eine Felsenkette nordwestlich gegen den Piz Russein
(Tödi), die andere nordöstlich gegen den Piz Urlaun. Den Zwischenraum
füllt ein schrecklich zerklüftetes Eisfeld. Die Aussicht war unermesslich;
nur gegen N. und O. wurde sie durch den Russein, Tödi und Piz Urlaun
beherrscht.

Der Rückweg, der auf der alten Richtung genommen wurde, war sehr
misslich; an dem kleinen See fanden sie ihre zurückgelassenen Effecten und
Lebensmittel und kamen am Abend nach Alp Cavrein zurück. Den Bau
des Berges giebt Spescha an als aus verschiedenen wie Bänder aufeinander
folgenden Gesteinlagen zusammengesetzt. Dies ist oben erörtert.

Ersteigung des Piz Urlaun. Ende Juli 1793 kam Hr. L.
v. Salis-Haldenstein nach Trons, um mit Spescha den Berg zu ersteigen und
brachte seinen Hauslehrer C. Witte und Hrn. Glaubitz aus Sachsen mit. Sie
gingen das Ferrerathal hinauf und kamen in 2 Stunden auf die mit Steinschutt bedeckte Höhe des Pontaigliasthales. „Wir näherten uns, fährt Spescha
fort, dem Thalgletscher, aus welchem die Ferrera entspringt. Er ist mit
Schutt bedeckt, schiebt den Rasen vor sich her und beginnt mit Vertiefungen
und Erhöhungen wie mit Eisthälern. Kaum hat man $1/4$ Stunde auf ihm
zurückgelegt, so erblickt man die sanft ansteigende Fläche des Thales,
welche ganz mit Eis ausgefüllt ist. Hier mussten wir den gelehrten Naturkundigen zurücklassen (Glaubitz), denn seine Kräfte waren erschöpft. Merkwürdige Naturerscheinungen trifft man auf diesem Gletscher, Versteinerungen
in Kalkstein, Seen, Versenkungen, Wasserwirbel, aufgeworfene Schuttmassen
und Auflösung der Kalksteine zu Staub. Ueber dem Thalgletscher steigen
Gletscher über Gletscher im Hintergrund des Thales über den Saum des
Gebirgs am Tödi und bedecken den Urlaun selbst. Wenn die Thauzeit
sich einstellt, was Mitte des Heumonates geschieht, wo der Sommer hier
beginnt, so ereignet sich hier ein wunderbares Naturspiel. Bei der hellen
Witterung schmilzt der jährige Schnee schnell ab, überschwemmt den Thalgletscher und nimmt den aufgelösten Kalkstaub mit. Der Bach trübt sich,
schwillt an und das Wasser dringt so heftig aus allen Oeffnungen und
Spalten am Ende des Gletschers, dass es wie aus Brunnenröhren hervor-
spritzt. Diese Erscheinung ist selten und wenn sie eintritt, so wird für den
Sommer der Fluss verdoppelt; sie dauert 24 Stunden und länger, während
welcher das Wasser wächst und fällt. Die Tronser, an die Begebenheit
gewöhnt, betrachten das trübe Wasser und dessen Geräusch gleichgültig.

Es ist weder mühsam noch gefährlich, den Thalgletscher zu überschreiten und kann in einer Stunde ausgeführt werden. Am Ende wendet man sich links, um über einen Seitengletscher zu gehen, der mit Querspalten durchzogen ist, vor welchen man sich hüten muss. Nun kommt eine steile Schneelehne und eine Kluft in gelbem Kalkstein, durch welche man hinaufklettert; dies thaten wir, so bedenklich der Spalt auch aussah, ohne Gefahr und kamen auf den Felsen, wo wir Gletscherwasser antrafen, dann an ein angenehmes, mit weichem Moos belegtes Plätzchen, wo wir ruhten. Der Pflanzenwuchs fing hier an auszugehen. Dies ist die erste Vorstufe des Urlaun, welche rechts mit einem Gletscher und links mit einer Schneelage bedeckt war. Vor uns nach N. erhob sich das Gebirg sehr steil zur zweiten Vorstufe, die aus einem unhaltbaren Thonschiefer bestand. Sie scheint von weitem unersteiglich, ist jedoch nur ermüdend und nicht gefährlich. Man braucht dazu 1 ½—2 Stunden.

Mit grosser Anstrengung erstiegen wir diese Höhe. Von der ersten Stufe zur andern zieht sich das Gebirg so eng zusammen, dass der Ruheplatz nicht breiter als ein Klafter ist, der nach einer Verlängerung von 2 Klaftern sich zu einem Winkel ausspitzt. Da verschnauften wir und sahen uns um; die Aussicht war hier schon sehr schön.

Ich lud nun die jungen Herren ein, den Gipfel des Berges, den wir vor Augen hatten, zu ersteigen; allein sie sagten, sie wären mit der Aussicht, die sie genossen, zufrieden. Auch der Mundvorrathsträger schüttelte den Kopf, als ich ihn dazu aufforderte, ich musste also den Pfad allein betreten. In einer Stunde erreichte ich den Schnee, der den Gipfel bedeckt, und in einer weitern halben Stunde befand ich mich auf dem Gipfel selbst. Dieser ist abgerundet, mit Schnee bedeckt.

Die Athmosphäre war so rein, als sie sein konnte, und die Temperatur vollkommen gemässigt, nur nach und nach erkälteten sich meine Fusssohlen, weil ich genöthigt war, auf Schnee zu bleiben. Der erste Gruss, den ich dort empfing, war das Geplärr von Schafen und Ziegen, die an dem Sandalpgletscher, östlich vom Tödi, weideten." (Hier ist der Bifertengletscher gemeint.)

Die Aussicht war unermesslich, nur nördlich vom Tödi und Russein beherrscht. — Es folgt hier eine sehr umständliche Beschreibung der gesehenen Punkte, doch scheint es, als habe Spescha hier doch zu viel zu sehen geglaubt, wiewohl auch ich manchmal bei besonders heiterer Luft äussorst entfernte Gegenstände von Orten aus gesehen habe, wo ich sonst nur die blaue, neblige Ferne sah, wesshalb man drüber nicht absprechen kann. Dass man die ganze Alpenkette, von den Norischen Alpen bis zum Montblanc, die Berner Alpen, den Jura, den grössten Theil der Westschweiz, und dann nach NO. über den Bodensee hin unermesslich weit über Schwaben und Bayern, ferne Gebirge des inneren Deutschlands sehen kann, ergiebt sich aus der vorgeschobenen Lage und Erhabenheit des Standpunktes, 3372 M.

Der Pater kletterte nun wieder gemüthlich hinab und fand seine Reisegefährten am alten Flock. Sie beklagten sich über die Hitze in der engen Felskluft, auf dem schwarzen, von der Sonne erhitztem Schiefer. Sie meinten, er sei ihnen vorgekommen, wie ein Rabe auf dem Schnee, wie er auf dem Gipfel gestanden. Den Weg über die Schieferhalde machten sie rücklings und kamen ohne weitere Abenteuer in ihr Nachtquartier, ob in Trons oder auf den Alpen ist nicht gesagt, indess erklärt Spescha die Tour für übertrieben anstrengend und schliesst mit den Versen:

> Reise nicht zu viel,
> Brich nicht den Stiel.
>> Sagt das Sprichwort.
> Verderb' ich den Stiel,
> Verfehl ich das Ziel.
>> Gieb mir Antwort.

Man müsse, meint er, das Nachtquartier auf der Alp Pontaiglias oder von dem Gliemsthal aus auf der Alp Gliems nehmen und von da am Morgen den Berg angreifen. Es ist derselbe nach dieser Beschreibung eigentlich nicht schwer zu ersteigen; man muss sich nur in der Wahl der Seitenthäler ob dem Pontaigliasgletscher nicht täuschen; das am meisten links gehende führt zu unersteiglichen Felswänden.

8. Der Tödi.

> Es sitzt die Königin hoch und klar
> Auf unvergänglichem Throne,
> Die Stirn umkränzt sie sich wunderbar
> Mit diamantener Krone,
> Drauf schiesset die Sonne die Pfeile von Licht
> Sie vergolden sie nur, und erwärmen sie nicht.

Wir können uns von diesen Gebirgen nicht trennen, ohne ihren höchsten Gipfelpunkt betrachtet zu haben, den wir schon so oft aus der Ferne, zuletzt von den Russeinthälern aus als grauenvoll hoch aufsteigende, buntstreifige Felsenwand, von dem Piz Urlaun als mächtiges Eisgebirg, mit schroffen Felswänden durchsetzt, betrachtet haben. Von wo aus man den Tödi betrachtet, von den Höhen und Hochplatten Bündens, von den Glarner Thälern, von den Ufern des Züricher Sees oder von noch entfernteren Punkten, überall erscheint diese gewaltige himmelanstrebende Berggestalt als Beherrscherin ihrer Umgebung, wenn auch überall anders an Form und Gruppirung mit ihren Nachbarn, sowie an äusserer Tracht.

Der Tödistock ist nicht, wie man von Ferne vermuthen sollte, ein einzelnes Horn, sondern ein massiger Felsenstock, der fast überall den Thälern unersteigliche Wände zukehrt, in deren Zwischenräumen, so wie auf den Stufen und Terrassen sich unermessliche ewige Eislasten abgelagert haben und sich hinabsenken in die Thäler als Eisströme oder an den Abgründen steil abgebrochen kleinere und grössere Eistrümmer und Schlaglawinen hinabsenden, Verderben drohend jedem, der es wagt, in dieses Heiligthum der Alpenwelt einzudringen.

Oben besitzt der Tödi nicht eine Spitze, sondern drei Kuppen, welche sich über ein zwischen ihnen gelegenes Gletscherplateau und Firnfeld nur wenig erheben. Von den beiden südlichen behauptet der östliche den Namen Tödi, obgleich er dem westlichern Piz Russein, 3623 M., an Höhe etwas nachsteht, doch ist der Unterschied unbedeutend. Nördlich von beiden, mit ihnen ein Dreieck bildend, liegt die niedrigere gegen die Sandalp gekehrte Sandspitze. Der Tödi ist von kegelförmiger Gestalt, ganz von Schnee umhüllt, der Russein zum Theil schneefrei; beide hängen durch einen Firngrat zusammen. Nach Westen stürzt der Russein in furchtbaren Felsenwänden gegen den Sandfirn ab, dann folgt als zahnförmige Spitze auf dem Grat Crap Glaruna, der kleine Tödi und die oben beschriebenen Firnregionen des Sandgrats, Hüfigletschers u, s. w.; den senkrechten Absturz der beiden Zwillingsgipfel gegen die Russeinalp kennen wir auch schon; östlich schlingt sich um den Tödi und bis zum Russein reichend, der lange zungenförmige Bifertengletscher, jenseits welchem die mächtigen Spitzen des Stockgron, Urlaun, Bifertenstocks u. s. w. ihre von dieser Seite viel niedrigeren Häupter erheben. Sie erscheinen nur als Gipfelpunkte eines fast halbkreisförmigen Grates, welcher den Tödistock umzieht und sich am Bifertenstock spaltet. Schauerliche Felswände endlich kehrt der Tödi der Sandalp zu, so dass er von allen Seiten frei mit majestätischer, erdrückender Grösse auf die mächtigen Gipfel seiner Umgebung herabsieht.

Es ist begreiflich, dass eine so auffallende, über alles emporragende Bergmasse von lange her die Aufmerksamkeit der Umgebung erregte und bei Bergsteigern den Wunsch, von dort aus hinabzusehen auf die Alpenwelt.

Die ersten Versuche hierzu gehören Placidus a Spescha. Sie wurden zunächst von der Russeinalp und von Gliems aus unternommen und waren vergeblich. Spescha erzählt auf sehr humoristische Weise, wie er am 19. August 1823 in Gesellschaft des Malers Isenring eine solche Expedition unternahm. Sie gingen zusammen bis zur Alp Gliems (Lims-Ilems) und übernachteten in der Sennhütte. Dies war dem Künstler schon sehr ungewohnt, so

dass er in der Nacht fort wollte. Am andern Morgen indess stiegen sie
den Gletscher hinter dem Stockgron hinauf. Isenring verkletterte sich und
konnte weder rückwärts noch vorwärts, setzte aber dabei Steine in Bewegung, die Spescha und seinen Begleiter fast erschlagen hätten. Als diese
an die Stelle kamen, wo er sass, empfing er sie mit einem Lamento über
die schreckliche Lage, in welche er durch die Verwegenheit des Paters
gekommen sei; dieser bemerkte, das sei noch nichts, es werde schon noch
besser kommen, worauf der andere dergestalt von Bergscheu befallen wurde,
dass er allen Muth verlor und verlangte, hinuntergebracht zu werden. An-
binden wollte er sich nicht lassen, sondern meinte, die andern sollten ihn
unten auffangen. Das ging denn auch nicht, und nach allerlei tragikomischen
Scenen, wie sie sich immer ergeben, wenn Jemand die Bergkrankheit bekommt, lothsten sie ihn den Gletscher hinunter. Einstweilen war Nebel
aufgestiegen und bei erneuertem Aufsteigen fand Spescha, dass es nicht
möglich sei, den Gipfel des Russein zu erreichen. Es wäre auch von dieser
Stelle aus schwerlich gegangen, da der jenseits dem Grat gelegene Gletscher
keine Fläche ist, sondern in steilen Eis- und Felswänden der Fortsetzung
des Bifertengletschers zufällt.

Am andern Tage wollte Spescha noch einen Versuch von der Russeinalp aus machen; Isenring sollte von dort aus den Tödi etc. zeichnen, sobald
aber Spescha sich entfernt hatte, um auf der andern Seite des Stockgron
einen Durchgang zu suchen, lief er davon; das Wetter wurde immer
schlechter und der Hauptzweck, Ersteigung des Russein, musste aufgegeben
werden. Spescha bemerkt philosophisch dazu, „diese Reise sei ihm von
allen die ärgerlichste gewesen, doch nicht ohne Nutzen, denn er habe dabei
ein Stück Menschenkenntniss mehr gesammelt und noch mehr als sonst ein-
gesehen, dass man in der Wahl von Gefährten im Gebirg nicht vorsichtig
genug sein könne," ein Satz, den ich aus eigner Erfahrung zur Beachtung
empfehlen kann, da mir mehr als einmal wichtige wissenschaftliche Zwecke
durch Furchtsamkeit, Faulheit oder Schwachheit von Reisegefährten fehl-
geschlagen sind.

Vorher hatte Spescha die Idee gehabt, vom Piz Urlaun aus gegen den
Tödi und Russein vorzudringen. Dieser Plan wurde ebenfalls durch die
Muthlosigkeit seiner Gefährten vereitelt, ein anderesmal durch schlechtes
Wetter. Es hätte aber im besten Falle nicht gelingen können, da die jenseitigen Abhänge des Urlaun steiler sind, als man von der breiten, abge-
rundeten Kuppe bemerken mag, und das Hinabsteigen auf den Bifertenfirn
schwerlich auszuführen ist.

Noch einen Versuch machte Spescha am 1. September 1824. Es sollte
der Berg von der Russeinalp erstiegen werden und wurden dazu zwei Gems-

jäger Placi Cnrschellas von Trons und Augustin Bisquolm von Disentis bestellt. Man traf sich nicht zur rechten Zeit und die beiden Leute machten sich allein auf den Weg. Spescha und sein Diener Carli Caguenard folgten später nach, erstiegen den Grat und sahen die Beiden jenseits der Gletscher den Russein ersteigen, kamen aber selbst nicht hinauf. Es ist schade, dass diese Ersteigung in Speschas hinterlassenen Papieren so summarisch angegeben ist, dass nicht einmal gesagt wird, wo man von der Alp aus aufgestiegen sei, wie es scheint zwischen Tödi und Stockgron (Russein der neueren Karten). Die beiden Jäger waren um 11 Uhr auf der Spitze. Sie waren über den obersten Theil des Bifertenfirns gegangen, der „wie eine Schlinge" den Berg umgab, dann stiegen sie theils über die streifigen Felswände, theils über Eis und Schnee, aus dem weiter oben graue Felsen hervorragten. Dann ist der Berg eine Strecke ganz weiss, oben aber stossen zwei Schneekuppen in der Mitte winkelartig zusammen (Russein und Tödi). „Sie hätten sich einander helfen und Muth einflössen müssen; allein sagten sie, hätte keiner den Gipfel erreicht." Sie setzten sich oben und verzehrten ihr Mittagsbrod und da sie auf dem alles umhüllenden Schnee keine Steine finden konnten, so steckten sie zum Zeichen ihrer Anwesenheit die Schwarte des Schinkens, den sie verzehrt hatten, in den Schnee. Die Aussicht war sehr weit, aber der Himmel trüb von Höhenrauch. Den Grat von da zum Tödi erklärten sie für gangbar, letzterer sei niedriger als der Russein. Nachdem sie sich eine halbe Stunde oben aufgehalten, gingen sie zurück und Spescha machte sich gleichzeitig von seinem Standort aus auf den Weg, so dass sie gegen 4 Uhr in der Alphütte Russein zusammentrafen und sich ihre Fahrten gegenseitig erzählten. Ich führe diese Unternehmungen genauer an, weil mir Speschas eigenhändige Angaben vorliegen und weil anderweitig darüber allerlei wunderliche Dinge gesagt sind, von denen in jener Beschreibung nichts steht. Ich habe keinen Grund, daran zu zweifeln, dass die beiden Oberländer wirklich oben gewesen sind, besonders da ihre Angaben mit den aus den spätern gelungenen Ersteigungen des Tödi gewonnenen Erfahrungen übereinstimmen. Hätte Spescha Unwahres angeben wollen, so hätte er vor allen Dingen gesagt, er sei selbst mit auf der Spitze gewesen, von den anwesenden Personen, die wahrscheinlich gar nicht einmal deutsch verstanden, um eine Zeitung zu lesen, hätte ihm schwerlich Jemand das Gegentheil nachgewiesen, wenn er dieses öffentlich bekannt gemacht hätte.

Jedenfalls ist die Ersteigung der beiden Bergkuppen von der Bündner Seite ungleich schwieriger als von der Glarner, und von dieser letzteren, namentlich von der Sandalp, gingen alle folgende Versuche aus, oder vielmehr vom Stachelberger Bad über diese Alp, nach welcher ein an Naturschönheiten reicher, romantischer Weg das Linththal aufwärts führt. Man kommt vorüber an den

Fällen des Fetschbaches und Schreyenbaches über die hohe Pantenbrücke, auf der man den Thalstrom unten in der schwarzen Tiefe nur hört und nicht mehr sieht. Wir kennen diese schon so wie das schauerlich tiefe Limmerntobel, das sich hier in den Sandbach ergiesst, welcher von hier an die Linth heisst. Von da kommt man in den Felsencircus der unteren Sandalp, steigt an der sogenannten Ochsenblanke auf, die bei den Touristen im Geruch der Schrecklichkeit steht, und hat Gelegenheit den schönen Wasserfall von unten und oben zu sehen. Von da gelangt man zur oberen Sandalp, die zwischen mächtigen Felsengebirgen und Gletschern als grüne Oase eingeschlossen ist. Bis dahin kann jeder vernünftige Mensch den Weg finden, von Gefahr ist keine Rede; will man aber auf den Tödi, so sind Führer erforderlich und zwar sehr zuverlässige Leute, denn nur Wenige sind, die diesen Weg aus Erfahrung kennen.

Ungefähr zu derselben Zeit, in welche Speschas letzte Versuche fallen, unternahm Hegetschweiler, der bekannte, verdienstvolle Botaniker, der leider der Wissenschaft zu früh entrissen ward, indem er bei der Contrerevolution in Zürich als Regierungsrath durch die Kugeln der von frommen Leuten fanatisirten Menge fiel, verschiedene Versuche, den Tödi zu ersteigen, welche zwar nicht gelangen, doch aber dazu dienten, den von dieser Seite einzig möglichen Weg zu erkunden. Die ersten Versuche gingen von dem Sandfirn und dem kleinen Tödi aus, um auf das Firnfeld zwischen Tödi und Russein zu gelangen. Die Steilheit der Felsenwände auf dieser Seite, die gähnenden Gletscherspalten und Eistrümmer, nöthigten zum Rückzug; von dieser Seite ist dem Berge schwerlich beizukommen.

Die folgenden Wanderungen gingen über die Röthi, wo man von der rothen Kalkwand einige tausend Fuss hinabsieht in die untere Sandalp, dann über den Ochsenkopf, einen grünen Vorsprung des Gebirgs, von welchem aus man eine schöne Aussicht auf die nördlichen Gebirge und auf den dicht vor dem Schauenden liegenden Tödi hat. Dann ging es über das Bifertenälpli und Grätli auf den Bifertenfirn, an der Schlucht vorüber, welche jetzt den Namen Schnerose führt, bis zum Fuss des Tödi, den die Wanderer ersteiglich fanden, jedoch wegen vorgerückter Tageszeit und eingetretenem Föhn zurück mussten. Ein zweiter Versuch hatte dasselbe Schicksal und war von erheblicher Gefahr an der Schneerose durch herabstürzende Eismassen begleitet.

Vollrath Hoffmann und Warnstädt sind nicht auf dem Tödi, wie sie behaupteten und vielleicht glauben mogten, sondern auf dem Sandgrat gewesen. Auch eine andere Ersteigung durch Hirten aus Linththal gehört zu den angeblichen 1833. Es wurden durch diese Angaben indess mehrere Versuche der Ersteigung veranlasst, namentlich einer von Hegetschweiler, Escher von der Linth und Steiger von Luzern, der durch schlechtes Wetter vereitelt wurde. Sie waren von der Russeinalp ausgegangen.

Erst im Jahre 1837 gelang es den Jägern Vögeli und Thut, den Tödi wirklich zu ersteigen und eine Fahne darauf aufzupflanzen. Sie waren auf dem Wege, auf dem Hegetschweiler so weit vorgedrungen war, über den Bifertenfirn hinaufgekommen und führten auf denselben Herrn v. Dürler am 18. August desselben Jahres hinauf. Dies war die erste gelungene Ersteigung, welche wissenschaftliche Zwecke verfolgte und erreichte. Ein Versuch, den 1846 G. Hoffmann aus Basel machte, misslang, weil die Schneebrücken über die breiten Gletscherspalten auf der letzten Station nicht mehr gangbar waren.

Dagegen gelang 13. August 1853 den HH. Professor Ulrich, Antiquar Siegfried und Statthalter Studer mit den Führern Gabriel Vögeli, Joh. Maduz und Th. Thut die Ersteigung des Tödi vollständig. Sie brachen um 2 Uhr Nachts von der oberen Sandalp auf und gingen über die Röthi nach dem Ochsenkopf, von wo sie, da einstweilen der Tag anzubrechen begann, den erhabenen Anblick genossen, wie die hohen Firnspitzen allmächlich vom Lichte des Tages erhellt wurden, während die Thäler noch im Dunkel ruhten. Der Bifertengletscher, welchen sie auch übersahen, bildet drei aufeinander folgende Hochplatten, die durch steile Gletscherabstürze getrennt sind. Jenseits lag der Selbsanft, Bifertenstock, Urlaun und Stockgron. Sie stiegen gegen den Gletscher hinab und suchten die zweite Platte zu erreichen, indem sie unter dem Röthigletscher weg auf das Bifertengrätli hinaufstiegen, welches eine lange aus grauem und gelbem Kalk bestehende Felsenrippe ist, die sich vom Tödi aus gegen den Bifertengletscher hinabzieht. Die Grathöhe erreichten sie gegen 6 Uhr, nahmen etwas Mundvorrath zu sich und stiegen gegen das zweite Plateau des Gletschers hinauf. Eine 50 Fuss hohe Eiswand stellte sich ihnen entgegen. Sie verbanden sich mit einem Seil, der Führer Thut hieb Stufen in das Eis und sie gelangten auf die Gletscherplatte, auf welcher sie weiter gingen, indem sie den tiefen Spalten auswichen, oder dieselben auf Schneebrücken überschritten.

Die zweite Gletscherplatte wird von der dritten mit Firnschnee bedeckten durch einen etwa 600 Fuss hohen Absturz getrennt, über welchen nicht hinaufzukommen ist. Die Reisenden bogen daher rechts (östlich) gegen die Schneerose ein. Dies ist eine mit Eis und Schnee gefüllte Schlucht, welche dadurch entsteht, dass der hier aus grauem Kalk bestehende Bifertengrat mit einem andern ähnlichen, aber aus gelbem Kalk bestehenden Grat, der sogenannten gelben Wand, zusammentrifft und einen spitzen Winkel bildet. Dieser Felsenwall senkt sich unter das Eis und ist die Ursache des Absturzes, denn wo Gletscher sich über steile Abhänge senken, zerbrechen und zersplittern

die Eismassen und bilden in starrem Zustand etwas Aehnliches, wie ein
Wasserfall bei flüssigem Wasser ist. Daher ist der Eingang in die Schlucht
schon durch Eistrümmer schwierig. In ihrem Hintergrund aber erhebt sich
eine Gletscherwand, die ebenfalls aus obigem Grunde zerrissen, in ruinen-
artigen Trümmern, Thürmen, überhängenden Zacken, die jeden Augenblick
den Einsturz droben, über die Schlucht hereinragt, und sich auf diese Weise
gegen den Gipfel des Tödi hinaufzieht. Sobald die Sonne anfängt einzuwirken
und der Gletscher zu rücken beginnt, lösen sich Trümmer von verschiedener
Grösse, mitunter ganze Eisthürme, und stürzen theils in Blöcke zerschellt,
theils zu Staub zermalmt, mit furchtbarem Getöse hinab auf den Bifertengletscher. Hegetschweiler und Dürler waren durch diesen Umstand in Gefahr
gekommen; doch bemerkten unsere Reisenden, dass am frühen Morgen der
gefürchtete Durchgang fast ganz gefahrlos ist. Sie gingen fast bis zum Hintergrund der Schlucht, dann schief rückwärts, südlich an den steilen Felsen
der gelben Wand hinauf, wo sie auf einer Platte ausruhten, dann die Wand
vollends erstiegen und nach einigen durch Firnschründe verursachten Schwierigkeiten auf das Firnplateau gelangten, welches aber eigentlich eine sehr
stark geneigte, durch Spalten zerrissene Ausbreitung des Gletschers ist;
Höhen und Tiefen waren auf ihr anders geworden seit Dürlers Ersteigung.
Nach einer Stunde, gegen 9 Uhr, war man an die Stelle gekommen, wo
der Firn sich nach N. einbiegt und zwischen Tödi und Russein ansteigt, etwa
gegenüber dem Stockgron. Dieser Firnabhang war sehr steil, etwa 45° und
mit Querspalten durchzogen, deren Breite oft 20—40 Fuss betrug und wovon
einer auf den andern folgte. An dieser Stelle hatte Hoffmann umkehren müssen·
Diesmal aber hatte ein schneereicher Winter die Spalten theils gefüllt, theils
überbrückt, andere konnten umgangen werden; gegen 11 Uhr war der Grat
nach grosser Anstrengung und mancherlei Gefährlichkeiten erreicht; der Tödi-
gipfel, der sich als ein etwa 100 Fuss hoher Schneekegel über das Firnplateau
erhob, war schnell erstiegen, etwa eine halbe Stunde weiter westlich lag
der um ein Geringes höhere, ähnliche Russeingipfel, nördlich der viel niedrigere Sandgipfel. Ein dunkelblauer Himmel wölbte sich über die blendend-
weissen Firne und die unermessliche Weite, welche, von keinen höheren
Bergen der Nähe beherrscht, das erstaunte Auge übersah.

Herr Prof. Ulrich, dessen sehr interessanter Schrift ich bei Beschreibung
dieser Ersteigung gefolgt bin, da ich bis daher nicht das Glück hatte, den
Tödi selbst zu besuchen, bemerkt, es sei unmöglich und unnütz, diese Rundschau ins Einzelne zu beschreiben. Dies ist sehr wahr. Man giebt sich in
solchen Augenblicken dem gewaltigen Eindruck hin, welchen die Natur in
ihrer Gesammtheit auf den Geist macht. Die ungeheuren Massen der Gebirge, ihre Gruppirung in Züge und Haufen, die geognostische Uebersicht,

die Firnen und Gletscher, die Thäler, Stromläufe und Seen, die Spuren
menschlichen Daseins, da unten „schwerathmend in dem Qualm der Städte,"
die athmosphärischen Erscheinungen — das alles bildet eben so viel grosse
Massen von Erscheinungen, deren jede mehr als genug ist zu stunden- und
tagelanger Beschäftigung, und als klarer, unmittelbarer Eindruck mitgenommen
sein will in einem Gesammtbild, das sich in grossen Zügen der Seele einprägt.
Wie kann man sich in solchen Augenblicken damit beschäftigen, wie dieser
oder jener Kirchthurm heisst? Die Zeit, welche übrig bleibt, und welche
sehr kurz gemessen ist, da auch der Körper sein Recht fordert, muss man
zu wissenschaftlichen Spezialitäten anwenden, die eben dadurch grössere
Bedeutung haben, weil an sie sich allgemeine Schlüsse anknüpfen, und eine
an solcher Stelle gemachte Beobachtung oft mehr Werth hat, als sehr zahlreiche andere, die man jeden Tag anderswo machen oder machen lassen kann.

Als Glanzpunkte der Aussicht vom Tödi können bezeichnet werden: Der
Monte Rosa, der Montblanc, die ganze Berner Kette, Galenstock, Sustenhorn,
Pilatus, die Jurakette, die Appenzeller Gebirge, Rhäticon und Baierische Alpen,
Selvretta, Piz Linard, Ortles und die weithin gedehnten Tyroler Alpen, die
sich in unendlicher Ferne verlieren, die Unterengadiner Berge, der Bernina
und seine hohen Nachbaren, die Berge von Oberhalbstein und Davos, Piz
Beverin, Sureta, Tambohorn, die Rheinwaldgruppe, die Berge von Vals, Vrin,
Greina und Medels, die Berggruppen um die Quellen des Vorderrheins, Crispalt, Oberalpstock u. s. w. Nicht minder anziehend ist die Aussicht auf die
nächste Umgebung, deren Schluchten, Felsenhäupter und weit gedehnte Firnen,
was bei Aussichten von hohen Punkten gewöhnlich der lehrreichste und meist
auch der schönste Theil des weiten Panoramas ist. Es versteht sich von
selbst, dass eine unendlich mannigfaltige Thalsicht diesen Ansichten der Berge
entspricht und bei hellem Wetter zahlreiche Seen aus der Tiefe heraufglänzen.
Zu bemerken ist, dass man Chur nicht sehen kann, weil man den Tödi nirgends
von Chur aus erblickt. Die Häuser in der Gegend von Chur, welche gesehen
wurden, sind wahrscheinlich die nächsten Dörfer in Schanfigg, von wo aus
ich den Tödi oft sah.

Seit dieser Ersteigung fand, so viel ich weiss, nur eine statt. Sie wurde
im Spätsommer 1859 von Herren Th. v. Hallwyl aus Bern, v. Sprecher aus
Chur und einigen Andern, mit den alten Führeren ausgeführt. Sprechers
mündliche Mittheilungen stimmen mit obigen Angaben vollkommen überein.
Auch er meinte, die Ersteigung sei eigentlich nicht gefährlich, besonders
wenn man an der Schneerose zu rechter Zeit vorbeikomme, aber die Anstrengung eines solchen Tagemarsches sei so bedeutend, dass der Genuss
wesentlich dadurch geschwächt werde, so wie es auch sehr unangenehm
sei, oben nicht anders als im Schnee zu stehen oder zu sitzen.

Mehrere im Sommer 1860 gemachten Entwürfe der Ersteigung mussten der ungünstigen Witterung wegen aufgegeben werden.

Es wäre jedenfalls von Interesse, die Ersteigung noch einmal von der Bündner Seite und zwar von der Russeinalp aus zu versuchen, denn die Lücke zwischen den steilen Wänden des Russein und Stockgron ist jedenfalls gangbar, wenn auch schwierig, aber weit kürzer als der von der Sandalp, würde dieser Weg, wenn er sich bewährte, einen bedeutenden Zeitgewinn bieten, welcher bei wissenschaftlichen Ersteigungen nicht hoch genug angeschlagen werden kann.

---

9. Disentis.

— — — Da liegt die Alpenwelt,
Die wunderbare, grosse, vor ihnen aufgehellt.
Gesunkne Nebel zeigen der Thäler reiche Lust,
Mit Hütten in den Armen, mit Herden an der Brust,
Dazwischen Riesenbäche, darunter Kluft an Kluft,
Darüber Wälderkronen, darüber freie Luft,
Und sichtbar nicht, doch fühlbar, von Gottes Ruh umkreist,
In Hütten und in Herzen der alten Treue Geist.

Wir kehren zurück an die Russeinbrücke und den brausenden Bergstrom, dessen Quellen wir hervorsprudeln sahen aus den ewigen Gletschern und dem zerrissenen Gestein der Felsenwände. Sein kurzer, wilder Lauf geht bald zu Ende, doch besitzt er die Kraft, den Vorderrhein um ein Bedeutendes auf die andere Thalseite hinüberzuwerfen, obgleich von dieser drei starke Bäche ihm ebenfalls ihre Schuttkegel zuführen.

Wir treten jenseits aus dem Walde hervor und sind überrascht über den ganz neuen Anblick, welchen wir gewinnen. Dort abwärts liegt das Dörfchen Disla und einige andere Höfe und senkt sich gegen das Dreieck zwischen den beiden Flüssen. Weiterhin breitet sich eine weit ausgedehnte Hochebene aus; abwärts fällt sie steil gegen den Rhein ab, nördlich erheben sich stufenweise bewaldete Berge, Terrassen mit Alpenweiden bedeckt, und diese stossen an steil aufsteigende, langgestreckte Grätе, über welche sich die noch höheren, Gletscher tragende Massen des Brunnigrates und Oberalpstockes erheben. Jenseits auf der rechten Rheinseite steigt der gewaltige Medelser Gletscher anscheinend unmittelbar aus dem dunklen Tannenwald auf mit hoch gewölbten, blauschimmernden Eismassen und blanken Firnfeldern, aus denen schwarze Felsengräte und hohe Zacken hervorstehen, dann öffnet sich das Medelser Thal und jenseits desselben steigen mehrere Bergreihen eine über die andere empor, hohe, schlanke, spitzige Gipfel, durchzogen von

Schluchten, mit glänzendem Schnee gefüllt und theilweise von mächtigen Gletschern umlagert. Im Hintergrund des Rheinthals aber wachsen hinter den niedrigen Höhen, welche Disentis von Tawetsch trennen, die Berge zu gewaltigen Wänden, Gräten und schneeigen Gipfeln und rücken perspectivisch zusammen, bis die vorspringenden Massen des Crispalt und die im Hintergrund gelagerten Pyramiden des Badus und seiner Umgebung die Aussicht schliessen.

Das Plateau von Disentis selbst ist von mehreren Bergwassern durchzogen. Noch vor Disla bei Madernal kommt das Tobel Lumpegia herab, etwas weiter der Bach St. Placi aus dem Felsenthal am Piz Runs, wo auf einsamen Alpen der kleine See Brit liegt, und von dem Piz Cavardiras, den von allen Seiten Gletscher umgeben, 2965 M., der Thalbach von Clavaniev. Dieser vereinigt sich in Disentis mit dem Wasser von Acleta und beide fallen als starker, wilder Bergstrom unten bei Capedre unter dem Namen Magriel in den Rhein.

Alle Reize der Alpenwelt sind ausgebreitet über die herrliche Landschaft, Firnen und Gletscher, und himmelanstrebende Bergmassen von den verschiedensten zum Theil höchst malerischen Formen, Alpen von frischem smaragdenem Grün, mit dem die ernste dunkle Farbe der Wälder wechselt, welche die Berggehänge und Schluchten hinanstreben, rauschende Bäche und Wasserfälle von den Höhen — das ist der Rahmen, in welchen das liebliche Bild gefasst ist. Unten aber auf der Hochebene drängen sich in reizenden Gruppen die Höfe, die Dörfchen mit alterthümlichen Kirchen, und in Feld und Wiesen zerstreute Kapellen, Kreuze und Heiligenbilder um ihren Mittelpunkt Disentis, das lang hingestreckt an der sanft geneigten Berglehne zu der Höhe ansteigt, wo die Abtei mit ihren langen weissen Gebäuden und Thurmspitzen stolz herabschaut auf das Thal, dessen Centralpunkt in politischer und geistiger Beziehung sie durch lange Jahrhunderte war. Man glaubt sich zurück versetzt in jene vergangene Zeit, wenn man diesen Boden betritt; wie die Luft von den Alpenhöhen umweht uns Sage und Geschichte der Vorzeit.

Nicht allein die Natur eines abgelegenen alpinen Hochlandes treffen wir hier. Ueppige Fruchtfelder umziehen noch auf 1150 M. Seehöhe die Dörfer, Kirschbäume bilden da und dort noch kleine Wäldchen und Alleen um die Wohnungen; an etwas geschützten Stellen auch Pflaumen, Aepfel und Birnen, deren Früchte selten fehlschlagen, in der Nähe der Alpenrosen prangen die Fruchtbäume in weissem Blüthenschmuck und ein bunter Blumenflor schmückt die Gärten, in denen die meisten Gemüsearten noch üppig gedeihen. Woher, wird man fragen, diese auffallende Milde des Climas hier auf so bedeutender Höhe, mitten zwischen den Eisgebirgen? Der Grund ist ein doppelter. Einmal ist es·die geschützte Lage, denn die vorspringenden Thalecken schützen

Disentis vor dem Nordwind, dann aber und hauptsächlich ist es die Einwirkung des Föhn, der von zwei Seiten, vom Gotthard und Lukmanier her, in
diese Gegend den Eingang findet, woher es denn kommt, dass hier oft schon
der Schnee geschmolzen und der Rasen grün ist, wenn bei Chur noch Felder
und Wiesen eine Schneedecke tragen; denn wir wissen, dass sich der warme
Südwind, der von der heissen Wüste herweht, nur allmählig von der Höhe
in die Tiefe senkt und dass ihm diess gewöhnlich erst nach langem Kampf
mit seinem rauhen Gegner, dem Nordwind, gelingt, der vermöge grösserer
Schwere als Polarströmung am Boden hinstreicht.

Schön ist die kurze Wanderung über diese kleine Hochebene, welche
die Natur zum abgeschiedenen Sitz glücklicher Menschen bestimmt zu haben
scheint. Aber nicht weit vom Eintritt in dieselbe treffen wir schon ein
Monument, das uns den Spruch in Gedächtniss ruft:

> Die Welt ist vollkommen überall,
> Wo der Mensch nicht hinkommt mit seiner Qual.

Eine schöne hohe Kirche steht nahe ob Disla am Wege, mit allerlei
Bildwerk verziert. Sie führt den Namen St. Placidus und vor ihr liegt eine
Steinplatte, welche die Stelle bezeichnet, wo nach der Legende das Haupt
des Märtyrers Placidus fiel. Er hatte das neue Evangelium verkündigt, im
Namen eines höheren Herrn Busse gepredigt und dabei die Grossen der
Erde nicht geschont, auch mochte Graf Victor das grosse Vermögen, das
jener besass, lieber in eigenen Händen wissen als in denen einer frommen
Stiftung; Gründe genug für einen Zwingherrn zum Mord.

Von der Kirche St. Placidus aus führt der Weg an dem Schlosse Castelberg vorüber; es mag einst ein stattliches Gebäude gewesen sein, ehe es
durch einen Brand zerstört ward, ist aber nicht sehr alt; die Familie, nach
welcher es sich nennt, und die in der Geschichte des Oberlandes oft vorkommt, hatte ihre Stammburg am Eingang von Lugnetz nahe bei Ilanz. Noch
eine kurze Strecke und wir stehen vor Disentis. Der Flecken hat sich aus
der theilweisen Zerstörung durch die Franzosen 1799 schöner wieder erhoben, hat ein städtisches Ansehen und enthält manche recht schöne ansehnliche Bauten. Eigentlich besteht er aus zwei grossen Häusergruppen, die
mit verschiedenen dazu gehörigen kleinen Orten und Höfen 1224 Einwohner
zählen. Die Hauptkirche St. Johann liegt in dem westlichen Theil und ist
ein schönes, stattliches Gebäude. Der westliche Theil steigt allmählig zu
der Höhe an, auf welcher die Abtei liegt. Sie ist gross und schön, eine
Zierde der Gegend und von dem ganzen Thal aus, so wie von weit ent-
fernten Punkten her sichtbar. Von dem alten ehrwürdigen Gebäude aber,
dessen erste Anlage in das siebte Jahrhundert fällt, ist wenig mehr übrig;
es wurde 1799 von den Franzosen zerstört, dann wieder aufgebaut, brannte

1846 zum zweitenmale ab und ist beidemale mehr in neuerem Styl wieder aufgebaut worden. Die Aussicht von da oben ist herrlich. Man sieht weit hinab in das Rheinthal bis in die Gegend von Chur, gegenüber steigen die Medelser Gebirge auf mit ihren majestätischen Hörnern und weitgedehnten, blauken Gletschern, es öffnet sich das Medelser Thal, in welches man weit hineinsieht; und nach Westen dehnt sich das Tavetscher Thal aus von einem Kreis erhabener Berge und Firnen umschlossen, denen die Quellströme des Vorderrheins entfliessen, so dass die ersten Klosterbrüder, welche wie meist die Benedictiner, in der Wahl ihrer Niederlassung sehr glücklich waren, von dort aus ihr ganzes weitläufiges Kirchspiel überschauen konnten, welches freilich damals noch nicht so bunt bewohnt und bevölkert war als jetzt, sondern in weit ausgebreitetem Urwald zerstreut lag, wie der Name Desertina, die Wüste, andeutet. Lange Zeiten, mannigfaltige Lebensbilder gehen an unserm Geiste vorüber, wenn wir von hier oben hinabschauen in die Thäler.

Es werden aus älterer Zeit einige Burgen in der Nähe von Disentis genannt, namentlich Brulf und Rigisch, altes Mauerwerk von ziemlicher Ausdehnung, liegt nicht weit von dem Einfluss des Mittelrheins; selbst die Sage weiss davon nichts zu erzählen. Eines Besuches werth ist die Capelle St. Agatha und mehr noch die kleine Kirche von St. Akleta (Kletta) wegen ihrer schönen Aussicht und eines ausgezeichneten Madonnabildes von italiänischer Schule.

In naturwissenschaftlicher Hinsicht ist Disentis sehr interessant in botanischer und zoologischer Beziehung, sowie besonders in mineralogischgeognostischer. Hierüber siehe Anhang. Vorherrschende Felsarten sind die krystallinischen. Es eignet sich der Ort zu einem Centralpunkt von vielen höchst anziehenden Excursionen, in den Gasthäusern ist man gut und billig behandelt. Von Chur bis hieher rechnet man 13 Stunden; in 8 Stunden geht man über Tavetsch und den Oberalppass nach Amsteg in Uri, eben dahin über den Brunnigletscher sind 12 Stunden, ein zwar nicht gefährlicher aber mühsamer Weg, der indess die Mühe reichlich lohnt; ebenso viel braucht man über den Kreuzlipass; der Lukmanier führt in 10 Stunden nach Olivone in Tessin.

Schöne Excursionen bilden noch die schon genannten Felsenthäler der nördlichen Kette und die erwähnten Passhöhen, auch wenn man nicht gerade beabsichtigt in die jenseitigen Thalschaften überzusteigen. Nahe ist der Eingang des Medelser Thals; dort stürzt der Mittelrhein in wilden Stromschnellen und zwei schönen Wasserfällen von der Thalschwelle über die Gneissfelsen herab. Der eine Fall namentlich ist sehenswerth, wo der wilde starke Strom in ein Felsenbecken fällt und die Wassermasse sich in diesem wirbelnd umtreibt. Je nach dem Stand der Sonne schweben farbige Bogen in wechselnder Form und Stärke über dem Staubgewölk das im Luftzuge schwankt.

Will man eine schöne Uebersicht der ganzen Gegend gewinnen, so ist ein ausgezeichneter Punkt der Piz Muraun auf der rechten Thalseite. Er liegt ungefähr dem Eingang des Russeintobels gegenüber und bildet den Höhenpunkt einer Kette, welche in dieser Richtung vom Medelser Gebirg ausläuft. Man kann ihn von verschiedenen Seiten her ersteigen und nirgends ist das eigentlich schwierig oder gefährlich, doch ist der Weg von Disentis etwas weit. Ich ging bei Caprau über den Rhein nahe an der Einmündung des Malgrielbaches und stieg dann auf einem leidlichen Alpweg die steilen bewaldeten Berghalden aufwärts, wo es etwas schwierig war, sich zurechtzufinden. Auf den Terrassen ob den Wäldern angelangt, ging ich über schöne grüne Alpengelände, die hie und da durch Schluchten unterbrochen waren, über der Alp Soliva hin, bis an den Fuss des Kegels, den ich ohne Mühe erstieg, indem ich die steilen Seitenwände vermied. Am leichtesten kommt man von der Südwestseite hinauf, der Weg von der Nordwest- und Nordseite ist etwas schwieriger, jedoch auch fast jedermann zugänglich. Die Aussicht von der Spitze, 2899 M., hat Aehnlichkeit mit der des Piz Mundaun, da der Berg eine ähnliche Lage hat; man übersieht das Rheinthal nach beiden Seiten, dazu das Sumvixer und einen Theil des Medelser Thals, gegenüber zieht besonders Disentis im Thal die Aufmerksamkeit auf sich, mehr aber noch die umgebenden Höhen, die Tödigebirge, der Oberalpstock und die Tavetscher Berge, denn wir sehen hier in all die mächtigen Spitzen hinein, die wie ein Heer geordnet sich in Ahtheilungen schaaren und in ihrer ganzen Pracht treten uns die gewaltigen Gletschermassen und Schneefelder entgegen, aus welchen jene Riesenschaaren sich erheben. Auf der Südseite aber lagern als hoch aufgethürmter Eiswall die Medelser Gebirge. Erst hier erkennt man die grossartige Ausdehnung dieser Gletscher und Firnen, die Höhe der Eiszinnen, welche die dunklen Felsenthürme verbinden, Piz Cristallina, Cima Camadra, Piz Lavaz u. s. w. Glänzend in der hellen Mittagssonne lagen da die Gletschermassen, theils in kleine Ebenen ausgedehnt, theils hoch aufgewölbt, abgebrochen, zerrissen, in Prismen zerspalten, überhaupt alle Formen, die man an dieser schauerlich grossen Naturerscheinung bewundert. Schwarze Felsenrippen ziehen durch das Eis den Gräten zu und bilden Inseln in dem Gletschermeer, das blank daliegt in den wechselnden Farben spielend, welche in so reizender Pracht bei grossen Gletschermassen abwechseln, während die höchsten Schnee- und Eisspitzen in der Sonne funkelnd wie durchsichtig erschienen durch die sapbirblaue Färbung ihres fleckenlosen Kleides.

Andere Punkte, die man von Disentis aus erreichen kann, sind die verschiedenen Spitzen des Oberalpstocks, der sich in hoch auf einander gethürmten Felsenstufen nördlich bis zu der gewaltigen Höhe des Piz Tgietschen (Cocen), 3330 M., erhebt, während er unten mit dem Cuolm da Vi beginnt und dann zu den beiden Gipfeln des Piz Ault aufsteigt. Den vorderen davon, eigentlich Crap Alv, erstieg ich im Sommer 1855 in Gesellschaft des Ingenieurs J. Betemps, welcher damals mit der Aufnahme der Düfour'schen Karte beschäftigt war. Es war ein schöner sonniger Morgen im August, der klare Himmel fing an sich dämmernd im Osten zu erhellen, als wir das Thal von Acleta hinaufstiegen. Der Weg führte über Alpenweiden, zwischen bewaldeten felsigen Höhen hinauf, dann an einer steilen Felswand in die Höhe, jedoch noch immer auf gutem Weg. Wir kamen dann auf höhere grasreiche Alpen, die mit einzelnen grossen Felsenhaufwerken überstreut waren und noch viel Schnee trugen, und wandten uns dann links durch das Thälchen Magriel, um auf den Grat zu kommen. Dieser begann steil anzusteigen und führte zwischen einem ausgedehnten Gletscher und einer mit Schnee gefüllten Tiefe hin, an einigen Stellen wurde er sehr schmal und an einer stiegen wir eine fast senkrechte Felsenwand in die Höhe. Dann folgte ein Schneefeld, über das wir zu der Kuppe aufstiegen, die schneefrei war und aus einem Trümmerhaufwerk von Granitgneiss besteht, 2982 M. An freien Stellen sprossten noch einige Pflanzen, die man auf solchen Höhen als die letzten Glieder der phanerogamischen Schöpfung findet, die Felsenblöcke waren mit Moosen und Flechten bedeckt. Die Aussicht auf dieser im Ganzen leicht zu erreichenden Stelle ist herrlich, nur nach Norden durch die andere Spitze des Berges, den eigentlichen Piz Ault beherrscht, den ich damals für den Piz Tgietschen hielt, bis ich mich später eines Anderen überzeugte. Nach West und Nordwest sahen wir hinab in das Strimthal und die Gletscher in seinem Hintergrund, zwischen ihnen und kahlen, zerrissenen Felsen windet sich der Kreuzlipass durch, nach Osten breitete sich weithin der Brunnigletscher aus, über welchen wir in die Russcinthäler hinabsahen, hinter denen sich die schwindelnden Felsenwände des Tödi, Russein, Stockgron u. s. w. mit ihren farbigen Schichtenbändern erhoben, oben gekrönt mit den Firnkuppen dieser Riesenformen des Gebirgs, hell funkelnd im Glanze der Morgensonne. Diese nächste Umgebung ist über alle Begriffe erhaben durch den schauerlich ernsten Charakter der gewaltigen Bergwelt. Hoch ragen die riesigen Spitzen auf, die Umgebung beherrschend durch ihre ungeheure Masse und man sicht da deutlich, wie durch ihr Aufsteigen das Gebirg zerrissen und zersplittert wurde. Hohe zerhackte Gräte, mit ungeheuren Sägezähnen besetzt, laufen nach allen Seiten aus, kahle Felsenrippen strecken sich in die Thäler, die durch sie vielfach

6

gespalten worden, tiefe Schluchten durchfurchen die Bergseiten und laufen
unten in schauerliche Tobel aus, glänzende Schneestreifen ziehen hinab und
die Eismassen der Gletscher breiten sich aus zwischen den Hörnern. Aber
ein liebliches Bild bot dieser Welt von Trümmern gegenüber das Rheinthal,
das wir vom Badus bis nach Chur übersahen, letzeres sahen wir deutlich
am Fuss des Mittenbergs liegen. Jenseits des Rheins erschienen hintereinander
ander gereiht die Massen der Bündner und Tyroler Gebirge Spitze an Spitze
von Schnee und Gletschern umhüllt, ein vielgestaltetes Chaos mächtiger Berggestalten; tief sahen wir in die nächsten Thäler hinein, die gegen den Rhein
auslaufen, die Passhöhe des Lukmanier erschien im Hintergrund von Medels,
und die Seitenschluchten von Tavetsch zeigten die vergletscherten Höhen,
in welche Sie eingeschnitten sind. Jenseits derselben stiegen die hohen
Bergzinnen des Monte Rosa auf, den Montblanc aber konnten wir hier nicht
sehen, wogegen die Berner Alpen und ein Theil der Urner Gebirge mächtig
hervortraten als graue zackige Felsengestalten.

Ich suchte, nachdem ich Rundschau gehalten, die Pflanzen ab, die noch
hier oben wuchsen, untersuchte die Gebirgsbildungen und machte dann den
Versuch, über den Grat nach dem andern nördlichen Horn überzusteigen.
Dies war von dieser Seite her nicht thunlich und zu einem weiten Umweg
fehlte die Zeit. Auf die Spitze zurückgekehrt, fand ich indessen Herrn Betemps noch mit seinen Arbeiten beschäftigt, legte mich zwischen die Felsen
und schlief bei auffallend warmer Temperatur einige Zeit lang ruhig auf
dieser Höhe zwischen Gletschern und Schnee. Aber die Bergspitzen fingen
an, sich mit weissem Duft zu umziehen, Nebelstreifen flatterten bald um uns
und ferner Donner rollte durch das Gebirg. Wir eilten herunter zu kommen, rutschten über die Schneeflächen hinab und erreichten das Thal noch
ehe das Gewitter sich entlud, von welchem wir unten einen heftigen Platzregen davontrugen.

Das nördliche Horn, oder der eigentliche Piz Ault kann ebenfalls von
dieser Seite aus ziemlich leicht erstiegen werden. Man geht ungefähr denselben Weg bis in das Thälchen Magriel hinter Val Acleta, wendet sich aber
dann rechts statt links, umgeht den breiteren Theil des Gletschers, übersteigt
den Grat zwischen Piz Acleta und Ault und wendet sich dann westlich
gegen diesen, indem man über das Schneefeld geht, was ohne wesentliche
Schwierigkeiten mit einiger Vorsicht ausgeführt werden kann, denn immerhin muss man sich vor Eisspalten unter dem Schnee hüten. Der Gipfel ist
sehr spitz und hat wenig Raum, ist aber im hohen Sommer schneefrei. Die
Aussicht ist dieselbe wie auf dem südlichen Horn, nur ausgedehnter, so dass
man namentlich den Montblanc sieht, eine bessere Ansicht der westlichen
und nordöstlichen Gebirge gewinnt und den Brunnigletscher und seine Um-

gebung übersieht. Nach N. und NW. ist die Aussicht durch den Piz Tgietschen beherrscht und wenn man den Piz Ault erstiegen hat, sieht man erst,
dass diese kolossale Masse mit den steil abfallenden Wänden die höchste
Spitze des Oberalpstocks ist. Der Piz Ault hat 3033 M. Höhe und besteht
auch aus Gneiss.

Es wird unsern Lesern nicht unwillkommen sein, die Beschreibung einer
Ersteigung des Piz Tgietschen hier zu finden. Da ich nicht selbst oben war,
so nehme ich die von Pater Placidus a Spescha, welche die einzige bekannte
ist. Ich gebe sie der Hauptsache nach mit Speschas Worten:

Um 3 Uhr Abends verliess ich mit einem Diener Joseph Senoner Disentis und nahm mein Nachtlager auf der Alp Run (nördlich von Disentis,
2098 M.) Am andern Morgen hatten wir früh schon die Alp und das Alpthal Laiserein durchschritten und befanden uns auf dem Berggrat, an den
Grenzen von Uri, im Hintergrund des Kärschelathals (Maderaner Thal) von
wo aus wir unsern Weg übersahen. Zu unsern Füssen breitete sich die
grosse Ebene des Brunnigletschers aus und von diesem steigt Eis und Schnee
bis zum Gipfel des Cocen (Tgietschen). Wir überschritten die Ebene ohne
Anstand, denn sie war nicht zerklüftet, dann verbonden wir uns mit einem
langen Seil, um vor den Spalten sicher zu sein. Nun wurde die Gletscher-
seite zum Theil böckerig und war mit vielen, weiten Eisschründen durchzogen. Sie streckt sich von Ost nach West, und um sie zu ersteigen, werden
2—2¹/₂ Stunden erfordert. Unter Weges trafen wir eine Eisbrücke an, welche
über einen Eisspalt gezogen und mit Verzierungen von Eis wunderbar geschmückt war. Längs einer Reihe stotziger Berge mussten wir lange hinauf-
wandern: links überflügelten wir sie, und da ragte ein niederes Felsstück
aus dem Eise hervor, worauf wir uns setzten und erfrischten.

Nun stellte sich uns ein breiter, unabsehbar langer Eisschrund entgegen,
den wir weder umgehen noch sonst überschreiten zu können glaubten; wir
wandten uns also links, um den felsigen Rücken des Berges zu ersteigen,
über welchen wir den Gipfel zu erklimmen gedachten. Unter dem Geröll
von Steinen und Eis rauschte Wasser, welches wir hervorscharrten und be-
gierig tranken. Allein der Bergrücken wurde so unwegsam, dass dies uns
seine weitere Ersteigung verleidete. Wir entschlossen uns also, uns nach
rechts zu wenden und über eine steile Schneelehne aufzusteigen, die ob
dem genannten grossen Spalt lag. Hier hätte uns fast das Verderben erreicht; denn auf dem alten Schnee lag eine Schichte neuer, welcher losbrach
und als Lawine gerade auf mich losrutschte. Ich rief meinem Diener zu:
Halte dich fest! und sprang so hoch ich konnte in die Höhe, um mich und
den Stock in den alten Schnee so tief als möglich einzusenken. Wie ein
Pfeil fuhr die Lawine über mich durch, und immer grösser werdend stürzte

sie sich in den weiten Spalt, donnernd und so stäubend, dass die Luft davon verfinstert wurde. Sie berührte meinen Diener nur sehr wenig, setzte ihn aber so in Schrecken, dass ich ihn musste ausruhen und sein Gewissen beruhigen lassen, denn er sagte, er müsse sein Gemüth zu Gott erheben und seine Sünden bereuen. Nachdem dies geschehen, schritten wir weiter und in einer Stunde war der Gipfel erstiegen. Mein Diener warf sich von Müdigkeit überwältigt auf die Steine, ich aber war durch die Lawine so aufgeregt und erfrischt, dass ich meine Beobachtungen ohne Anstand fortsetzen konnte.

Die Athmosphäre war rein, die Luft gemässigt und still, kein Haar bewegte sich; die Aussicht war unvergleichlich weit und mannigfaltig.

Auf dem Rückweg schlugen wir anfangs eine andere Richtung ein, und näherten uns dem grossen Spalt, der sich sehr verengert hatte. Wir suchten ihn zu überspringen. Ich liess Senoner zuerst den Sprung thun, indem ich ihn am Strick festhielt. Aber er sprang vor Angst zu kurz und fiel hinein, indem er ausrief: „Heiliger Antonius!“ Es ist unbegreiflich, wie ein junger Mann von 24 Jahren so von Furcht ergriffen werden kann. Ich zog ihn wieder heraus und wir kamen am Abend ohne weitere Abentheuer nach Hause.“ Spescha erzählt weiter, dass er den Berg noch zweimal erstiegen habe; zuerst von Sedrun aus mit dem Pfarrer J. Hix und dem Ziegenhirten Tergiti. Sie stiegen durch das Strimthal aufwärts bis dahin, wo sich dieses theilt, und gingen dann durch das kleine Thal Calmot in nördlicher Richtung, erstiegen den Grat (unstreitig hinter dem Piz Ault weg) und kamen so auf den alten Weg, worauf sie den Gipfel nach 6 1/2 Stunden erreichten. Allein schon vorher hatte Spescha bemerkt, dass sich der Monte Rosa und Montblanc mit Dunst umzogen, dann folgten die näheren Bergspitzen, so dass sie aus weiter Ferne die Dunstmassen immer näher rücken sahen. Spescha machte den Pfarrer aufmerksam mit dem Bemerken, die Reise werde vergeblich sein. Dieser aber meinte, man sei nun einmal so weit und müsse hinauf. Oben angelangt fanden sie den Horizont schon verfinstert, es begann ein wüthender Südwestwind zu blasen, so stark und durchdringend kalt, dass sie eiligst herabstiegen und mit starkem Platzregen nach Sedrun zurückkamen. Das Regenwetter dauerte 3 Tage, am vierten wurde es wieder hell und da die Erfahrung lehrt, dass nie bessere Umsicht ist, als wenn es eine Zeitlang gestürmt hat, so machte sich Spescha zum drittenmale auf, erstieg den Berg und fand die Umstände so günstig, dass er ein genaue Orientirung und Beschreibung der Aussicht vornehmen konnte. Auf dem Rückweg fiel seinem Begleiter, einem jungen Sennen, der Stock in einen Spalt, der wieder geholt wurde, Spescha nahm in Folge des Hinabsteigens eine andere Richtung und sank in einen andern Spalt, aus dem er mit Mühe

herauskam und beim Hinabsehen fand, dass er in's Bodenlose gefallen sein
würde, wenn er sich nicht im Schnee hätte halten können, woraus er die
allerdings für Jeden sehr beherzigenswerthe Lehre folgert, bei Gletscher-
reisen niemals den Strick zu vergessen, durch den man sich vor solchen
Unannehmlichkeiten vollkommen sichert.

Es folgt aus dem Vorstehenden, dass der Berg jedesmal von der Ostseite angegriffen wurde und dass man ihn von Sedrun aus umging, um auf
diese zu gelangen. Auf der Westseite ist ein fruchtbarer Abhang senkrecht
gegen den Kreuzlipass und die Südseite ist nicht viel besser; von allen Seiten
erscheint der Berg als eine spitze, schlanke Pyramide. Der Name, der so viel
als Rothhorn bedeutet, kommt von der roth angelaufenen Farbe des Granitgneisses, woraus er besteht. Man sieht hinab auf die ringsum gelagerten,
ungeheuren Gletscherstrecken, in das Vorderrheinthal und alle seine Seitenthäler, in das Maderaner und Reussthal und da in der Nähe der Tödi und
Russein die einzigen höheren Berge sind, so ergibt sich daraus, das die Aussicht unermesslich ist, dass man die Alpen vom Montblanc bis weit nach
Tyrol und darüber hin weite Landstriche übersieht, wo das Auge sich in
die blaue Ferne verliert. Es ist jedenfalls von grossem Interesse, diese Ersteigung aufs Neue vorzunehmen und mit den besseren Hülfsmitteln neuerer
Zeit dort Beobachtungen zu machen, welche in vieler Beziehung die Wissenschaft fördern können. Diese letztere Seite sollte Niemand ganz vernach-
lässigen; einige gewissenhaft gemachte, athmosphärische Beobachtungen, einige
Pflanzen, die an den Grenzen des organischen Lebens wachsen, auch die letzten
Vertreter des kleinen Thierlebens auf diesen Höhen, die man leicht mitnehmen
kann, einige Stücke Gestein des Berggipfels, an denen Niemand schwer trägt,
sind oft sehr wichtige Anhaltspunkte, so wie auch Jedem, der Augen und
Menschenverstand besitzt, zugemuthet werden kann, einige Beobachtungen
über das Geschene aufzuschreiben, denn das muss geschehen, weil bei den
mächtigen Eindrücken einer hohen Bergreise die verschiedenen Beobachtungen
sich leicht verwischen und verwirren. Es ist sehr zu bedauern, dass oft so
viel Kraft und Muth verschwendet wird ohne alles weitere Ergebniss, blos
um sagen zu können, man sei oben gewesen. Oft erfährt man von einfachen
Jägern und Hirten, die an Stellen Bescheid wissen, wohin man aus irgend
einem Grunde nicht kommen kann, mehr als von sogenannten gebildeten
Leuten. Das kommt daher, dass jene, wenn sie nicht ganz bornirte Subjecte
sind, deren es in allen Menschenklassen gibt, auf ihre Umgebung aufmerken
und dabei ihre Gedanken haben, das heisst mit Intelligenz sehen, diese aber
in ihrer Einbildung so geringfügige Dinge wie die oben genannten, weit
unter ihrer geistigen Sphären erblicken, das heisst ohne Intelligenz sehen.
„Sehen aber, sagt Schleiden, ist eine schwere Kunst," denn zum wahren
Sehen gehören Gedanken.

10. Geschichtliches über Disentis.

Es klinget aus alten Tagen
Wie Predigt und Chorgesang,
Es rauschet herauf aus den Thälern
Wie Schlachtruf und Schwerterklang,
Und die dort stritten und sangen,
Umhüllet ein dunkles Grab,
Drauf schauen die Alpen und Firnen
In ewiger Jugend herab.

Wir haben uns seither mit der reichen herrlichen Natur beschäftigt, welche hier mitten zwischen den Eisgebirgen den Alpenwanderer überrascht, und mit Vorliebe einen Ort geschildert, an den sich freundliche Erinnerungen knüpfen. Doch würde unsern Lesern Vieles von dem Vorhergehenden so wie in dem Ganzen unserer Schilderungen unklar bleiben, wenn wir nicht einen Blick in die Vergangenheit würfen und zwar gerade hier, da sich um die Abtei Disentis mehr oder weniger die Geschichte des ganzen Oberlandes bewegt und gruppirt.

Disentis.

Doch soll die folgende kurze Skizze durchaus nicht etwa eine vollständige Geschichte sein, sondern nur die für unsern Zweck wichtigen Ereignisse in ihrer Reihenfolge berühren. Ich bin dabei genöthigt, diejenigen Quellen zu benutzen, welche dem zu Gebote stehen, welcher sich nicht gerade mit Urkundenstudium beschäftigt, wobei es wohl erlaubt ist, den frommen Wunsch auszusprechen, dass diejenigen, welche „reinere" Quellen zu Gebote stehen, über kurz oder lang mit einer Geschichte Rhätiens hervortreten mögen, welche allen Anforderungen der Kritik entspricht und nachgerade ein Bedürfniss geworden ist.

Ueber die Zustände jener Gegenden vor dem Anfang des siebten Jahrhunderts lassen sich nur Vermuthungen aufstellen. Der Umstand, dass man durchaus keine Alterthümer aus früherer Zeit kennt und dass gewisse Denkmäler fehlen, welche sonst auch in abgelegenen Gegenden an vorrömische Bevölkerung erinnern, berechtigt zu der Ansicht, dass die Gegend von Disentis und seine Seitenthäler von ausgedehntem Urwald bedeckt waren und eine dünne, zerstreute Bevölkerung von Hirten und Jägern, in den entlegenern Theilen auch wohl gar keine hatte. Hierauf deutet auch der Name des Klosters, Desertinum (in der Wüste gelegen) doch wäre dieses wohl schwerlich da gebaut worden, hätte sich nicht schon eine Bevölkerung vorgefunden, welche man um dasselbe sammeln und zum Christenthum bekehren wollte. Die Phanthasie hat vollkommen Spielraum, sich die Zustände auszumahlen, wo der Rhein zwischen dicht bewaldeten Ufern hinfloss, die mächtigen Tannen ihre Aeste über ihn ausstreckten, zerbrochene Stämme Brücken über die Waldwasser bildeten, auf den vermoderten Resten der Baumleichen in dem feuchten Waldschatten neue Stämme üppig emporschossen aus dem moosigen Boden; wo der Bär, Wolf und Lochs ungestört diese Wildniss durchstreiften und Jagd machten auf das noch einheimische Rothwild und Heerden von Steinböcken und Gemsen über der Waldregion fröhlich und unbesorgt weideten. Die schwache, menschliche Bevölkerung war von der reichen Pflanzenwelt gleichsam überwuchert, wie wir dies wohl jetzt noch in den Wildnissen ferner Länder sehen, und im Kampf mit den Raubthieren des Urwaldes war der Sieg noch nicht entschieden.

Die ersten Nachrichten von dieser Gegend beginnen mit Legenden, denen aber geschichtliche Thatsachen zu Grunde liegen. Im Anfang des siebten Jahrhunderts, verliess St. Columbanus, der Abt des irischen Klosters Bangor oder Benchor, sein Vaterland, um als Glaubensbote bei den noch heidnischen Völkern des Continents zu wirken. Er durchzog mit 12 Schülern Gallien und kam an die Ufer des Züricher- und Bodensees. Seine Schüler liess er nach und nach zurück an den Orten, wo er gewirkt hatte, so wurde z. B. Gallus Stifter der Abtei St. Gallen; Magnoald und Theodorus blieben am Bodensee, dann zog er über Chur den Rhein aufwärts, nach andern weniger wahrscheinlichen Sagen durch das Reussthal, liess seinen letzten Schüler Sigisbert in der Einöde von Disentis zurück und ging über den Lukmanier nach Italien. St. Sigisbert legte sich eine Zelle an und lebte als Einsiedler, predigte aber den zerstreuten Bewohnern das Christenthum und gewann sie für die neue Lehre.

Damals scheinen in Trons und Sumvix die letzten grösseren Ansiedlungen gewesen zu sein; in ersterem Orte lebte der Vorsteher (Toparcha) des ganzen Thales, Placidus. Sigisbert gewann auch ihn und fand an ihm einen treuen Freund und eifrigen Gehülfen, der in kurzer Zeit seine Umgebung grössentheils bekehrt hatte. Zu gleicher Zeit, um 614, begann er den Bau eines Klosters und Bethauses an der Stelle, wo Sigisbert bisher in der Einsamkeit gewohnt hatte, und übergab diesem sein ansehnliches Vermögen. Dann zog er, das Evangelium und Busse predigend, durch das Land und kam nach Chur, wo damals Graf Victor im Namen des Frankenkönigs regierte. Dieser liess den Heiligen, dessen Reden und Entwürfe nicht nach seinem Sinne waren, gefangen nehmen und enthaupten. Sein Vermögen zog er ein. Sigisbert liess sich durch das Schicksal seines Schülers nicht abschrecken, in dem Bekehrungswerk fortzufahren und das Kloster sammt Kirche kam auch zu Stande. Um dieses sammelten sich die Bewohner der Umgegend in festen Wohnsitzen; denn dieses Verdienst hatte unbestritten der Benediktinerorden, dass er nach seinem Grundsatz, „ora et labora", aus den Wildnissen Kulturland schuf, die Barbaren zu menschlicher Gesittung heranzog, dass er der fast alleinige Bewahrer von Kunst und Wissenschaft war in einer finsteren Zeit, und durch praktischen Nutzen, den er schaffte, so wie durch überlegenes Wissen und geistige Kraft seine religiösen Bestrebungen zu fördern wusste. Wo und wie lange die Benediktinerklöster diesem ursprünglichen Geist ihrer Stifter treu blieben, haben sie gerechten Anspruch auf den Dank der Völker gehabt.

Nicht lange nach Placidus Tod ertrank Graf Victor im Rhein und das Volk nannte dies eine gerechte Strafe jener Uebelthat. Einer seiner Nachkommen, Tello, Bischof von Chur, suchte diese zu sühnen und den Hass von dem Andenken seines Ahnherrn zu entfernen, indem er dem Kloster Disentis reiche Schenkungen machte und die bisherigen ärmlichen Kirchen- und Klostergebäude durch stattliche Bauwerke ersetzte. Andere Schenkungen folgten und bald ward die Abtei mächtig und reich. Es folgten von da aus Niederlassungen in Medels, Tawetsch und Ursera, welche alle anfangs von der Mutterkirche in Disentis abhingen und erst später selbstständige Kirchspiele wurden.

König Pipin der Kurze soll 755 auf seinem Zuge gegen den Longobardenkönig Aistulph über Disentis und den Lukmanier nach Italien gezogen sein und das Fränkische Heer in der Umgebung des Klosters gelagert haben;

670 ward dieses von den Avaren, die man, wie die späteren Magyaren, auch wohl Hunnen nannte, geplündert und grösstentheils zerstört. Der Abt hatte sich mit Reliquien und Kostbarkeiten nach Zürich geflüchtet, einige zurückgebliebene Mönche aber waren ermordet worden. Abt Adalbero stellte das Kloster nothdürftig wieder her, erst durch Tello's Schenkungen erholte es sich. Mehrere der folgenden Aebte bestiegen den Bischofsstuhl zu Chur.

Die Angabe, dass Karl der Grosse in Disentis gewesen sei und das Kloster noch weiter ausgebaut habe, ist eine Verwechslung oder eine blosse Sage. Dagegen that dies Kaiser Otto der Grosse, 940, nachdem er die Ungarn auf dem Lechfelde besiegt, denn diese waren damals bis ins Rheinthal vorgedrungen und hatten Disentis nochmals ausgeplündert. Er schenkte dem Kloster ansehnliche Liegenschaften und Privilegien. Der damalige Abt hiess Waldo. Auch Kaiser Heinrich II und seine Gemahlin Kunigunda sollen das Kloster mit Gütern und Privilegien beschenkt haben, 1018. Ueberhaupt entwickelte sich die Abtei bis zu der Zeit, wo die Waldstädte die Eidgenossenschaft gründeten, unter etwa 36 Aebten zu innerer Festigkeit und äusserer Bedeutsamkeit, und war allgemein sehr geachtet. Jetzt kamen unruhige Zeiten, denn die Aebte standen auf österreichischer Seite und waren mithin Gegner der Eidgenossen, welche ihnen daher Boden abzugewinnen suchten. Die erste Gelegenheit bot sich im Urserenthal.

Dieses Thal war von Tawetsch aus, vielleicht auch theilweise von Wallis aus bevölkert und gehörte zu Disentis. Der St. Gotthard hiess damals Forti nei und war um 1300 nur als Alpenweide bekannt, die von den Aebten sowohl als von den Bewohnern des Liviner Thales benutzt wurde. Um 1319 finden wir den Pass, in einem Vertrag des Abtes Wilhelm von Plarezia mit den Urnern angeführt; damals wurde ein besserer Durchgang an der jetzigen Teufelsbrücke gebahnt. Das Hospiz legte man erst gegen Ende des 14. Jahrhunderts an und noch später wurde zu Ehren des heiligen Gotthard eine Kapelle dabei gebaut, welche dem Pass und Berg den Namen gab. Einige Zeit nachher verkauften die Aebte diese Alpen an die Gemeinde Airolo. Nachdem 1308 die Waldstädter ihrer Zwingherren auf bekannte Weise ledig geworden, lernten die Urserer die Freiheit kennen, da sie durch die seit Kurzem geöffnete Gotthardstrasse mit Uri in leichtem Verkehr standen. Die Urner aber brauchten den Gotthardpass wegen ihrer später meist feindseligen Verhältnisse zu dem Land südlich des Gotthards, welche schliesslich zur Eroberung von Tessin führten. Abt Wilhelm von Planezia (Planaterra) blieb zwar neutral bei dem Morgartner Krieg, in welchem der Rhätische Adel unter dem Grafen von Montfort auf Oesterreichs Seite focht, soll jedoch die Urserer wegen Zuzug, den sie den Urnern geleistet hatten, getadelt oder gestraft haben; 1319 soll er mit den Urnern ein Bündniss geschlossen haben, diese aber griffen 1321 Urseren an, wurden jedoch durch des Abtes Leute geschlagen; dann wurde der Streit friedlich beigelegt, weil die Unterwaldner und Schwyzer den Urnern zu Hülfe kommen wollten.

Auf's Neue kam es zum Kriege, 1331, als Abt Martin von Sax, der es mit Friedrich von Oesterreich gegen Ludwig von Baiern hielt, den Urnern den Gotthardspass auf Ansinnen der Oestereichischen Herzöge Albrecht und Otto schloss. Die Urserer, auf Veranlassung des Ritters Heinrich von Hospital, widersetzten sich dem und erhielten Zuzug aus Uri, Schwyz und Unterwalden. Der Abt schickte einen Heerhaufen hinauf, sich Gehorsam zu erzwingen und am südwestlichen Ende des Oberalpsees, umgeben von den riesigen Gebilden der Alpenwelt war die Schlacht. Nach einigem Widerstand wichen die Urserer und die Gotteshausleute verfolgten sie des Sieges gewiss. Da ertönte von rechts her aus dem Thal der hinteren Fälli das Horn von Uri, und heraus stürzten die Eidgenossen, den Leuten des Abtes in den Rücken fallend, während auch die Urserer wieder Stand hielten. Die Oberländer nach verzweifeltem Widerstand erlagen, es fielen ihrer bei 500, ihr Anführer ward gefangen mit vielen Anderen, die übrigen versprengt. Aber Abt Martin gab seine Sache nicht verloren. Er sammelte eine neue Streitmacht, und als im Winter die Berge mit Schnee bedeckt waren, überfiel er seinerseits die Urserer und Urner, die um diese Jahreszeit keinen Feind erwarteten und wie es scheint vereinzelt erlagen. Es fielen ihrer 300, die andern ergaben sich und wurden vom Abte begnadigt. (Dieser Sieg des Abtes wird von Andern gar nicht erwähnt.) Indessen starb Abt Martinus bald darauf, 1333, und ihm folgte Thüring von Attinghausen, ein Urner, bisher im Kloster Einsiedlen. Er war ein Mann von mildem, versöhnlichem Geist, der auch sonst gerühmt wird, und brachte Versöhnung zu Stande, so dass er Ursera behielt, den Eidgenossen aber freien Pass gewährte und mit ihnen ein Bündniss einging, wodurch auf längere Zeit dort Ruhe eintrat.

Ein Streithandel mit dem Bischof von Chur wurde durch Walther von Belmont beigelegt, wiewohl von jener Zeit her eine gewisse Rivalität zwischen dem Bischof und dem Abt und überhaupt Chur und Disentis nicht zu verkennen ist. Die Aebte suchten sich durch Bündnisse zu stärken, die sie mit den Rhätischen und andern Herren so wie mit Glarus schlossen; auch nach andern Seiten erweiterten sich die Beziehungen; das Medelser Thal bevölkerte sich mehr und mehr und die Strasse über den Lukmanier wurde durch Anlage von Hospizen in gangbaren Zustand versetzt.

In eine sehr wichtige Periode fällt die Verwaltung Peters von Pontaningen 1401—1446 oder 1456 und er hat den seltenen Ruhm, seine Zeit vollkommen verstanden zu haben und ihr gewachsen gewesen zu sein. Damals regte sich der Geist der Freiheit in allen Theilen des Rhätischen

Landes, und mit weiser Einsicht in die Verhältnisse, fasste der Abt den Plan, die Herren und das Volk zu gemeinsamem Streben zu vereinigen, durch Feststellung beiderseitiger Rechte und Pflichten das Wohl der Gesammtheit zu sichern und die verschiedenen Elemente zu einem festen Bund zu verschmelzen. Wie ihm dieses gelang, ist oben unter dem Artikel Trons erzählt. Er wurde der Stifter des oberen oder grauen Bundes, an welchen sich die übrigen Theile Bündens später anschlossen, um zusammen einen starken Freistaat zu bilden. Ehre dem Manne, welcher durch die Kraft seines umfassenden Geistes die widerstrebenden Interessen versöhnte und ausglich, die leidenschaftlichen Gemüther zähmte und als weiser Baumeister die wilden Kräfte jener Zeit zum Bau der Freiheit verwandte und leitete.

Dessen ungeachtet hatte Peter von Pontaningen grosse Schwierigkeiten auf dem streitigen Gebiet von Ursern. Schon 1402 zogen die Urner erobernd in das Liviner Thal, und ihre fortwährenden Fehden jenseits des Gotthard machten ihnen den Pass nothwendig. Immer mehr schlossen sich die Urserer an sie an; die Aebte sahen dies alles ungern, mussten es aber geschehen lassen. Bei Gelegenheit eines Rechtshandels, wo es sich um das Recht des Blutbannes handelte, den der Abt nicht persöhnlich ausüben konnte, trat Ursern mit Uri in ewige Gemeinschaft, jedoch sollten dem Abt seine Rechte bleiben. Dennoch trat 1424 – 25 neuer Streit ein. Peter von Pontaningen ging hinüber, versammelte die Landesgemeinde und redete sie an: Ihr Männer des Thales, was höre ich von euch? Wisst ihr nicht mehr, von welchem Volke ihr seid, welche Väter euch erzeugt, welche Mütter euch erzogen haben? Durch die Vorsehung des Allerhöchsten bin ich euer geistlicher und weltlicher Vater geworden. Vermöge Gottes Beistand habe ich vor einem Jahre die Rhätischen Parteien vereinigt und dem Bunde der Graubündner Freiheit, Gerechtigkeit und Frieden geschenkt. Nun komme ich zu euch als friedfertiger und liebender Vater, um euch zu befragen: Wollt ihr Männer vom Kreuze des hl. Placidus sein oder vom Ringe von Uri? Die Versammlung rief einstimmig: „Wir wollen Männer vom hl. Placidus sein!" Es ward darauf eine Urkunde aufgesetzt und beschworen, vermöge welcher dem Abt seine bisherigen Hoheitsrechte, den Urserern ihre erworbenen Freiheiten und den Urnern ihre Gerechtsame verblieben und die streitigen Punkte ausgeglichen wurden. Zum Zeichen der Lehensabhängigkeit überreichte der Thalammann, der vom Abt bestätigt werden musste, dem letzteren ein Paar weisse Handschuhe. Diese Ceremonie soll noch 1785 geübt worden sein.

Was aber der Sachlage nach nicht verhindert, sondern durch das Ansehen des allverehrten Mannes nur verschoben werden konnte, geschah später dennoch; Ursern schloss sich an Uri an und trat auf dem Wege des Vertrages zu diesem über. Es ist hier nicht der Ort, diese zum Theil sehr schwierigen, geschichtlichen Verhältnisse zu erledigen.

Die nächstfolgenden Zeiten haben wenig allgemeines Interesse; die
Aebte spielten immer eine wichtige Rolle in der Geschichte des oberen
Bundes, die seit dem Bundesvertrag zu Vazerol 1471, ziemlich mit der
von Graubünden zusammenfällt. Die Aebte waren Lehensträger des deutschen Reiches und erhielten von verschiedenen Kaisern immer neue Privilegien. So sollen sie von Kaiser Friedrich III. das Münzrecht erhalten
haben, und erschienen auf verschiedenen Reichstagen, so wie auf den Con-
cilien. Kaiser Maximilian II. erhob 1570 den Abt Christian von Castelberg
in den Reichsfürstenstand und von dieser Zeit an besitzt Disentis bestimmt
das Münzrecht. Bei den Versammlungen des grauen Bundes hatte der Abt
den Vorsitz.

An dem Schwabenkrieg 1499, so wie an andern kriegerischen Unternehmungen der Bündner nahmen die Oberländer rühmlichen Antheil. Die
Reformation fasste nur in den unteren Theilen des Thales festen Fuss, in
den oberen überwog der Einfluss des Klosters, sie blieben katholisch. Der
durch die Religionstrennung herbeigeführte Zwiespalt konnte natürlich nicht
ohne Einfluss bleiben, doch wurde hier der Kampf weniger durch die Waffen
als auf andere Weise geführt; es würde zu weit führen, diese Verhältnisse
zu entwickeln, welche ohne eine gründliche Erörterung doch unverständlich
bleiben, so wie dies auch mit den unseligen Wirren der Religionskriege der
der Fall ist, die Bünden an den Rand des Verderbens brachten, und wo
zuletzt wie in dem gleichzeitigen Dreissigjährigen Kriege in Deutschland die
Religion nur Vorwand war, hinter welchem sich beiderseits politische Par-
teiung und anderweitige Bestrebungen und Leidenschaften verbargen. Nur
einer Episode aus jener traurigen Zeit müssen wir Erwähnung thun, weil
sie die Gegend nahe betrifft, welche wir behandeln.

Aus Misstrauen gegen die protestantischen Landestheile hatte der graue
Bund verweigert, an den Zügen Theil zu nehmen, welche unternommen wurden,
um die Veltliner für die Ermordung von mehr als 500 Protestanten zu be-
strafen und den drei Bünden wieder zu unterwerfen, 1620. Auch suchte man
Unterstützung bei Oesterreich und Spanien und bei den 5 katholischen Orten.
Diese rückten mit 1500 Mann in den oberen Bund und dieser besetzte Domleschg. Da brachen die Engadiner, Bergeller u. s. w. auf, zogen über den
Schyn, vertrieben ihre Gegner aus Domleschg, verfolgten sie, schlugen sie
bei Valendas 2. April 1621 und vertrieben sie rasch das Rheinthal hinauf.
Ilanz wurde genommen, Lugnetz ergab sich und vereinigte sich sogar mit
den Engadinern. Da erschienen letztere vor Disentis, das ohne eigentlichen
Widerstand genommen wurde, und plünderten das Kloster, wurden jedoch
durch ihre Führer von weiteren Verwüstungen abgehalten. Der Abt Sebastian
von Castelberg hatte sich jedoch mit den werthvollsten Gegenständen und

den übrigen Kapitularen über den Lukmanier geflüchtet. Die flüchtigen Waldstätter erlitten noch eine Niederlage auf den Bergpässen nach Ursera durch eine Schaar Prätigauer. Der obere Bund musste seinem Bündniss mit den Auswärtigen entsagen, jedoch wurden ihm die aufgelegten Strafgelder erlassen. An den folgenden Ereignissen nahm der obere Bund wenig thätigen Antheil, litt jedoch ebenfalls durch Truppendurchzüge und die pestartige Krankheit, welche Bünden von 1627—31 verheerte. An dem endlichen Friedensschluss zu Bregenz nahm für das Oberland C. von Castelberg mit Johann Buwier und Meinrad Buol Theil 1642. Es sind jene Zeiten, über welche wir hier flüchtig hinweggehen mussten, ein trauriges Blatt in der Rhätischen Geschichte, beachtenswerth aber und zu genauer Einsicht zu empfehlen für Jeden, der es mit seinem Vaterlande wohl meint; denn die Neigungen und Leidenschaften des Menschen bleiben zu allen Zeiten dieselben, aus der Geschichte der Vorzeit aber, bei welcher wir selbst nicht mehr betheiligt sind, können wir mit unparteiischem Blick ersehen, wohin sie führen, und wie das Heiligste missbraucht wird, um ihnen zu dienen.

Zu den Uebeln, welche Leidenschaften und Verblendung der Menschen herbeiführten, gesellten sich verheerende Krankheiten. Schon 1556 wüthete durch ganz Bünden eine Seuche, die in Chur allein 1400 Personen wegraffte. Im Oberland scheint sie später aufgetreten zu sein; alte Handschriften sprechen von einer solchen Krankheit 1568, der 600 Menschen in Disentis und Tavetsch erlegen seien. Eine andere wird 1584 angegeben, woran in Tavetsch allein 800 Leute starben, in Disentis 500, in Sumvix 520. Damals sollen die Klostergeistlichen und der Abt Castelberg sich durch Sorge für die Kranken ausgezeichnet haben. Auch in dem Unglücksjahr 1618 wird ein, wiewohl nicht so ausgedehntes Sterben angegeben. Verwüstender als dies alles war die mehrere Jahre anhaltende Pest, welche 1627 sich zuerst im Hof zu Chur zeigte, verschiedene Male nachliess und wieder erschien und bis 1631 anhielt, nach Andern noch länger; die Angabe, dass sie im Oberland noch 1637 geherrscht, ist unstreitig eine Verwechslung. Man nannte sie hier Moria dellas Biergnas, Beulenkrankheit. In ganz Bünden starben damals mehr als 20,000 Menschen. Die Ortschaften verödeten, wer konnte, flüchtete auf entlegene Alpen, aber auch die dies thaten, entgingen nicht alle dem Verderben. Auf einem Maiensäss bei Sedrun fand man eine Frau aus der Familie de Medel mit ihren beiden Kindern, welche Zwillinge waren und an den Brüsten ihrer todten Mutter sogen. Die Knaben blieben merkwürdiger Weise am Leben und wurden später der eine Abt von Disentis, der andere Landrichter. Ungeachtet dieser schauerlichen Geschichten, scheint die Krankheit im Oberland weniger Opfer gefordert zu haben, als in den unteren Gegenden.

Die Zeit der Ruhe von da an bis zur französischen Revolution unterbrachen nur unbedeutende Ereignisse, die für uns keine Wichtigkeit haben. Dass sich viele Oberländer wie andere Bündner in fremdem Kriegsdienst Ruhm erwarben, kann hier ebenfalls nur berührt werden.

Die Revolution brachte schwere Zeiten über Disentis und das ganze Oberland.

Die alte Eidgenossenschaft mit ihrer seltsamen Mischung von Freiheit und aristokratischer Gewaltherrschaft war 1798 zu Grabe gegangen, Bern und dann die Waldstätte waren nach heldenmüthigem, aber unglücklichem Kampfe der französischen Uebermacht erlegen und nach der Sieger Gebot war auf den Trümmern der alten Institutionen die Helvetische Republik errichtet worden. Daran hatten Viele mitgeholfen, welche es mit ihrem Vaterlande aufrichtig wohl meinten und glaubten, es seien die vorhandenen Uebelstände nicht anders als durch äussere Gewalt zu beseitigen, abernicht bedachten, dass die Umgestaltung der politischen und socialen Verhältnisse eines Volkes von diesem selbst und von innen ausgehen muss, und dass selbst das Gute, wenn es gewaltsam aufgedrungen wird, unwillkommen ist. Steht nun noch mit der gebotenen Freiheit, Abhängigkeit von dem Befreier in Aussicht, so mag sie das Volk nicht mehr und hat recht daran.

Ganz eben so war es auch in Bünden, das zu der Zeit nur ein zugewandter Ort der Eidgenossenschaft war. Die alten Zustände waren morsch und faul und bei den unzähligen, sich kreuzenden Interessen schien es unmöglich, die durchgreifende Reform auszuführen, welche allein helfen konnte; ausserdem konnte man, zwischen mächtigen, kriegführenden Staaten eingeschoben, kaum hoffen, Selbstständigkeit und Nationalität zu behaupten. Aus diesen und andern Gründen glaubte eine starke Partei, welche zum Theil aus tüchtigen Männern bestand, das Heil in einer Vereinigung mit der Helvetischen Republik zu finden; sie hielten es demgemäss mit Frankreich. Andern ging die Unabhängigkeit über alles und darunter waren auch Männer des Fortschritts, während allerdings Andere theils aus blinder Anhänglichkeit an das Alte, weil es eben bisher so gewesen, theils aus vielerlei andern Interessen für die Fortdauer der bisherigen Zustände waren. Diese alle suchten nun naturgemäss eine Stütze in Oesterreich. Das Volk war grösstentheils gegen die Vereinigung und hielt an seiner Selbstständigkeit fest. Den Franzosen musste selbstverständlich eine Vereinigung von Bünden mit Helvetien sehr wünschenswerth sein; denn sie entzogen dadurch ein wichtiges Stück Land dem Oesterreichischen Einfluss, bekamen die Alpenpässe in ihre Hände und konnten den verhassten Gegner von da aus auf sehr empfindliche Weise bedrohen und schädigen. Oesterreich musste dagegen aus eben den Ursachen das Gegentheil anstreben und hatte durch alte Verträge und den Besitz der Herrschaft Rhäzüns ohnediess schon festen Fuss im Lande. Seine Interessen wurden durch den Gesandten von Kronthal vertreten, die Franzosen schickten den Gesandten Guyot, wie es scheint mit sehr ausgedehnten Vollmachten. Er nahm seinen Sitz in Reichenau, wo auch der Sammelplatz der französischen Partei war und der Kampf begann mit einem widerwärtigen Intriguenspiel, worin beide Parteien wetteiferten, bis endlich Guyot das Land verliess und französische Truppen sich an den Grenzen sammelten.

Durch diesen Umstand wurde die bisher unparteiische Regierung auf die Oesterreichische Seite gedrängt. Schon vorher hatte man gewaffnet, jetzt trat die Republik offen mit Oesterreich in Bund und dieses schickte etwa 6000 Mann und 14 Geschütze unter General Auffenberg. Diesen schlossen sich die Bündner Truppen und der Landsturm an, und stellten sich unter Auffenbergs Commando.

Jetzt begann der Kampf. Oudinot und Massena gingen unterhalb Luziensteig über den Rhein, ersterer beschäftigte den General Hotze, der mit der Hauptmacht der Oesterreicher in Feldkirch lag, letzterer stürmte die Verschanzungen auf der Steig und nahm sie nach blutigem Kampf am 6.—10. März 1799. Zu gleicher Zeit war General de Mont über den Kunkelser Pass nach Reichenau vorgedrungen, hatte die Oesterreicher von dort vertrieben und operirte nun im Rücken Auffenbergs gegen Chur, während Massena von der Steig aus unwiderstehlich vordrang. Da ergab sich Auffenberg mit seinem ganzen Corps, nur die Reiterei zog sich über die Berge nach Engadin und Tyrol zurück. Die Franzosen besetzten Chur, plünderten die Häuser der Oesterreichischgesinnten; Massena setzte eine provisorische Regierung ein und schickte 61 angesehene Leute als Geiseln nach Frankreich. Von da an trat Bünden in die Helvetische Republik ein.

Zu gleicher Zeit mit diesen Begebenheiten drangen französische Schaaren gegen Disentis vor. Dort hatte die Bündner Volksbewaffnung mehr Energie entwickelt als im untern Land, was wohl auch daher kam, dass man ziemlich einstimmig war im Hass gegen die Franzosen. Man hatte ein Corps Jäger gebildet, den Landsturm organisirt und alte Officiere leiteten als Kriegsrath das Ganze, namentlich nach dem Rathe von L. Caprez und A. Castelberg. Welchen Antheil das Kloster an diesen Dingen hatte, ist nicht recht klar; der Abt Lorenz zog sich von Allen zurück und flüchtete auch mit der Mehrzahl der Conventualen bei Annäherung der Franzosen nach Trons; Pl. a Spescha, der mit einem andern Klosterbruder geblieben war, verblieb in einer neutralen Stellung und suchte das ihm anvertraute Kloster zu bewahren. Man hat von ihm eine Beschreibung dieser Begebenheiten, worin er sich aber über obigen Punkt nicht näher ausspricht.

Am 6. März rückten die Franzosen in das Oberland ein. Die Hauptmacht kam unter Loison über die Oberalp, etwa 1500 Mann stark, eine andere Schaar von etwa 300 kam über den Lukmanier. In Tavetsch zog sich der Landsturm langsam vor dem anrückenden Feind auf Disentis zurück, indem er an geeigneten Stellungen Widerstand leistete. Die Franzosen folgten, während die Einwohner flohen, die waffenfähige Mannschaft aber sich zur Gegenwehr stellte. Jene plünderten die Dörfer und begingen sonst verschiedene Excesse. In Sedrun ermordeten sie auf barbarische Weise zwei Geistliche, F. Wenzin und J. Condrau. Auf ähnliche Weise trieben es die über den Lukmanier Eingefallenen im Medelser Thal; doch fanden sie niemanden als eine alte kranke Frau, welcher sie kein Leid zufügten, sondern ihr Lebensmittel brachten. Dagegen plünderten sie die Dörfer, fanden jedoch wenig, da die Einwohner das Werthvolle mitgenommen hatten. Was sie nicht brauchen konnten, trugen sie auf Haufen zusammen und meinten, die Weiber würden ihre Last haben, wenn sie ihren Hausrath wieder auseinander lesen müssten. Diese Excesse und Verhöhnung erklären den späteren Zorn der Medelser und Tavetscher.

Mittlerweile eilten Boten nach allen Richtungen von Disentis aus, und durch alle Thäler tönten die Sturmglocken, den Landsturm zum Kampf aufrufend, der von allen Seiten herbeiströmte, mit wilder Begeisterung zur Schlacht. Selbst Frauen hatten die Waffen ergriffen. In den Reihen der Tavetscher sah man namentlich zwei solche, Scholastika Riedi und Kathar. Beer, mit Morgensternen bewaffnet, welche sie wacker gebraucht haben sollen.

Früh Morgens am 7. März rief die Sturmglocke die Streiter zusammen, erst zum Gottesdienst in der Klosterkirche, wo alle feierlich dem Lande Treue gelobten, dann zur Schlachtordnung. Die Jäger und eine Compagnie Oesterreicher standen bei der Kirche St. Johann, der Landsturm auf den benachbarten Höhen. Dichter Nebel lag auf diesen und verdeckte die mit Morgensternen, Keulen, Sensen, Picken und anderen Schlag- und Stosswaffen Gerüsteten. Die ganze Gegend war noch mit tiefem Schnee bedeckt.

Ein französischer Parlamentär erschien und fragte, im Auftrag Loisons, ob man sich ergeben oder schlagen wolle. Der Kriegsrath antwortete: „Wir wollen schlagen."

Der Feind, welcher einstweilen die nach Tavetsch hin gelegenen Orte besetzt hatte, rückte vor. Die Vorposten der Bündner wichen langsam zurück und erst bei St. Johann machten sie Halt, wo die Oesterreicher und die geordneten Bündner in Schlachtordnung standen. Gegen diese richteten die Franzosen nun einen lebhaften Angriff. Die Oesterreicher verloren eine Anzahl Todte und Verwundete, worauf sie wichen und durch den Flecken sich ziemlich schnell bis nach St. Placidus zurückzogen. Einige behaupten, dies sei nach Castelbergs Plan geschehen, Andere, sie seien wirklich geflohen. Jedenfalls entstand daraus Unordnung und theilweise Flucht der Bündner auf der Ebene vor Disentis. Die Franzosen folgten bis in die ersten Strassen des Ortes. Hier entstand ein furchtbares Gedräng in den engen Gassen, die Bündner stellten sich von diesem begünstigt zur Gegenwehr und schlugen die nächsten Verfolger nieder; in unmittelbarer tödtlicher Nähe kämpfte Mann gegen Mann, an Zürückweichen war nicht zu denken. In diesem entscheidenden Augenblick brach der Landsturm los, der bisher ruhig auf der Halde gestanden hatte. Mit furchtbarem Geschrei wälzte sich einer Lawine gleich die dichte ungeordnete Masse von der Höhe herab, alles vor sich niederwerfend durch ihren gewaltigen Stoss. Was von Franzosen widerstand, ward niedergeschmettert durch die Morgensterne und Keulen, welche die nervigen Arme der Oberländer mit so verderblicher Kraft schwangen, dass nachher fast nur von Todten, nicht von Verwundeten die Rede war. Da lösten sich die zersprengten Reihen auf und wandten sich zu unordentlicher wüster Flucht, die Oesterreicher kehrten um, die Bündner Schützen richteten vom Kirchhof St. Johann aus ein schreckliches Feuer auf den fliehenden Feind. Dieser versuchte noch einmal mit dem Rest seiner Mannschaft sich bei Mompé zu stellen; vergebens, die Tavetscher eilten auf Seitenwegen voran und, um nicht abgeschnitten zu werden, mussten die Franzosen den eiligsten Rückzug nehmen, der bald wieder zur allgemeinen Flucht wurde. Fortwährend verfolgt, fortwährend Leute verlierend, erreichten sie endlich die Höhe des Oberalppasses. Aber dorthin war ihnen eine kleine Schaar Oberländer vorangeeilt und griff sie mit unglaublicher Todesverachtung an. Diese nun, man sagt es seien nur 8 gewesen, erlagen der Uebermacht, nachdem sie eine Anzahl Feinde getödtet, und zwei nur entkamen, von einem erzählt man, er sei durch sein eigenes Gewehr gefallen, welches losging, während er einen Franzosen mit dem Kolben niederschlug. Einer wurde gefangen, entwischte aber nachher. Auf der Passhöhe hörte die Verfolgung auf, Loison erreichte mit den Trümmern seiner Macht Ursera. Die über Medels eingedrungenen scheinen nur zum Theil am Kampfe Theil genommen zu haben, die Uebrigen flohen eilig über den Lukmanier; eine Abtheilung von Loisons Heerhaufen, welche auch diesen Weg einschlagen wollte, weil sie abgeschnitten war, wurde an der Mündung des Mittelrheins theils erschlagen, theils gefangen.

Die Angaben über den Verlust der Franzosen sind sehr verschieden. Spescha gibt 100 Todte und 30 Verwundete an, worunter er aber nur die unmittelbar bei Disentis gefallenen zu verstehen scheint; eine andere Angabe, wahrscheinlich die sicherste, im Ganzen 400 Todte, eine dritte 800 Todte, 50 Verwundete und 100 Gefangene. Letztere sollen meist von den Oesterreichern gemacht worden sein, die Bündner „hätten nicht viel Pardon ge-

geben " Die Verwundeten waren wegen der Natur der Waffen meist schrecklich zugerichtet; sie wurden indess, nachdem die Wuth des Kampfes vorbei
war, gut behandelt und im Kloster verpflegt; so auch die Gefangenen, die
sogar an dem Siegesfest Antheil nehmen mussten, wobei sie sich ganz wohl
befunden haben sollen.

Diese Freude dauerte nicht lange. Schon am 9. März kam die Nachricht von dem vollständigen Sieg der Franzosen an der Steig und bei Chur.
General de Mont rückte gegen das Oberland vor und drohte mit Feuer und
Schwert, wofern man sich nicht ergebe. Ilanz und Lugnetz hatten sich
schon unterworfen.

Unter solchen Umständen wäre Widerstand eine Thorheit gewesen.
Dennoch verlangte das Volk, nachdem der erste Schrecken vorüber war,
Fortsetzung des Kampfes und gefährlich war es für die Führer, ihre bessere
Einsicht auszusprechen. Endlich sprach ein Geistlicher, Pater Basil, zu der
bewaffneten Landesgemeinde und überzeugte sie von der Nothwendigkeit, zu
unterhandeln. Oberst Castelberg, Plac. a Spescha und einige andere angesehene Männer gingen zu de Mont, den sie bei Tavanasa trafen. Sie wurden mit harten Worten empfangen; da aber der General ein geborener
Bündner aus Villa in Lugnetz war, mochte er andere Gefühle im Herzen
tragen als er aussprach, und es kam eine Capitulation zu Stande, nach
welcher vollständige Vergessenheit des Geschehenen, Sicherheit der Personen
und des Eigenthums und freie Religionsübung versprochen wurde. Der Landsturm ging auseinander, die Oesterreicher wurden kriegsgefangen. De Mont
zog in Disentis ein und nahm Quartier im Kloster, ebenso Loison, der einstweilen auch von dem Geschehenen benachrichtigt war. Beide sprachen ihre
Zufriedenheit mit der guten Behandlung der Gefangenen und Verwundeten
aus und zogen mit Hinterlassung einer kleinen Besatzung weiter nach Tyrol.

Aber kaum hatten sich die Kriegshäupter entfernt, die es mit der Capitulation ehrlich gemeint hatten, als das damals gewöhnliche System der
Erpressungen und Contributionen durch französische Commissarien begann.
Dem Kloster wurden 100000 Fr. Busse aufgelegt, weil es gegen die grosse
Nation conspirirt habe u. s. w. Da so viel Geld nicht vorräthig war, wurden Kirchengeräthschaften und andere Kostbarkeiten des Klosters und selbst
einzelner Conventualen hergegeben, eine Mineraliensammlung, die Spescha
angelegt hatte, ging denselben Weg. Die Sachen wurden nach Chur ge-
schafft, die Kirchengeräthschaften u. s. w. zum Theil von bedeutendem
antiquarischen Werth, gewogen, zusammen geschlagen und geschmolzen und
doch fehlten noch 20,000 Fr., welche aber endlich erlassen wurden. Aehnliche Plackereien wurden gegen die Gemeinden und Privatpersonen ausgeübt;
das Volk sah ein, dass es betrogen war und nährte Gedanken der Rache.

In Tavetsch und Medels hielt man nächtliche Versammlungen, wie in alter Zeit und verabredete einen neuen Aufstand, die Waffen wurden nicht abgeliefert, wie die Franzosen wollten, und neue bereitet. Da kam den Verschworenen die willkommene Kunde, die Oesterreicher würden am 1. Mai von der Steig, Tyrol und Livigno her die Franzosen in Bünden angreifen, die Bündner sollten zu derselben Zeit losschlagen und zu ihrer Vernichtung mithelfen.

Wirklich griff General Hotze Luciensteig am bestimmten Tage an; aber er siegte nicht, vielmehr ward ein kaiserliches Corps dort fast ganz vernichtet. Mittlerweile war im Einverständniss mit diesem Unternehmen im Oberland alles vorbereitet, man wartete nicht, wie man der Klugheit gemäss hätte thun sollen, Nachrichten von den Erfolgen der Oesterreicher ab, sondern schlug los. Zuerst die Tavetscher in der Nacht vom 1. Mai; sie hoben die französischen Posten auf und rückten auf Disentis. Dasselbe thaten die Medelser; da erhob sich auch Disentis. Der Hauptmann der französischen Truppen, die aus einer Compagnie bestanden, zog sich in das Kloster zurück, hinter dessen festen Mauern er sich verschanzte und begehrte zu unterhandeln. Das Volk verwarf alle Vorschläge und griff an. Die starken Mauern hätten wohl lange die Vertheidiger schützen mögen, aber der Koch des Klosters öffnete eine Hinterpforte, durch welche die Aufständischen eindrangen. Es folgte ein wüthender Kampf in den Gängen des Klosters, die Franzosen wurden theils erschlagen, theils gefangen; über die Zahl der Todten und Gefangenen weichen die Berichterstatter sehr ab. Der französische Commandant soll in den Armen des Obersten Castelberg erschlagen worden sein, welcher ihn beschützen wollte. Andere erwähnen hievon nichts. Der Lieferant Hardeville, welcher sich durch Erpressung und Verhöhnung sehr verhasst gemacht hatte, war schon vorher aus einem Kamin gezogen und erschossen worden. Der französische Commandant von Chur hatte ihm selbst schon mit dem Strick gedroht. Es war dies am 2. Mai.

In dem ganzen Verlauf des Aufstandes zeigte es sich nur zu deutlich, dass ganz andere Personen als die Führer bei dem ersten Kampfe, die Leitung übernommen hatten, und dass dieselben ihrer Aufgabe nicht gewachsen waren; sie konnten die wüthende Volksmasse weder lenken noch beherrschen und dadurch trug die ganze Bewegung den Charakter des Wüsten und Planlosen. Solche Unternehmungen wirken immer nur verderblich, die Kraft erschöpft sich in thörichter Wuth, und wo sie denn am Platze wäre, fehlt Nachdruck und Einheit

Man hielt nun Rath, was mit den Gefangenen zu machen sei. Die Mehrzahl verlangte ihren Tod; die Führer des Volks ermahnten zu Schonung, der Pfarrer von Disentis und die anwesenden Klostergeistlichen baten um

ihr Leben, während die Unglücklichen selbst fussfällig darum flehten. Endlich
beschloss die Menge, sie zunächst nach Trons zu führen. Die ganze Masse
setzte sich dahin in Bewegung; aber kaum eine Viertelstunde von Disentis
suchten einige zu entfliehen und nun fiel der Landsturm über die Gefangenen
her und erschlug sie alle. Die Veranlassung wird übrigens verschieden erzählt. Nur 10 entkamen, einer davon ertrank im Rhein, die 9 andern wurden
in Rabius wieder gefangen und nach Sumvix zum Pfarrer gebracht, damit sie
erst beichten mögten, ehe man sie todtschlage, der Geistliche aber fand Mittel,
sie zu retten. Desshalb erfuhr Sumvix später schonende Behandlung. Mittlerweile heulten die Sturmglocken durch das ganze Rheinthal und riefen aus
den entferntesten Winkeln der Thäler die Männer auf; immer gewaltiger
schwollen die Massen des Landsturms an, wie eine Lawine wachsend wälzten
sie sich das Thal hinab. Aber keine Ordnung im Zug, kein Plan im Angriff;
viele gingen nur gezwungen mit, Andere kehrten bald wieder um; die Bewegung auf der rechten Rheinseite, welche von Valendas und Versam aus
die Franzosen bei Reichenau abschneiden sollte, kam gar nicht zu Stande.
Indessen wurden dieselben bei Trins und Tamins angegriffen, vertrieben und
über Reichenau noch eine Strecke verfolgt. Dort lagerte der Landsturm; am
andern Tag sollte die blutige Arbeit auf's Neue beginnen und man hoffte fest
auf den Sieg, obgleich man schon bei Laax erfahren hatte, dass die Oesterreicher an der Steig geschlagen seien.

Am andern Tage griff der Landsturm Ems an und trieb die Franzosen hinaus. Mehrmals wurde das Dorf genommen und wieder verloren. Als der Feind
zum drittenmal stürmend eindrang, sprang ein muthiges Mädchen aus Ems, Maria
Bühler, auf eine französische Kanone los und schlug den lenkenden Artille-
risten mit einer schweren Stange vom Ross. Die Pferde verwickelten sich
in die Stränge, es gab einen Halt, die Oberländer sammelten sich wieder,
nahmen die beiden Geschütze und jagten die Franzosen vor sich her bis nach
Plankis an der Churer Strasse. Da bekamen diese Verstärkung, eine Abtheilung
Cavallerie sprengte heran und nachdem einige vom Landsturm gefallen waren,
entstand unter diesem Schrecken und Flucht; man gab Ems auf, versäumte
gegen den Rath erfahrener Leute, die Felsberger Brücke zu zerstören und
erst in Reichenau wurde Halt gemacht. Dort überliessen sich die thörichten
Leute, als sei ihnen der Feind nicht auf den Fersen, der Ruhe und unmässigem
Genuss von Speise und Trank. Der Wein floss in Strömen und die Trunkenen
wurden unfähig zum Rath wie zur Schlacht, alle Bande der Ordnung hatten
sich gelöst.

Nicht so die Franzosen. Sie entwickelten auf der Ebene ihre verstärkte
Streitmacht, gingen bei Felsberg über den Rhein und griffen so von zwei
Seiten an. Tapfer vertheidigten die Oberländer Tamins, wo noch einige

Ordnung in ihren Schaaren herrschte; die Franzosen nahmen den Ort mit stürmender Hand, die Flammen des brennenden Dorfes leuchteten in das Thal hinab. Gleichzeitig erfolgte der Angriff auf Reichenau. Da war kein Stehen und kein Widerstand mehr, nach allen Richtungen hin entflohen die Aufständischen, verfolgt von dem wüthend nachdringenden Feind. Ueber 600 Mann sollen bei diesen Vorgängen theils im Kampf, theils auf der Flucht gefallen sein.

Das sind die Folgen des Mangels an Disciplin und planmässiger, vernünftiger Leitung.

Rasch verfolgte der Feind den Sieg, auch dachte Niemand mehr an Gegenwehr. Am 4. waren die Franzosen unter Lecourbe in Ilanz, Lugnez unterwarf sich, Trons ward geplündert, am 5. zogen sie in Disentis ein. Sie begannen damit, den Ort zu plündern und ausserdem sollten 10,000 Fr. Contribution erhoben werden. Im Kloster fanden sie die Kleider der erschlagenen Franzosen, die dort, natürlich wider Willen der Conventualen, in einem Zimmer aufgehäuft worden waren. Nun kannte ihr Zorn keine Grenzen; Disentis sammt den benachbarten Orten und dem Kloster wurden rein ausgeplündert und gingen in Flammen auf, auch eine namhafte Zahl Einwohner kamen auf verschiedene Weise dabei um. Mit dem Kloster gingen dessen Archive, Bibliothek, Sammlungen und eine Menge Denkmäler früherer Zeit zu Grunde. Neben der Vernichtung des öffentlichen und Privateigenthums erlitt hier die Wissenschaft unersetzliche Verluste. Nichts wurde gerettet. Tavetsch und Medels kauften sich mit schweren Summen von gleichem Schicksal los. Man schätzte den Gesammtverlust auf mehr als 700,000 Fr. Die Franzosen hoben nun Geiseln aus, liessen Besatzungen zurück und zogen ab. Die Ruhe der Erschöpfung sank auf das Land, und als am 14. Mai Hotze die Steig wirklich erstürmte, zog sich Suchet mit den geschlagenen Franzosen über das Oberland zurück, das bei diesem Durchzug noch einmal schrecklich zu leiden hatte. Dann diente es den ihrerseits wieder geschlagenen Oesterreichern als Rückzugslinie. Im September kam eine Abtheilung von Suwarow's Russen unter Rosenberg nach Disentis und griff von da aus die Franzosen in Ursera an. Wie Suwarow's anfangs siegreicher Zug mit dem Rückzug über den Panixer Pass auf tragische Weise endete, ist oben erzählt.

Noch eine Zeit lang indess behaupteten sich die Oesterreicher in Bünden. Auch sie hoben angesehene Einwohner, die man für französisch gesinnt hielt, oder die es auch wirklich waren, als Geiseln aus und schickten sie nach Insbruck. Aber im Juli 1800 kamen die Franzosen wieder und vertrieben die Oesterreicher, die sich nur schwach vertheidigten. Bünden wurde ein Theil der Helvetischen Republik. Doch war der Hass gegen die Franzosen so gross, dass trotz aller dieser Vorgänge selbst später noch Versuche zu einem

Aufstand gemacht wurden, die zum Glück keine Folgen hatten. Disentis, welches durch alle diese Vorgänge schrecklich verwüstet war, erhob sich langsam aus seiner Asche. Auf lange Jahre war Wohlstand und Glück vernichtet. Das Kloster ward wieder aufgebaut, gelangte aber nicht wieder zu seinem früheren Glanz. Es war 1832—1842 Sitz der katholischen Kantonsschule, die dann nach Chur verlegt und später mit der evangelischen vereinigt wurde. Nochmals, 1846, brannte das Kloster theilweise ab und wurde dann in der jetzigen Gestalt wieder hergestellt.

Wohl sind die Spuren jener drangvollen Zeiten äusserlich verwischt, aber lange dauerten ihre Nachwirkungen und es mag theilweise von der langjährigen Noth kommen, dass, wie vielfach behauptet wird, der kecke, lebensfrohe Sinn der alten Oberländer nicht mehr überall gefunden wird, und manche alte Sitte, die damit in Verbindung stand, sich verloren hat. Doch lebt ungebrochen in dieser Bevölkerung ein lebhafter schnell auffassender Geist, oft rasch in Entschluss und Ausführung, und jene trotzige Kraft, die der Alpenbewohner von der Natur seines Landes empfing und die auf der rechten Bahn geleitet, mit geringen Mitteln Gewaltiges ausführen mag.

---

11. Pater Placidus a Spescha.

Der ist der Herr der Erde,
Der Höh' und Tiefe misst
Und jegliche Beschwerde
In ihrem Schooss vergisst.
Der ihrer Felsenglieder
Geheimen Bau versteht
Und unerschrocken nieder
In ihre Werkstatt geht.

— — — — — — — —

Sie mögen sich erwürgen
Am Fuss um Gut und Geld,
Er bleibt in den Gebirgen,
Der freie Herr der Welt.

So lässt Novalis den Bergmann sprechen, der H. von Ofterdingen das Leben im Schooss der Gebirge beschreibt. Ganz diesen Eindruck machten mir die Gedanken, welche ich in den Schriften des Mannes fand, aus dessen Leben ich hier einige Bruchstücke zu geben mich verpflichtet halte, da er der erste war, welcher das Land, welches uns beschäftigt, wissenschaftlich zu untersuchen und zu beschreiben unternahm, obgleich seine Forschungen nur in kleineren Kreisen bekannt wurden und theilweise durch Engherzigkeit und Theilnahmlosigkeit seiner Zeitgenossen verloren gingen, die ihn nicht verstanden und nicht zu würdigen wussten.

Ich hatte von der Gefälligkeit eines Freundes genauere Nachrichten über Leben und Schicksale Spescha's erwartet, die jener mir versprochen; aber auch er wurde einstweilen aus einem reichen, thätigen Leben abgerufen dahin, wo der Mensch nach den Dingen dieser Erde nicht mehr fragt und keine Antwort mehr gibt auf die Fragen der Menschen. Anstatt der ausführlichen und das Leben Spescha's jedenfalls allseitig erfassenden Angaben von C. de Latour, bin ich daher im Augenblick auf das Wenige beschränkt, was ich von Andern weiss, oder was in hinterlassenen Manuscripten gelegentlich in die Beschreibungen u. s. w. mit einfliesst, indem ich mir vorbehalte, nach erlangtem genügenderm Material Ausführlicheres über einen Mann zu liefern, dessen Namen ich in diesem Werkchen oft anführte und dem ich über Vieles Auskunft verdanke, was ich nicht aus eigner Erfahrung kannte.

Placidus a Spescha war zu Trons 1752 geboren, und hütete in seiner Jugend, wie er selbst erzählt, die Heerde seines Vaters, was dort bei den Landleuten gewöhnlich der Fall ist. Von früh auf hatte der Knabe eine Neigung, auf den Bergen zu leben und hohe Punkte zu ersteigen und erlangte im Klettern und Springen auf den wilden Felsen seiner Heimath bald eine ungewöhnliche Gewandtheit und Kraft. Seine Mutter pflegte zu sagen, es sei nicht zu verwundern, dass er so gern steige, denn er sei im Zeichen des Steinbockes geboren. Er suchte dabei Krystalle und andere auffallende Mineralien und hatte, ohne sie zu kennen, seine Freude daran; aber früh schon regte sich in ihm eine Richtung, welche über diese Spielereien hinausging, und ihn in diesen glänzenden Dingen Produkte eines tief in der Natur waltenden Schaffens, in den Gebirgen dessen Werkstätte und eine Offenbarung höherer Dinge ahnen liess; aber er wusste dies nicht zu deuten, und Niemand war, der diesem kindischen Forschen den Weg weisen mogte.

Wie es gekommen, dass er den geistlichen Stand ergriff und nachher in das Kloster Disentis eintrat, ist mir nicht bekannt; wahrscheinlich war es eben der Trieb der Forschung, die Begierde zu lernen und zu erkennen. In seinem 24. Jahre 1776 wurde er nach Einsiedlen geschickt, um seine Studien zu vollenden. Dort that sich ihm ein neues, geistiges Leben auf. Er fand eine grosse Bibliothek, Alterthümer, eine ansehnliche Mineraliensammlung und mehrere fromme und gelehrte Männer, die seinen Studien die Richtung gaben; es scheint damals in jenem Kloster ein Geist der Wissenschaft und Ordnung geherrscht zu haben, namentlich unter Einfluss des Abtes Marian und der P. P. Adalrik Rümi und Moriz Brodhagen, die Spescha als seine vorzüglichsten Lehrer rühmt. Nach einer dort empfangenen, für die damalige Zeit sehr vielseitigen Ausbildung kehrte er 1782 nach Disentis in das Kloster zurück mit dem Vorsatz, seine Studien dort fortzusetzen und namentlich eine

Naturaliensammlung zu schaffen, da ihm die in Einsiedlen gesehenen Krystalle u. s. w. bei weitem nicht so schön erschienen waren, als die, welche er im Bündner Oberland gesehen hatte, und auch bald dort in Menge zusammenbrachte. Aber auch sonst verschafften ihm sein durchdringen Verstand und seine überlegenen Kenntnisse bald bedeutenden Einfluss, so dass er zuletzt fast die ganze Verwaltung des Klosters in Händen hatte, wiewohl ihm eben diese Eigenschaften, wie es nicht fehlen konnte, auch Neid und Anfeindung zuzogen. Man hielt ihn nämlich, wegen seines höheren, wissenschaftlichen Standpunktes und seiner umfassenderen, höheren Ansichten für eine Art Freigeist und verketzerte ihn auch wegen seiner Naturstudien, welche damals, wie theilweise noch jetzt von bornirten Menschen für gottlos oder mindestens für unnütz gehalten wurden. Daran that man Spescha entschieden unrecht, denn er behauptet gar oft, es habe ihn die Einsicht in die Natur erst recht zur Erkenntniss der Weisheit und Güte Gottes geführt und sein Verkehr mit den Menschen habe ihn diese kennen und lieben lehren, auch geht aus seinen Ausserungen hervor, dass er in Erfüllung seiner religiösen und Ordenspflichten sehr gewissenhaft war; aber über Vorurtheile, Aberglauben und blinden Eifer war dieser klare Geist freilich weit hinaus.

Er liess sich übrigens in seinem Thun auch nicht irren und mit der Rückkehr in die Heimath kehrte auch die Freude an ihr und die Liebe zu ihren herrlichen Gebirgen zurück. Er erstieg den Piz Pozsta (Cristallina) und sah weit hinaus die unzähligen Gipfel und Thäler der Alpen, wie sie sich auf allen Seiten erheben in Reihen und Gruppen und vielgestalteten Formen, mit himmelanstrebenden Felsen und weissem Schneckleid. Die wenigsten waren ihm bekannt, und in seiner Seele erwachte die Sehnsucht, tiefere Blicke zu thun in diese herrliche, geheimnissvolle Welt. Zugleich lernte er bei dieser Gelegenheit die Lebensart der Bergamasker Hirten kennen und kam auf den Gedanken, das einfache Naturleben dieser Leute mit den Bestrebungen des wissenschaftlichen Forschers zu vereinigen. Er setzte dies längere Zeit ohne äussere Anleitung und Anregung fort, aus Freude an der Natur und unbestimmtem Wissensdrang und brachte eine ansehnliche Sammlung zusammen.

Mittlerweile kamen ihm die Werke von Saussure de Luc und Haller zu Handen und er lernte aus diesen die höheren Gesichtspunkte kennen, aus denen der intelligente Mensch die Natur betrachtet. Die eigentlich wissenschaftliche Seite dieses Studiums ging ihm auf, er erkannte, dass hier nicht blos Neugier und Spielerei, sondern die wichtigsten Fragen der menschlichen Erkenntniss sowohl als des praktischen Lebens in Betracht kommen. Auch sah er daraus, dass vielfältig Geistliche Naturforscher gewesen und betrachtete sein Thun und seine Neigung auch von dieser Seite als gerechtfertigt, sah in seinen Bergreisen zugleich „den Zweck der Betrachtung und Erforschung der Werke Gottes in den Alpen". Was der Hirtenknabe geahnt, war bei dem Manne zur bewussten klaren Einsicht gekommen. In diese Zeit fallen weite Bergreisen und Ersteigungen der bedeutendsten Spitzen der Umgegend von Disentis.

Es nahte das verhängnissvolle Jahr 1799 mit seinen politischen Fragen und Parteiungen. Spescha, ein Republikaner und Demokrat aus Grundsatz, stimmte mit den ursprünglichen, edleren Richtungen der französischen Revolution wohl überein, nicht aber mit ihren Ausartungen und Verkehrtheiten; auch von den Franzosen selbst wollte er im Lande nichts wissen, so wenig als von den Oestereichern, sondern war der Meinung, man müsse suchen, neutral zu bleiben, da die einen wie die andern das Land nur zu ihrem Vortheil ausbeuten wollten. Diese vernünftige Ansicht der Dinge wurde bei der leidenschaftlichen Stimmung der Gemüther unstreitig missverstanden ausserdem sprach er sich in Wort und Schrift nicht immer ganz vorsichtig aus und galt daher für französisch gesinnt.

An den politischen Bewegungen nahm er keinen Theil, suchte aber versöhnend einzuwirken. Bei der Unterhandlung mit General de Mont gelang es ihm, die aufgebrachten Franzosen günstiger zu stimmen. Als nachher diese dem Kloster eine unerschwingliche Busse auflegten, gab er seine sehr werthvolle Krystallsammlung nebst allem, was er an sonstigen Seltenheiten und Kostbarkeiten besass, um die Schuld bezahlen zu helfen. Da alles noch nicht langen wollte, wurde er nach Chur geschickt, um mit dem habgierigen Feind zu unterhandlen. Es gelang ihm, demselben 20,000 Fr. abzumarkten, so wie auch seine Collegen, welche die Franzosen als Geiseln nach Frankreich schleppen wollten, vor diesem Schicksal durch Verwendung bei dem französischen Gesandten Güyot zu retten; und statt des Dankes wurde ihm die Bemerkung, man sehe nun erst recht, dass er ein Jakobiner sei, da ihm die Unterhandlung mit den Franzosen so gut geglückt.

Während er mit diesen Dingen beschäftigt war, brach in Disentis der zweite Aufstand aus. Er eilte hinauf, um durch die Nachricht von der Niederlage der Oestereicher das Volk vor weiterm Vorgehen zu warnen, aber er kam zu spät. Von den eignen Landsleuten bedroht, weil er ihnen bei Lanx von weiterem Vorrücken abgerathen, da sie gegen die ganze französische Macht allein stehen würden, zog er sich nach Lugnetz zurück. Als er einige Tage später nach mancherlei Gefahren und Abentheuern Disentis erreichen konnte, fand er die rauchenden Schutthaufen des Fleckens und des Klosters. Alles, was er besessen hatte, und was er am meisten bedauerte, seine Bücher und Schriften, war geraubt oder verbrannt. Spescha wanderte mit dem Stock in der Hand nach Lugnez zurück und blieb etliche Monate bei den Pfarrern von Vrin und

Rumein als Gehülfe. Mittlerweile hatten die Oesterreicher die Oberhand bekommen und die Franzosen vertrieben. Als nun Spescha eines Tages nach Trons kam, um dort einige Aufträge zu besorgen, wurde er eben von denjenigen, die er früher von der Deportation nach Frankreich gerettet hatte, an die Oesterreicher ausgeliefert und zwar auf sehr heimtückische Weise. Man führte ihn nach Ilanz. Hier wurde er von einem österreichischen Obersten scharf examinirt über eine Predigt, die er vor einiger Zeit über den Text gehalten hatte: „Vertrauet nicht auf die Fürsten, bei denen kein Heil ist", als welchen Ausspruch des Psalmisten (Psalm 145) er auf die damaligen gekrönten Häupter und speziell auf den Kaiser von Oesterreich angewandt haben sollte. Seine Vertheidigung und Protest waren beide gleich vergeblich; er wurde als Geisel nach Insbruck geschickt und unterwegs fehlte es nicht an allerlei Unannehmlichkeiten und Misshandlungen von Seite der Behörden, so wie er anderntheils das freundliche und christliche Benehmen des Volkes rühmt.

Zu Insbruck kam er in das Kloster der Serviten, die ihn sehr freundlich behandelten, wiewohl sie ihm erst nach einigen Schwierigkeiten geistliche Verrichtungen gestatteten. Später befand er sich dort in vollkommener Freiheit und streifte sogar in den Tyroler Gebirgen umher, die er dadurch kennen lernte. Er fand bald in Insbruck allgemeine Anerkennung, und genoss grosse Achtung, benutzte die dortigen wissenschaftlichen Anstalten und kam mit verschiedenen Celebritäten in Berührung, so dass ihm dieser Aufenthalt sehr nützlich wurde und zuletzt wohl gefiel. Nach 18 Monaten durften die Geiseln zurückkehren; Spescha hätte bleiben können, aber die Liebe zu seinem Vaterland zog ihn heim; er kehrte in sein Kloster zurück, aber er fand nicht die Ruhe, die er suchte, sondern neue Anfeindungen und Plackereien.

Die Annahme der Pfarrei Trimmis hatte er abgelehnt und seine frühere Lebensweise wieder begonnen. In den Bergen war er freilich lieber als in der engen Klosterzelle. Es war ihm gelungen, wieder Bücher und Sammlungen zu erlangen und er fing an, seine Erfahrungen und Theorien niederzuschreiben. Letzteres erregte den Verdacht seiner Oberen. Es wurde ihm eine Abhandlung über Natur und theologische Gegenstände entwendet und diente als Grund einer Anklage. Man fing damit an, ihm alles, was er an Büchern, Schriften u. s. w. besass, wegzunehmen, verbot ihm seine Wanderungen und legte ihm zudem Stillschweigen über alles dieses auf. Der Verdruss hierüber und die ungewohnte, sitzende Lebensart zogen ihm eine schwere Krankheit zu, in der es ihm selbst an der nöthigen Pflege fehlte; doch gelang es ihm später sich zu rechtfertigen und die Anschläge seiner Gegner zu vereiteln. Er suchte nun in andere Verhältnisse zu kommen; seine Versuche, die Pfarrei Rumein in Lugnez zu erhalten, schlugen fehl; im Jahre 1809 finden

wir ihn als Beneficiat zu Selva in Tavetsch, wo er sehr schätzenswethe
Notizen über das Thal sammelte und zu einer Beschreibung zusammenstellte.
Später 1821 wurde er nach Trons versetzt. Dort schrieb er 1822 als Kaplan
des Ortes:

„Wenn ich dies alles, was mir an Glück oder Unglück widerfahren ist,
genau überlege, so stehe ich an, zu beurtheilen, welches von beiden mir das
Vortheilhaftere gewesen; denn ein Mann ohne Prüfung ist ein Mann ohne
Erfahrung und ein solcher ein Mann ohne Einsicht — Vexatio dat intellectum
— —. Ich meinerseits muss, wenn ich unparteiisch sprechen soll, gestehen,
dass die widrigen Zufälle mir gedeihlicher gewesen, als die angenehmen;
denn durch erstere bekam ich mehr Kenntnisse von Gott, dem Nächsten und
von mir selbts. Im recht Denken, Handeln, Kenntnisse und ein reines Gewissen haben, besteht meines Erachtens das wahre Glück des Menschen in
dieser Welt."

Spescha war damals 70 Jahre alt und noch besass er die Kraft, Berge
und Gletscher zu ersteigen, und sein Auge blickte noch hell wie des alten
Adlers über die Alpengipfel hinaus. Noch im Sommer 1824 machte er einen
Versuch, den Tödi zu ersteigen, und gelangte bis auf den Grat zwischem
diesem und dem Stockgron.

Die philosophische Ruhe und Resignation, die sich in obigen Worten
ausspricht, kam nicht daher, dass seine geistige Kraft geknickt gewesen und
passive Beschaulichkeit an ihre Stelle getreten wäre; es war das ruhige
Bewusstsein des mit sich einigen Mannes, das man gerade bei dem alternden
Naturforscher am öftersten antrifft. Er setzte seine früheren Bestrebungen,
so weit seine Amtsgeschäfte es erlaubten, fort, studirte eifrig weiter, durch-
wanderte noch immer die Berge, schrieb seine gemachten Erfahrungen in
doppelten Exemplaren nieder, gab diese in die Hände von Freunden, um
sie zu erhalten; und verlebte nach einem bewegten Leben seine letzten
Jahre in Frieden. Im Anfang der dreissiger Jahre starb er mit derselben
unbeugsamen Ruhe und philosophischem Gleichmuth. „Jetzt fällt die Baracke
zusammen", waren seine letzten Worte.

Ungeachtet aller angewandten Vorsicht ging vieles von seinen Arbeiten
verloren. Was aus den Sammlungen geworden, die er nach dem Brande des
Klosters zusammengebracht, habe ich nie erfahren können. Ein Theil der
schönen Krystalle, welche die Sammlung der Kantonsschule zieren, soll daher
stammen; sie sind aber ohne Bezeichnung des Namens, selbst ohne Angabe des
speziellen Fundortes. Anderes ist wie es scheint in profane Hände gerathen.
Als gewiss wurde mir erzählt, dass gleich nach seinem Tode die in Trons befindlichen Manuscripte von einem Zeloten verbrannt worden seien. Was früher
beim Brande des Klosters verloren gegangen, konnte er selbst, wie er mehrfach

klagt, nicht ersetzen. Es befanden sich neben den naturwissenschaftlichen
Schriften darunter viele, dem gleichfalls verbrannten Klosterarchiv entnom-
mene geschichtliche Abhandlungen und Notizen, die zu einer Geschichte der
Abtei und des Oberlandes bestimmt waren. Wie es mit den später confis-
cirten Literalien hergegangen, wird der geneigte Leser sich denken können.

Hätte Spescha auch nur das, was er späterhin in ruhigen Tagen zu Selva
und Trons zusammenschrieb, alsbald veröffentlicht, so würde ihm dies einen
namhaften Platz unter den Gelehrten der Schweiz verschafft haben, und hätte
auch seinem Vaterland Nutzen und Ehre gebracht; denn damals war Graubünden und besonders das Oberland im Ausland und selbst in der Schweiz
ungefähr so bekannt wie jetzt Habesch oder Bornu; nur aus Reisebeschreibungen kannte man es, die Karten waren im höchsten Grade unrichtig, so
dass ganze Thäler fehlten und Bergketten darauf figurirten, die es gar nicht
gibt. Die Geologie lag überhaupt noch in ihrer Kindheit und jede gewissen-
hafte Beobachtung war damals ein reicher Gewinn für die Wissenschaft,
welche gerade mit diesen Gegenden noch gegenwärtig nicht ganz im Klaren
ist. Was er über sonstige Verhältnisse des Landes, Volksleben u. s. w. sagt,
das war ebenfalls für die Meisten ganz neu und unbekannt; fast alle Schriften,
welche selbst viel später noch von Graubünden handeln, beschränken sich
auf den nördlichen und östlichen Theil, in die Geologie von Bünden kam
Ordnung erst durch Escher und Studer; denn alles von früher her darüber
Vorhandene ist schlechterdings nicht zu brauchen, und gerade hiervon machen
Speschas Angaben eine rühmliche Ausnahme. Auch die Karten, welche von
ihm übrig sind, und die er blos nach dem Augenmass entwarf, sind so anschaulich und richtig, dass sie zur Orientirung vollkommen ausreichen. Dabei
machte er auch die ersten Versuche geognostischer Karten des Oberlandes
und der angrenzenden Gegenden, so wie solche, worauf er die wichtigsten
oryctognostischen Vorkommnisse verzeichnete. Letztere habe ich nur gesehen, nicht eigentlich benutzen können. Seine Beschreibungen der betreffenden Gegenden sind gut, treffend und anschaulich, so dass man sich
leicht darin zurechtfindet, in den Beschreibungen seiner Reisen und Berg-
fahrten erkennt man den Mann, der mit Leib und Seele bei der Sache war
und dessen Aufmerksamkeit nichts entgeht; die Berge sind seine Heimath,
seine Freude und Lust, und die Sorgen des Lebens lässt er hinter sich,
denen die sich da unten mühselig abquälen und abspekuliren, und schaut
frei in die klare Luft des blauen Himmels, der über den reinen Firnen der
Alpen sich wölbt. Man hat ihm verschiedentlich vorgeworfen, er habe oft
seine Phantasie walten lassen auf Unkosten des Wirklichen. Dem kann
ich entschieden widersprechen. Ich bin zwar bei weitem nicht an allen
Orten gewesen, die Spescha besucht hat, aber doch an vielen derselben,

und wo ich gewesen bin, habe ich seine Angaben vollkommen richtig gefunden. Dass die neuere Wissenschaft jetzt manches anders benennt und
deutet, thut hier nichts zur Sache. Ohne gerade Botaniker und Zoologe zu
sein, gibt es auch in diesen Zweigen manche schätzbare Angaben, und wären
die von ihm gemachten Sammlungen nicht verschleudert worden, so würden
Andere aus diesem Material hinreichenden Stoff gewonnen haben, um über
das Oberland etwas Ausführlicheres zu geben, als man jetzt im Stande ist.

Seine Theorien über Gebirgsbildung und was damit zusammenhängt
laufen hauptsächlich darauf hinaus, dass die Alpen ursprünglich unter Wasser
gebildet worden seien, dann sich unter Einfluss unterirdischer Kräfte als
grosse zusammenhängende Massen gehoben hätten, und dass dann Aus-
waschung durch das Wasser ihnen ihre jetzige Gestalt gegeben habe. Dies
führt er in den einzelnen Fällen immer sehr originell und scharfsinnig durch,
so dass man, wenn man auch jetzt nicht mehr alles so ansieht wie er, immerhin
sagen muss: „der Mann hat Gedanken gehabt", wobei die Zusammenstellung
der Thatsachen in der Regel so ist, dass man noch heute etwas daraus lernen
kann. Eben so ist es mit seinen Ansichten über Quellenbildung, Gletscher,
Schnee der Alpen, meteorologische Beobachtungen und gar Vieles sonst,
was damit in Verbindung steht.

Warum sind diese Sachen in Vergessenheit gerathen, so viele Anstrengungen eines langen Menschenlebens, eines ungewöhnlich energischen Geistes
vergeblich gewesen? Es scheint, als habe Spescha die Veröffentlichung während seines Lebens gar nicht gewünscht, um nicht neuen Verfolgungen ausgesetzt zu sein. Nach seinem Tode hatte Niemand mehr Interesse daran,
und auch wenige wussten von der Existenz der geretteten Manuscripte.
Diese hätten ohnedies einer Ueberarbeitung bedurft, da der Verfasser, in
der Romanischen Sprache geboren und erzogen, das Deutsche nicht ganz
fehlerfrei schrieb; aber zu dieser Ueberarbeitung gehörten wieder wissenschaftliche Kenntnisse, welche die nicht besassen, in deren Händen die
Schriften waren, die übrigens doch von Andern ganz in der Stille benutzt
worden sind. Ein Theil davon kam später in Besitz der historischen Gesellschaft von Graubünden und war auch vergessen, bis Hr. A. v. Sprecher
wieder aufmerksam darauf machte. Die geschichtlichen Abhandlungen be-
halten natürlich ihren Werth, so wie auch die naturwissenschaftlichen, so
weit sie Thatsachen betreffen. Ueber Anderes, namentlich theoretische Ansichten, ist die neuere Wissenschaft hinweggeschritten, die Geologie hat eine
andere Gestalt angenommen; Vieles, was vor 40 Jahren noch als Resultat
mühsamer Forschung ein höchst willkommener Gewinn für die Wissenschaft
gewesen wäre, gehört jetzt zu den bekannten Dingen und hat nur noch
geschichtliche Bedeutung, so dass eine Veröffentlichung des Ganzen in seiner

ursprünglichen Form jetzt wenig Anklang mehr finden würde. Ich habe
aber in den 6 Bänden Manuscript, welche die geschichtsforschende Gesellschaft besitzt, und zwei andern, welche ich der Güte C. de Latour's
verdanke, die aber grösstentheils nur Duplicate der andern sind, viel Schätzens-
werthes gefunden. Wo ich sie für gegenwärtiges Werkchen benutzte, ist
im Texte bemerkt; es hat mich gefreut, dem Vorgänger die Anerkennung
geben zu können, welche ihm seiner Zeit verkümmert und verweigert wurde.
In diesem Sinne ist auch dieses Kapitel geschrieben; keinem Andern zu Liebe
und keinem zu Leide. Wen die Thatsachen etwa ärgeren, die ich schonend
und unparteiisch erzählt habe, der mag solches als verdient hinnehmen; die
noch lebenden Freunde des Todten werden mir's danken, dass ich versuchte,
sein Grab mit einem bescheidenen Kranze zu schmücken, Andere werden
nicht ungerne das flüchtig gezeichnete Bild eines freien Mannes betrachten,
der für die Wissenschaft gelebt, gewirkt und vielfach auch gelitten hat.

Leicht sei ihm die Erde dort am Fusse der hohen Gebirge, wo der
junge Rhein die Wiege der Freiheit begrüsst.

12. Tavetsch und die Rheinquellen.

Hier ist des Stromes Mutterhaus,
Ich trink' ihn frisch vom Stein heraus.
Er braust vom Fels in wildem Lauf,
Ich fang ihn mit den Armen auf.
    Ich bin der Knab vom Berge!

Und wenn die Sturmglock einst erschallt,
Manch Feuer von den Bergen wallt,
Dann steig ich nieder, tret' in's Glied,
Und schwing' mein Schwert und sing mein Lied.
    Ich bin der Knab vom Berge!   U.

Im rothen Licht der Morgensonne glänzen die Bergspitzen im Medelser
Thal, das wetterverkündende Haupt des Valaca ist unbewölkt, ein blauer
Himmel wölbt sich über die frischbeschneiten Hörner, es sind schöne Tage
in Aussicht, brechen wir auf; unser Ziel sind die Quellen des Rheins und
der hohe Gipfel des Badus. Um dahin zu gelangen, müssen wir Tavetsch
durchwandern, das äusserste Thal des Oberlandes, das Niemand unbesucht
lassen sollte, nicht allein um die klassische Stelle gesehen zu haben, wo
der grosse Strom entspringt, sondern auch um die erhabene Schönheit zu
bewundern, welche die Natur über dieses Thal und seine Verzweigungen
ausgebreitet hat.

Wir verlassen Disentis, indem wir über die kleine Ebene gehen, welche uns aus dem vorigen Abschnitt als Schlachtfeld bekannt ist. Bald fängt der Weg an zu steigen; denn die Berge treten beiderseits an den Rhein, der in einer tiefen Schlucht sich den Weg bahnt. Wir überschreiten den Bach von Segnas bei dem gleichnamigen Ort, er kommt aus einem ziemlich tief eingreifenden Felsenthal zwischen dem Cuolm da Vi und dem Crap alv, in welchem, wie überhaupt in der Gegend von Disentis schöne Bergkrystalle gefunden werden; das folgende Mompé Tavetsch liegt schon 1397 M. hoch, ihm gegenüber auf dem rechten Rheinufer wenig niedriger Mompe Medels. Diese Bergdörfer haben eine schöne Lage und Aussicht, namentlich ist die von Mompé Tavetsch auf die gegenüber liegende Alp Cavorgia anziehend; denn zerstreut in malerischer Lage liegt dort der gleichnamige Ort, waldige Berghänge folgen. Dann öffnet sich die Val Pazzola oder Terms und in dessen Hintergrund lagern theilweise von Schnee und Eis umhüllt die Massen des Piz Ganneretsch, 3043 M. (Catschnrauls und Nuorsa) in prachtvollen Pyramiden übereinander gebaut. Von dort herab aus dem Thalgletscher Poras wälzt die wilde Terma ihre Wasser dem Rhein zu. In sanfteren Umrissen streckt sich von da der Cuolm Pazzola und Vergiera gegen die Vereinigung des Vorder- und Mittelrheins, von Wäldern, Wiesen und Häusergruppen bedeckt; einige dazwischen liegende Kapellen nehmen sich sehr freundlich aus. Es gab hier ehemals Bären, und gibt wohl noch zuweilen solche. Im Jahre 1782 gingen drei Männer in das Thal Terms, um auf Schlitten Heu zu holen. Ueber ihnen im Schnee trieb sich ein Bär herum, der wahrscheinlich ihnen ausweichen wollte. Unter den Füssen des Thieres riss sich der Schnee los, bildete eine Lawine und riss die Männer sammt dem Bären mit fort. Einer wurde oben vom Schnee erdrückt gefunden, die zwei andern mit dem Bären waren tief unten in das Thal geschleudert und zerschmettert. Die alte Schrift, der wir diese Notiz entnehmen, bemert dazu, „die Männer beweinte man als Väter vieler Kinder, den Bären aber beweinte Niemand."

Doch wir verfolgen unsern Weg auf der linken Thalseite und gelangen nach dem Weiler Bugnei, der am Ausgang einer Schlucht gelegen ist, welche nicht eben tief in das Gebirg eingreift und sich auf der Alp Pleun grond verflacht. Auch hier finden sich schöne Krystalle. Südlich von Bugnei liegt am Rhein die Häusergruppe Nislas, durch ihre warme Lage und einigen Obstbau ausgezeichnet. Noch eine kurze Strecke und wir sind in Sedrun, dem Hauptort des Thales. Es liegt 1398 M. hoch, nicht weit über dem Rhein, der unten in einem meist engen Bette, doch ziemlich ruhig dahinfliesst, am Ausgang des Strimthals und einer andern Schlucht, aus welcher oft verderblich hoch anschwellend der Bach Drun hervorströmt, welcher dem Orte den Namen gab. Gleich jenseits desselben liegen Camigolas und Sarcuns, höher hinauf Valgieva und einige andere Häusergruppen, Gonda Salins u. s. w., alle zu einer Gemeine vereinigt. Sedrun ist schön gelegen; um den Ort breiten sich auf der Thalstufe Fruchtfelder und Wiesen aus; auch Kirschbäume und einiges wilde Laubholz hommen noch vor und von kleinen Gärtchen umgeben ziehen die braunen Häuser sich anmuthig unter der bewaldeten Berghalde hin und gruppiren sich um die alte Kirche, deren Thurm von dem Maler Diog, einem geborenen Tavetscher, mit einem sehenswerthen Bild des heiligen Georg geschmückt ist. Ueberhaupt sind die zahlreichen Kapellen und Kirchen eine Zierde der Landschaft und meist an schön gewählten Stellen erbaut. So hat Sarcuns eine schöne Kirche, der Jungfrau Maria geweiht, zu welcher öltere Prozessionen gehen, weil das Marienbild im Rufe besonderer Heiligkeit steht. Jon de Juf, der sie 1622 erbaute, soll dazu durch eine Erscheinung der hl. Jungfrau veranlasst worden sein.

Die Gegend um Sarkuns und Camigolas ist die schönste und fruchtbarste in Tavetsch; Sedrun selbst ist den Verwüstungen des Drun ausgesetzt, welcher noch nicht hinreichend eingedämmt ist, und seine Umgebung fortwährend bedroht. Man thut wohl, sich, wenn man Zeit hat einige Tage hier aufzuhalten, da man ein ganz gutes Gasthaus hier findet, und von da aus Excursionen in die Umgegend machen kann.

Zunächst liegt hier das Thal des Drun. Dies ist eigentlich nur ein kleiner Spaziergang, indem man entweder das Tobel aufwärts, oder östlich davon durch den Wald geht. Man kommt solchergestalt nach etwa einer halben Stunde an eine Stelle, wo die Schlucht sich in mehrere andere spaltet; sie nimmt hier ein äusserst wüstes Aussehen an. Im Hintergrund steigen die Höhen des Cuolm da Vi ziemlich steil auf und die nächsten Halden bestehen aus einem grünlichen Chloritschiefer, welcher sehr leicht verwittert und zerfällt. Tiefe Schluchten sind hier eingerissen, Trümmer jeder Grösse umher gestreut; bei jedem stärkeren Gewitter verändert sich dieser Boden, die Schluchten erweitern sich, die höheren Theile der Halde schlüpfen und stürzen nach, der oben ganz kahle Berg liefert das nöthige Wasser, um einen Schlammstrom zu bilden, denn alles läuft wie an einem Dache in jene Rinnsale ab, dort mischt es sich mit aufgelöstem Schiefer, Steinen, Felsblöcken u. s. w. und hoch angeschwollen wälzt sich die trübe Fluth hinab dem Dorfe und Rhein zu. Um dies zu verhindern, müsste man die Höhe ob der gefährlichen Stelle zu bewalden suchen, wenn auch nur mit Erlengebüsch, dem Wasser einen andern Lauf anweisen, und von unten auf die Schluchten verbauen. Ich erinnere mich nicht genau, in wie weit man dieses in der Nähe des Dorfes gethan hat; oben, wo die Quelle des Uebels sitzt, ist meines Wissens gar nichts geschehen. Zum Ueberfluss gibt noch die Strima einen Arm nach dem Druntobel ab; sie bedroht eben so Sarkuns und Camigolas.

Pater Placidus a Spescha macht bei dieser Gelegenheit in einer handschrift-
lichen Beschreibung von Tavetsch die Bemerkung, die Strima sei weder so
wasserreich noch so wild, dass sie sich nicht bändigen lasse, aber „Gott
lasse der Natur und auch der Vernunft freien Lauf, und sehe dann zu, welche
von beiden die Oberhand gewinne." Die Tobel und Risse am Drun sind
aber für den Naturkundigen ein sehenswerther Gegenstand, denn man kann
hier die Bildung der Rüfe und die allmählige Zertrümmerung des Gebirgs
beobachten und ausserdem sind gerade diese zerfallenden Chloritschiefer eine
Fundgrube der interessantesten Mineralien, Bergkrystall, Adular, Sphen u. s. w.

Das Strimthal, von der Strima durchflossen, ist etwa eine Stunde lang
und ziemlich schmal, die Sohle vielfach mit Felstrümmern bedeckt. Auf der
Ostseite steigen die steilen felsigen Abhänge des Cuolm da Vi auf, westlich
die sanfteren Halden des Stavel bien viver (Berg des guten Lebens). Auf
einem felsigen Vorsprung, um welchen sich der Bach biegt, liegen einige
Alphütten, eine andere weiter oben. Wichtig ist dies Thal desshalb, weil
es der Anfang des Kreuzlipasses ist. Um diesen zu übersteigen, geht man
so ziemlich bis ans Ende des Strimthals, wo dieses sich in mehrere kleinere
Thalarme theilt, die an den Gletschern des Oberalpstocks enden, dessen
Felsenhäupter hoch herabschauen auf das wüste mit Trümmern bedeckte
Gelände. Man wendet sich hier westlich, steigt eine etwas schwierige Felsen-
wand hinauf, deren abgeschliffene Flächen beurkunden, dass ehemals Gletscher
an ihr herstreiften. Hat man diese erstiegen, so ist man auf der Passhöhe
2330 M. Fortwährend westlich geht der Weg über die einsamen, melan-
cholischen Strecken der Muttenalp, deren Hütte am Zusammenfluss zweier
Bäche liegt. Der westliche kommt von der Spillanaalp her, wo ein kleiner
See zwischen den eisigen Hörnern des Crispalt und Bristenstocks liegt. Die
Gletscher des Piz Giuf und Mutsch haben dahin ihren Abfluss. Dieses Thal
ist Manchem schon verderblich geworden, der hier in unwegsame Bergwüsten
statt auf die Höhe des Kreuzlipasses kam. Zwischen den hohen Bergmassen
des Bristenstocks und Weltenalpstocks, der vom Piz Tgietschen ausläuft, folgt
der Pfad dem Bache und senkt sich in die felsigen, doch freundlicheren Alpen
des Etzlithals und durch dieses in das liebliche Maderanerthal (Kerschelen)
hinab. Nach 8—9 Stunden Wanderung von Sedrun aus, erblickt man auf
der Höhe an der Thalecke die Trümmer der Veste Zwing Uri, das Denkmal
gebrochener Tyrannengewalt, und an ihrem Fusse den Flecken Amsteg am
Ufer der Reuss. Von der Bündner Seite ist der Kreuzlipass, abgesehen von
der Anstrengung auf dem wüsten Wege, zur Sommerszeit, wenn kein Schnee
mehr liegt, gar nicht gefährlich, mehr ist dies der Fall von der Urner Seite
her, wo man Gefahr läuft, sich in Seitenthäler zu verirren, während man
von diesseits nur dem Thalbach zu folgen braucht, wenn man auf der Pass-

höhe ist. Nebel, Schneesturm und Lawinen können auch ausserdem verderblich werden. In dem kriegerischen Jahre 1199 zogen Franzosen und Oesterreicher diesen Weg.

Ein anderes Seitenthal, das man am besten von Sedrun aus besucht,
ist Nalps auf der rechten Rheinseite, von der starken Nalpsa durchströmt,
welche bei Niala in den Rhein mündet, und diesen fast um ein Drittheil
verstärkt. Das Thal ist an 3 Stunden lang und verläuft zwischen zwei hohen
Bergketten, welche beiderseits Gletscher tragen. Sie laufen vom Mittelrheinstock, namentlich den beiden Eckpfeilern Piz Rondadura 3019, M., (Scajla)
und Blas, 3023 M., aus, von welchen ein ansehnlicher Gletscher ausgeht,
der der eigentliche Thalgletscher ist. Beide Ketten zeichnen sich durch die
hohen kühnen Berggestalten aus: der westliche, welcher Nalps von Cornära
scheidet, endigt gegen Selva hin mit den furchtbar steilen Abstürzen des
Fil Alpata und Piz Muller, die andere, ihr ähnlich, aber mit noch mäch-
tigeren Höhen scheidet Nalps von Medels. Nur an wenig Stellen sind diese
beiden Ketten gangbar und nur von wenigen der gewaltigen Hörner ist eine
Ersteigung bekannt. Sie bestehen übrigens, wie fast ganz Tavetsch, vorherrschend aus Gneiss. Um nach Nalps zu kommen, geht man bei Sedrun
über den Rhein. Durch bewaldeten Boden gelangt man nach Surrhein, das
mit einem etwas höher gelegenen Weiler Topas, nur aus wenigen Häusern,
einer Capelle des heil. Antonius und vielen Alphütten besteht, und in dem
Winkel zwischen Rhein und Nalpha gelegen ist, 1409 M. Ausser einer
schönen Aussicht auf das Rheinthal, ist nichts Besonderes davon zu bemerken.
Der Weg führt dann über die Ecke in's Thal zu dem Hof Acla oder Nacla
und dann zu den Alphütten Perdatsch, 1617 M., die in einem schönen Thalgrund zwischen Felsen liegen. Ungefähr in halber Länge, da wo die Gletscherbäche von dem Piz Ganneretsch (Devos Glaciars) herabkommen, sind die
Alphütten Nalps, 1826 M., und etwas weiter noch mündet auf der linken
Seite das Thälchen Toma vom Piz del Maller und Toma her; einige in der
Wildniss wie verlorene Alphütten liegen bis fast am Thalgletscher zerstreut.
Es ist auffallend, dass ein so langes, im Ganzen nicht sehr hoch gelegenes und
mit schönen Weidenstrecken versehenes Thal eigentlich gar nicht bewohnt
ist, denn ausser Nacla sind alle übrigen Wohnungen nur Sennhütten. Das
Thal ist schön, in den unteren Theilen angenehme Abwechslung von Weide
und ausgedehntem Wald, die Bergformen sind von malerischer Abwechslung,
nicht minder die zum Theil sehr zerrissenen Gletscherabhänge. Die Flora
ist die der hohen Alpenthäler; von Insekten sieht man viel Schmetterlinge.
Sonst kamen hier viel Murmelthiere vor und in den Wäldern haust noch
gegenwärtig nicht selten der Bär; die Höhen sind noch ziemlich reich an
Gemsen. Ob ein Uebergang von der letzten Alphütte Ufiern nach St. Maria

am Lukmanier durch das Thal Rondadura leicht gangbar ist, weiss ich nicht aus eigner Erfahrung, doch wird dieser Pass begangen und heisst Bolkata de Nalps. Das ganze Thal theilt sich eigentlich in 2 Alpen, Nalps de Gras auf der linken Seite enthält die besseren Weiden und Waldstrecken und gehört dem Kloster Disentis. Nalps de Mager auf der rechten Thalseite ist steinig und trockner und gehört der Gemeinde Disentis.

Pl. a Spescha beschreibt die Ersteigung des Piz Serenja in der Kette zwischen Nalps und Cornära, nahe am Thalgletscher, 2988 M., bezeichnet ihn aber als den vorletzten Berg der Reihe, was auf den Piz Uffern passen würde, 3017 M. Der Berg sei sehr felsig und von Nalps aus zu ersteigen und westlich vom Thalgletscher gelegen. Da Spescha die Absicht angibt, eine Uebersicht und relative Höhenmessung zu gewinnen, so ist es wahrscheinlich, dass er die letztere höhere Spitze meint, die er Serenja de dora nennt. Ueber die näheren Umstände der Ersteigung ist nichts angegeben, sie mag daher nicht besonders schwierig sein; die Aussicht war ungemein schön und ausgedehnt. Interessanter ist die Beschreibung eines Gewitters beim Herabsteigen. Spescha sah die südlichen Gebirge, namentlich den Montblanc sich mit Dunst umhüllen, betrachtete dies als Anzeigen eines nahen Sturmes, liess seinen Begleiter, der die Sache nicht begreifen wollte, Instrumente und andere Habseligkeiten einpacken und stieg eilig herab. Als sie an die obere Alp kamen, wo ihnen die Sennen Milch gaben, zogen die Wolken schon an den Hörnern des Thales auf. Kaum waren sie 1½ Stunde weiter gegangen, als das Gewitter mit wüthendem Sturm, Blitz, Donner und Hagel losbrach. Sie befanden sich auf einer Wiesenfläche ohne allen Schutz, stellten sich also gegen einander, den Rücken gegen den Sturm gekehrt. Das Vieh brüllte, die Hirten schrieen, Alles was konnte, eilte nach der Thaltiefe. Die beiden Bergfahrer verblieben in ihrer Stellung und schützten sich so gut sie konnten gegen die dicken Hagelkörner, die besonders empfindlich an die Waden anschlugen. Nahe bei ihnen wurden mehrere Schafe vom Blitz erschlagen, wobei die Luft „verschwefelt wurde." Alle Bäche traten über und waren weiss wie Milch. Doch dauerte das Unwetter nur etwa ½ Stunde. Sie kehrten ganz durchnässt nach der Alphütte zurück. Dort war Niemand, der Regen war eingedrungen und das Feuer erloschen; doch kamen bald die Leute und es war möglich, sich zu trocknen und sonst zu erholen.

Das nächste Dorf von Sedrun aus ist Ruäras. Der Ort liegt etwa 1340 M. in einem felsigen und steinigen Thalkessel, wo die Mila und der Bach von Giuf sich vereinigen und wird von diesem so wie von 3—4 Lawinenzügen bedroht, welche ihn schon einigemal fast vernichtet haben. Doch ist die Lage so, dass noch einiges Getreide gebaut wird. Das mag neben der alten Gewohnheit und Anhänglichkeit des Menschen an die Stelle, wo er

seine Jugend verlebte, der Grund sein, warum man überhaupt den Ort fortwährend bewohnt, da doch schon sein Name eine übele Bedeutung hat; Ruäras
bedeutet Ruine. Doch nimmt sich das Dorf mit seiner Kirche, die einen mit
Säulen gezierten Thurm trägt, noch ziemlich freundlich in dieser Einsamkeit
aus. Von den früher sehr bedeutenden Wäldern sind noch immer ansehnliche Reste vorhanden und zwar zu beiden Seiten des Rheins, doch sind sie
lückenhaft und schlecht cultivirt und geschont; die Lawinen mögen sie nicht
mehr aufhalten.

Es mögte hier der Ort sein, über diese verderbliche Naturerscheinung,
von der man sich auswärts nicht immer ganz richtige Begriffe macht, etwas
Näheres anzugeben.

Lawinen sind überhaupt in Bewegung gesetzter Schnee, der von den
Höhen an steilen Bergseiten hinabrutscht. Man unterscheidet gewöhnlich:
1) Gletscherlawinen oder Schlaglawinen; 2) Rutschlawinen oder warme Lawinen; 3) Staublawinen oder kalte Lawinen.

Die ersteren fallen zu jeder Jahreszeit, gewöhnlich aber dann, wenn im
Sommer frischer Schnee auf die Gletscher fällt, oder auch, wenn Stücke von
diesen, über steile Abhänge geschoben, abbrechen und in die Tiefe stürzen.
Da sie an Orten fallen, wo der Mensch und sein Eigenthum selten mit ihnen
in Berührung kommen, so kümmert man sich wenig darum, im Gegentheil
sind sie für Reisende ein angenehmes Schauspiel und ihr Donnern in den
fernen Einöden der Gletscher gehört mit zu der Poesie der Alpenwelt.
Man sieht die Schneemassen oder die gewaltigen Eisfragmente gewöhnlich
wie einen Wasserfall als glänzenden Streif von weissem, in der Sonne fun-
kelndem Staub umhüllt, in irgend eine Schlucht stürzen und dieser folgen, da
und dort neue Fälle bilden und mit furchtbarem Krachen und weithin schal-
lendem, von dem Echo des Gebirges wiederholtem Donner in eine Tiefe stürzen
und sich da aufhäufen, worauf sie dann langsam wegschmelzen. Zuweilen
mischt sich auch Wasser damit, wenn nämlich durch eine vorausgegangene
Lawine einem Gletscherbach der Weg versperrt wurde, worauf dann die nächste
mit dieser Wassermasse vermischt niederbraust. Wer das Berner Oberland
besucht hat, erinnert sich unstreitig dieser Erscheinungen, die sich fast täglich
der Wengern Alp gegenüber an der Jungfrau zeigen, und konnte bei einem
Glas Wein den Anblick der Lawinen gemächlich geniessen. Nicht eben so
gemüthlich ist es, wenn man etwa in das Bereich dieser glänzenden und stäubenden Fälle geräth, was mir mehrmals begegnet ist. Kann man sich hinter
irgend eine Felswand u. dgl. flüchten und die Massen an sich vorbeibrausen
sehen, so gehört dies zu den grossartigsten Schauspielen, wenn man auch
nicht gerade ausser Gefahr ist, besonders wegen des Luftzuges; wenn man
dagegen, wie mir eines Tages im Engadin am Piz Corvatsch vorkam, ohne

solchen Schutz die Lawine herankommen und die Eisblöcke um sich herum-
tanzen sieht, so ist gänzliche Resignation das Einzige, wobei man allenfalls
die Geistesgegenwart behauptet, auszuweichen, oder sonst etwas zu seiner
Rettung zu thun, in der Regel aber wird man diese nur dem Zufall verdanken, dass man nicht in den Hauptzug der Lawine gerathen ist.

Eine ähnliche Bewandtniss hat es mit den Rutschlawinen oder warmen
Lawinen. Letzteren Namen führen sie, weil sie bei Thauwetter, namentlich
im Frühjahr entstehen. Wenn an steilen Halden, besonders auf glattem
Grasboden, das Wasser unter den Schnee läuft, so verliert die Decke ihren
Halt und fängt an, auf dem schlüpfrigen Boden zu rutschen. Sie reisst
auch die benachbarten Schneemassen mit, Schneeklumpen ballen sich zusammen, laufen, den andern Schnee aufrollend, voraus, verursachen neue
Schlüpfe u. s. w. und so schiebt unter Umständen die Bedeckung einer
ganzen Halde in divergirender Form abwärts gegen das Thal; sie reisst
Steine, Holzblöcke, Bäume etc. mit, schiebt Hütten und Häuser weg, ent-
wurzelt Bäume u. dgl. Da aber diese Art Lawinen selten eine grosse Ausdehnung gewinnen, und man die Orte kennt, wo sie gewöhnlich jedes Jahr
fallen, so ist die durch sie entstehende Gefahr meist nicht gross und kann
vermieden werden. Eigenthümlich ist die Festigkeit der unten aufgehäuften
Schneemasse, die fast dem Eis gleicht. Ein Glarner rutschte einst mit einer
Lawine zu Thal und kam selbst unverletzt davon, sein Mantel aber steckte
im Schnee und er konnte ihn nicht anders als durch langsames Aufhacken
desselben herausbringen. Es versteht sich, dass dieser Mann von Glück
sagen konnte, dass er nicht selbst verschüttet worden war.

Die Staublawinen oder kalte Lawinen fallen bei kaltem Wetter, gewöhnlich
nach heftigem, tiefem Schneefall. Dann bilden sich überhängende Schneelehnen theils von selbst, theils durch den Wind zusammengetrieben. Diese
brechen herab und geben die erste Veranlassung, oder solche entsteht durch
Schnee, welcher auf glatten Felsenplatten hinabgleitet. Es begreift sich, dass
auch sonstige Ursachen der verschiedensten Art dasselbe verursachen können,
so der Tritt eines Menschen oder eines Thieres, das Herabfallen eines Steines,
Lufterschütterung durch einen Schuss u. dgl., selbst lautes Rufen; doch hat
man dies alles oft stark übertrieben. Ist die Schneemasse einmal in Gang
gesetzt, so pflanzt sich die Bewegung mit Windschnelle auf der lockeren
Masse fort, die sich aber bald verdichtet und zusammenballt und an Dich-
tigkeit und Gewicht zunimmt, je weiter sie hinabfährt. Sie reisst alles mit
sich fort bis auf den Grund und von diesem selbst nimmt sie Felsblöcke, Holz
lockern Boden mit fort, die Tannen brechen wie Hanfstengel vor ihr, Alphütten und Häuser werden bis auf die letzte Spur weggefegt mit Menschen
und Thieren, welche sie enthalten. Hoch aufwirbelnder Schneestaub bezeichnet

ihren Weg, aber man darf ja nicht denken, dass sie nur aus solchem bestehe. Der furchtbare Luftdruck, welcher durch die fallende Schneelast hervorgebracht wird, fegt schon vor Ankunft der letzteren alles leicht Bewegliche weg, und hinter ihr her braust ein gleicher Luftzug durch die entstandene Leere veranlasst. So donnert die Lawine mit schrecklichem Getöse in das Thal hinab, oft selbst über dasselbe hinweg an der jenseitigen Halde sich aufstauend. Was sie trifft wird zerschmettert oder verschüttet, ein Berg von dichtem, festem Schnee und Trümmern aller Art, der oft den Lauf der Bergwasser aufhält, hat sich über Wiese und Wald und die Werke der Menschen gehäuft und dahinter liegt die kahle Verwüstung.

Selten ist es möglich, einer fallenden Staublawine auszuweichen, wegen ihrer Ausdehnung und Schnelligkeit, welche jedoch nicht immer gleich ist, sondern von der Masse des Schnees, der Neigung des Bodens, so wie auch von athmosphärischen Verhältnissen abhängt. Ausserdem wirft der Luftzug schon den Fliehenden nieder und schleudert ihn oft weit fort, selbst über Tobel und Flüsse weg, wodurch in einzelnen Fällen Menschen zufällig gerettet wurden durch Zusammentreffen von allerlei günstigen Umständen. Die Flucht hinter Felsen, wenn solche vorhanden sind, ist das Sicherste; Bäume schützen selten; ist gar kein anderer Ausweg, so ist ein letztes, freilich verzweifeltes Mittel, sich auf den Boden zu werfen, nach Kräften daran anzuklammern und die Lawine über sich hingehen zu lassen, am besten geschieht dies hinter irgend einem Rain oder sonstigen Vorsprung des Bodens.

Im Jahre 1749 war sehr viel Schnee gefallen; es trat dann Föhn ein, der Schnee verdichtete sich und fror bei der dann folgenden kalten Temperatur wieder zusammen. Am 4. Februar fing es an zu schneien und warf während 2 Tagen einen etwa 6 Fuss hohen Schnee. Am 6. brach eine Lawine auf der rechten Seite des Rheins, gegenüber Rußras, von der steilen Halde Valaca los und verschüttete unten in einem Stalle das Vieh und einen Mann, doch blieb der Stall ganz und man konnte die Gefangenen durch ein in der Wand angebrachtes Loch befreien. Alte Leute sagten, das Fallen dieser Lawine sei immer ein Vorzeichen derer von den nach Norden gelegenen Abhängen Pulanära und Mila gewesen. Aber man beachtete dies nicht und legte sich wie gewöhnlich in Bergdörfern, früh zu Bette.

Abends um 10 Uhr lösten sich gleichzeitig die Lawinen Pulanära und Mila. Das Geheul des Sturmwindes, das Donnern der Lawine, das Krachen der zerschmetterten Häuser tönten einige Augenblicke wirr durch einander, dann lag Todtenstille auf dem gemeinsamen Grab. Die Lawinen hatten 23 Häuser, 39 Ställe, 5 Mühlen, eine Säge, 237 Thiere und über 100 Menschen bedeckt; zum Theil bis über den Rhein hinaus mit fortgerissen.

Die Bewohner der nicht verschütteten Gebäude, und solche, die sich aus dem Schnee losmachen konnten, zogen die Sturmglocken und von den benachbarten Orten kam Hülfe. Der Pfarrer von Sedrun, Jakob Biart, eilte von dort aus mit 5 Männern voraus. Als diese bei Sarkuns vorüberkamen, brach eine neue Lawine von der steilen Thalseite Endadusn herab und riss die drei vorangehenden sogleich mit fort, die andern konnten sich hinter einen Stall flüchten, aber dieser ward förmlich übergeworfen und erschlug den Pfarrer. Am andern Morgen kamen die Thalleute zusammen und es begannen angestrengte Rettungsversuche, aber so gross war die Schneemasse, dass man nicht wusste, wo man graben und suchen sollte. Nach und nach gelang es, die Verunglückten zu finden; 44 zog man lebend heraus, 64 waren todt. Von ersteren waren manche ganz gesund, andere schwer verletzt. Sie hatten alles gehört, was über ihnen vorging, aber ihren Hülferuf hörte man von aussen nicht. Manche, deren Wohnungen nicht zertrümmert wurden, waren beim Verschütten gar nicht aufgewacht, und konnten dann nicht begreifen, warum es nicht Tag werden wolle; noch Andere zog man unverletzt aus dem Schnee selbst hervor. Das ganze Thal war in Trauer; denn fast alle hatten hier Angehörige verloren. Als der Schnee schmolz, baute man die zerstörten oder stark beschädigten Häuser wieder; 1817 traf ein ähnliches, wenn auch nicht ganz so schreckliches Unglück den Ort — und dennoch wohnt man fortwährend hier. Ob Menschenhand etwas zur Abwehr thun kann, vermag ich in diesem Falle nicht zu beurtheilen, doch hat man dies anderwärts durch Erdaufwürfe und Bewaldung mit Glück versucht.

Zu Ruäras gehören noch eine Anzahl Häuser und Höfe. So Venzin und Florin als Stammorte bekannter Familien, wovon die erstere einige gelehrte Leute aufweist. Giuf oder Juf liegt auf dem hohen Ufer des Baches, welcher aus dem gleichnamigen Thal kommt. Zwischen diesem und dem Rhein, nicht weit unter der Landstrasse liegen auf einem Felsen die ehrwürdigen Reste der Burg Pultmenga oder Pontaningen. Das Schloss stand urkundlich schon um 1300, doch kommt die Familie, die es bewohnte, schon früher vor. Diese hat den Ruhm eines wirklich edlen Geschlechtes hinterlassen, namentlich ist der Abt Peter von Pontaningen ein mit Recht in Bünden gefeierter Name.

Die beiden bei Ruäras einmündenden Thäler Mila und Giuf sind wenig besucht und bekannt. Ersteres ist etwa 1 Stunde lang und endigt am Piz Mutsch (Piz Mila), auf der linken Seite ist ein kleiner Hochsee L. de Chichle. Es ist ein einsames Weidethal, ausser einigen Sennhütten unbewohnt, doch sind seine Alpen ergiebig und die wilden Bergsichten im Hintergrund schon eines Besuches werth. Der Thalbach Mila verursacht mitunter gefährliche Ueberschwemmungen. Am Piz Ner und Culmatsch, die es auf der Westseite begrenzen, liegen Gletscher, jedoch erst auf einer hohen Thalstufe.

Giuf ist länger, hat aber ungefähr dieselbe Richtung. Ob dem gleich-

namigen Hof ist die Halde stark bewaldet; das Thal selbst enthält schöne
Weiden, die früher dem Kloster gehörten. Zu beiden Seiten ist es von felsigen Abhängen eingeschlossen, besonders auffallend ist die Westseite; hier
erhebt sich in senkrechten Abstürzen zu ungeheurer Höhe die Tsnina Val
Juf. Hoch und drohend stehen diese rothgrauen Wände aus Gneiss gebildet,
von dem zerhackten Grat aus reichen tief eingerissene Schluchten hinab, eine
Schneelehne krönt fast immer die Kämme. Südlich läuft diese Kette in niedrigeren Bergstufen bis an den Rhein, wo sie nicht weit von Pultmenga das
Riff Sursassi gegen den Floss vorstreckt, welcher dadurch eine andere Richtung erhält. Nach Norden zu aber steigt diese Felsenkette, welche man gewöhnlich Crispalt nennt (Crispa alta, hoher Kamm), zu dem mächtigen Piz
Giut oder Denter glaciars auf, welcher die höchste Spitze des ganzen Crispalt-
gebirgs ist. Er bildet einen Knotenpunkt zwischen diesen hohen, steilen Kämmen und nach 4 Seiten laufen Thäler von ihm aus, alle mit Gletschern gefüllt,
die drohend in die Tiefe herabhängen. In mehreren Abstufungen erheben
sich über diese die Felsenköpfe, welche verschiedene Namen führen, zwei
davon ragen hoch über die andern empor. Dennoch ist dieser Berg nicht
sehr schwer zu ersteigen. Man geht durch das Thal Giuf bis an die Gletscher,
überschreitet diese in nordöstlicher Richtung, wodurch man auf den Kamm
und auf die höhere der beiden Spitzen gelangt. Die Aussicht ist schön und
erstreckt sich in grosse Fernen zu den mehr erwähnten Hauptpunkten. In
der Nähe sieht man weit hinab in das Rheinthal bis zu den Rebenhügeln von
Chur und der Herrschaft und in die Thalgletscher der Seitenthäler. wo die
letzten Pflanzen spärlich zwischen Schnee und Eis sprossen; jenseits blickt
man auf die wüsten Gebirgslandschaften am Kreuzlipass hinab, auf die Eis-
wüsten um den Oberalpstock, und der Reuss entlang weithin in die Berge
und Thäler von Uri und Unterwalden.

Man kann von Ruäras auf den Oberalppass und nach Ursern gelangen,
und Manche ziehen diesen Weg vor, während der andere über Selva und
Tschiamot in der That besser und auch interessanter ist. Um den ersteren
zu gehen, steigt man von Ruäras langsam über bewaldeten Boden aufwärts,
übersteigt den vom Crispalt auslaufenden Rücken oberhalb Crispausa, und
geht an den dazu gehörigen Alphütten Milez und Scharina vorbei. Hier ist
man schon auf den Bergmatten oberhalb der Baumgrenze; diese Alpen gelten
für die fettesten in ganz Tavetsch. Man befindet sich nun in Val Terms oder
Tiarms, auch kurzweg Val genannt, das sich noch viel weiter aufwärts gegen
die hohen, felsigen Gräte und Gletscher des Mattenbergs und Federstocks
ausdehnt. Die Vala, welche letzteren entströmt, macht nahe am Wege einen
schönen Fall über die hohe Felsenschwelle des Thales. Wir lassen aber
diesen rechts und steigen an der Alp Terms vorüber der Lücke zu, welche

zwischen dem hohen Piz de Terms, 2915 M., und der niedrigen Höhe Calmot 2316 M., durchführt. Die Passhöhe, aus grasigen Halden bestehend, ist immer noch 2165 M.; die von Surpalix nur 2052. Nun geht der Weg schwach abwärts und bald zeigt sich von hohen Felsengebirgen eingeschlossen eine schöne, blaugrüne Wasserfläche, eine Zierde der sonst öden Gegend. Es ist der Oberalpsee, fast eine halbe Stunde lang aber sehr schmal im Verhältniss zu seiner Länge, 2031 M. hoch. Einige kleine Felseninseln verschönern ihn, das Wasser strömt ihm aus den Schneelagern der Berge zu, die ihn nordwestlich begrenzen, dem Rienzer- und Berglistock, in welche die hintere Fälli eingeschnitten ist. Der Oberalpsee enthält schöne Forellen. Westlich davon liegt auf hoher Thalstufe der viel kleinere Lautersee, 2340 M., am Schneehühnerberg.

Am oberen Ende des Sees vereinigt sich der Pass, der von Tschiamut aus durch das Thal Surpalix und Alp Mutschanära heraufsteigt. Dort steht ein Kreuz und daher heisst der Pass auch über's Kreuzli, ist aber nicht mit dem oben erwähnten Kreuzlipass zu verwechseln. Beide vereinigt senken sich dann über Alpentriften hinab nach Andermatt. Man pflegt den beschriebenen Weg meist nur im Sommer zu gehen und nennt ihn über's Bergli, der andere durch das Alpenthal Surpalix ist auch im Winter ziemlich betreten; am Oberalpsee aber fallen oft gefährliche Lawinen. Pl. a Spescha erzählt, wie er einst mit dem Abt von Disentis und einigen Begleitern an dieser Stelle vorübergekommen sei. Plötzlich hörten sie die Lawine auf der Höhe, Spescha stieg schnell vom Pferd, duckte sich hinter einem Abhang in den Schnee und hielt sich an den Felsstücken fest. Alsbald rollte die Lawine über ihn weg und gleich dahinter her eine zweite. Er konnte sich wieder aus dem Schnee hervorarbeiten und nach seinen Begleitern sehen. Diese waren sammt den Pferden etwa 100 Schritt weit fortgeschleudert, der Abt steckte noch hoch zu Ross fest im Schnee, der sich wie ein Hügel um ihn angehäuft hatte, doch war keinem ein Unglück widerfahren. Nachdem die Gesellschaft wieder flott geworden war, setzte sie ihren Weg fort und musste, oft bis an die Brust in den Schnee versunken mit furchtbarer Anstrengung sich den kurzen Weg nach Selva bahnen, wo sie um 9 Uhr Nachts ankam. Man kann sich daraus eine Vorstellung davon entnehmen, wie es im Winter in diesen Gegenden aussieht.

Vom Oberalpsee an senkt sich der Weg immer mehr, bald breitet sich das Thal zum weiten Alpengelände aus, das mit Hütten und Häusern besetzt ist, und mündet dann in eine grössere Thalschaft, deren blühende Matten von hohen Bergen eingeschlossen sind. Das ist Ursera, von der jungen Reuss durchströmt, das Dorf da unten ist Andermatt; wo die Felsen dort zusammenrücken durchbricht das Urner Loch die vorspringenden Klippen des „Bärenschlosses“, und eilt die Reuss in donnerndem Fall unter der Teufels-

brücke hin. Aber nach Süden zu steigt aus der Thalfläche der Weg nach
Hospital und Realp und von da über den St. Gotthard, wo er sich hinabsenkt nach südlichen Ländern.

Wir lassen aber den Bergpfad über die Oberalp zunächst liegen und
setzen unsere Reise dem Rhein entlang fort. Nachdem wir die Felsen von
Sursassi umgangen, öffnet sich uns eine andere Aussicht. An der Halde
hinauf liegen Crispausa und Carmichut, zerstreute Wohnungen, nahe am Weg
eine Capelle, weiterhin die Dörfer Selva und Tschiamut, die letzten des
Rheinthals und in ernster Majestät lagern dort hinten die Gebirgsmassen
welche dieses schliessen.

Selva liegt etwa eine Stunde von Rueras 1538 M. hoch am Ende einer
sumpfigen Ebene, die ehemals stärker bewaldet war als jetzt, denn die sonst
ansehnlichen Waldungen im Thal und an den Berghalden, von denen das
Dorf seinen Namen hat, sind grösstentheils zerstört. Der Ort ist klein und
hat wenig Merkwürdiges, die hölzernen Häuser, woraus er besteht, sind
schon mehrmals abgebronnt. Ausserdem ist er noch mehr als Rueras den
Lawinen ausgesetzt, die in zwei Zügen von Nord und Süd her den Ort bedrohen. Die nördliche haben die Bewohner sich selbst zu verdanken, weil
sie den Wald an den steilen Halden von Milez ausrotteten; die andere weit
gefährlichere vom südlich gelegenen Abhang Runnatsch kommt fast jedes
Jahr in verschiedener Stärke herab, verschüttet das Rheinbett, beschädigt
Dächer, Fenster u. s. w. und richtet fast jedesmal erheblichen Schaden an;
das ganze Thal zittert unter den stürzenden Schneemassen, die oft bis in
den Sommer liegen bleiben und Brücken über den Rhein bilden. Aber dabei
ist es nicht immer geblieben; 1808 erreichte die Lawine das Dorf, zer-
schmetterte die Gebäude und begrub 42 Menschen und 237 Stück Vieh,
welche alle umkamen. In dem kalten Winter 1812 auf 13 wiederholte sich
dieses Unglück, 27 Menschen kamen um. Wegen der beständig drohenden
Gefahr und sonst ungünstiger Lage, wollten die Einwohner den Ort später
verlassen und kamen 1853 bei dem Bundesrath um Unterstützung ein. Diese
erhielten sie nicht und sind daher geblieben.

Aus dem sumpfigen Boden bei Selva entspringt eine Schwefelquelle, die
nicht benutzt wird. Botanikern, besonders Bryologen, ist diese Gegend zu
empfehlen.

In nicht ganz einer halben Stunde erreicht man das letzte Dorf des
Rheinthals, Chiamut (Tschiamut, Camot etc.) 1640 M. hoch in einem weiten
Thalkessel, zwischen kleineren Anhöhen gelegen. Es besteht aus einer sehr
alten Kirche, 8 – 10 Häusern und einer Anzahl Ställe. Man baut hier noch
Sommerroggen, Gerste, Flachs, Erbsen, Rüben und einige andere Gemüse-
pflanzen auf einer Höhe, wo man sonst nicht gewohnt ist, dergleichen an-

zutreffen, denn vor dem Nordwind ist der Ort geschützt und dem warmen
Hauche des Südwindes noch zugänglich. Ehemals waren grosse Waldungen
hier, in deren Mitte ein Hospitz gebaut war, zum Schutze der Wanderer,
die nach Ursera gingen. Jetzt sind die Wälder grösstentheils verschwunden,
die Gegend ist kahl und dafür den Lawinen und Rüfen ausgesetzt, wenn
auch nicht gerade das Dorf selbst. Es kann bei dieser Gelegenheit nicht
genug empfohlen werden, die Wälder in hohen Lagen zu schonen, das heisst
vernünftig zu benutzen und für neuen Anwuchs zu sorgen. Man behauptet
gewöhnlich, die Gegend werde wilder und das Clima kälter, und desshalb
kämen die Bäume nicht mehr fort. Vielseitige Beobachtung, die ich so weit
meine Erfahrung reicht, bestätigen kann, lehrt das Gegentheil. Das Clima
wird schlechter, weil man die Bäume zerstört. Unsere Waldbäume sind
gesellige Pflanzen, die nur in Gruppen und Beständen, am besten in grossen
Waldstrecken gedeihen, und verkümmern, wenn sie einzeln stehen. Bei den
Tannen kommt hiezu noch der Umstand, dass ihre leichten geflügelten
Samen nicht zur Erde gelangen und also auch nicht keimen, wo der Boden
mit dichtem Gras bedeckt ist; sie erfordern hierzu Walderde und die schützende
feuchte Moosdecke welche ihnen die erste Feuchtigkeit gibt, und worin die
zarten schlanken Wurzeln eindringen sollen. Vereinzelte Bäume auf hohen
Alpen vermehren sich daher nicht oder spärlich und wenn rings um sie keine
Nachbarn sind, die sich gegenseitig schützen, so gehen die vereinzelten Stämme
nachgerade aus. Nimmt man dazu, dass die etwa doch aufkeimenden jungen
Pflänzchen von dem Vieh, besonders von den Ziegen, abgefressen werden,
so begreift sich leicht, warum kein Wald mehr aufkommt, wo er einmal
durch die Sorglosigkeit der Bewohner vernichtet ist. Der mangelnde Wald-
schluss ist aber nicht den Bäumen allein schädlich. Wo eine frische, dicht
geschlossene Waldung wie eine grüne Mauer Wind und Wetter trotzt, da
schützt sie das Thal vor dem Andrang der Lawinen, die Wiesen, Felder
und Wohnungen der Menschen vor Sturm und kaltem Luftzug; ihre Zerstörung rächt sich durch Verschlechterung des Climas. Der Mensch hat bekanntlich überall für Eigennutz, Trägheit und verkehrtes Thun eine Menge
Entschuldigungen und hier namentlich die, „dem Gange der Natur könne er
nicht widerstreben," oder „der Wald sei seiner Zeit auch gewachsen und das
werde auch so fortgehen." Der erstere Einwurf widerlegt sich aus dem
Vorhergehenden, der letztere, welcher da gemacht zu werden pflegt, wo
man die übelen Folgen noch nicht verspürt, ist dahin zu beantworten, dass
allerdings die Natur, wo man sie ganz sich selbst überlässt, sich auch selbst
hilft; wo aber der Mensch durch fortwährendes Wegnehmen ihrer Erzeugnisse,
in ihren Gang eingreift, da hat er die Verpflichtung durch Aussaat, Anpflanzung
oder wenigstens zeitweiligen Schutz das gestörte Gleichgewicht wieder herzu-

stellen und vermöge seiner Vernunft und gewonnenen Einsicht als schaffende und erhaltende Kraft in den Gang der Natur einzutreten. Thut er das nicht, so trägt er selbst oder seine Nachkommen die Folgen und nicht immer ist der gestiftete Schaden zu ersetzen.

Wir sind bei Chiamut den Hochgebirgen immer näher gekommen, wo die Quellen des Rheins sind; in erhabener, stiller Grösse umstehen sie diese letzte Erweiterung des Thales. Von dem kleinen Dörfchen aus, dem letzten bleibenden Wohnsitz der Menschen, blicken wir auf zu ihren gewaltigen, schneeigen Scheiteln, zu den starren grauen Felsenmassen, den tiefen Schluchten, welche ihre Seiten durchfurchen, den Eis- und Schneestreifen, die sich durch sie herabziehen zwischen dem dunklen Gestein. Hell strahlt die Sonne aus des Himmels dunklem Blau, in das sich die Riesen in feierlicher Einsamkeit erheben, als trügen sie sein Gewölbe auf den starken, eckigen Schultern; die schäumenden Wasser glänzen im Licht, die Alpenblume schaut mit kindlichem Auge hinauf zur belebenden Mutter, die sie kleidete in farbigen Schmuck, die grünen Matten lachen ihr entgegen, die weidende Heerde spielt in der warmen Sommerluft, die der leichte Bergwind erfrischend bewegt. Hier ist nicht die drückende Schwüle des Tieflandes, ein belebender Hauch weht durch die Alpenwelt, und wie er die Sehnen spannt und den Blick schärft, so hebt und bewegt er die Seele auch zu freierem, kühnerem Schwung. Dort hinauf auf die freien Höhen, wo der Fuss an dem Abgrund steht, das Haupt sich höher erhebt zum Licht, wo die leichte Luftwelle die Brust umweht und das Auge weit hinaus blickt über die zackigen Alpengipfel und blendende Firnen in die weite blaue Ferne hinab, wohin der junge Strom seine Wellen rollt! Lasse da unten des Lebens Sorge und Mühe, und athme frei auf den freien Gebirgen.

Doch werfen wir noch einen Blick auf das Dörfchen, das wir verlassen haben. Hier begann 1799 der Aufstand gegen die Franzosen und zog wachsend wie ein Bergstrom das Thal hinab. Aber auch eine andere Erinnerung knüpft sich an Chiamut. Von hier stammte der bekannte Maler Diog und nahm die Erinnerungen des Hirtenknaben mit hinab in die bewegte Welt. Er war 1760 geboren und starb zu Rapperswyl 1834.

Mit dem Rhein vereinigen sich hier zwei Wasser. Das eine, die Vala von Tiarms, kennen wir schon; stärker und wilder ist der Bach von Cornära, auch Cornärerhein genannt, der von der Südseite herkommt und eigentlich stärker als der Vorderrhein ist, der hier Rhein von Chiamut heisst, indessen ist dieser doch immer als Hauptfluss betrachtet worden, da er in der Richtung des Hauptthals fliesst. Das Cornärathal ist 2 Stunden lang und liegt am Eingang sehr tief, steigt aber schon bis zu den ersten Alphütten, welche an der Vereinigung mit Maigels liegen, zu 1880 M., und dann zum Thalgletscher,

der zwischen den Bergspitzen Blas und Ravescha liegt. Dieser Gletscher ist
sehr zerspalten, doch geht ein Weg darüber, welcher von den Livinern gebraucht wird, um ihr Vieh von Val Canaria aus herüber zu bringen, was selten
ohne Unfall abgeht; ihnen gehört die Alp, seitdem sie der Abt Paulus 1540
für 400 Gulden verkaufte, nach ihrem Abzug im Herbst jedoch steht die Nutzung
den Tavetschern zu, denen auch die ansehnliche Waldung am Eingang gehört. Cornära ist ein schönes Thal. Zwar ist die Thalsohle steinig und den
Ueberflathungen des Flusses ausgesetzt, die Seiten aber haben grasreiche
Halden mit herrlichen Weiden. Etwa in der Mitte macht der Thalbach einen
Fall. Die Ostseite wird durch die mehr erwähnte malerisch zerspaltene Kette
des Piz Blas von Nalps getrennt; nach Westen scheidet es der ähnliche, aber
kürzere Raveschagrat von Maigels und am Ende liegt, von den übrigen Gebirgen durch Einsenkungen getrennt, der Piz Cavradi, 2717 M., mit steilem
Gipfel, dann aber in grasige Abhänge auslaufend, deren Weiden gerühmt werden. Der Piz Ravescha, 3010 M., gehört zu den Mittelrheingebirgen und ist
ein gewaltiges, in scharfeckigen Massen von Süd nach Nord gestrecktes Felsenriff, das nach S. von furchtbaren Abhängen, nach N. und W. von langgestreckten Gletschern umgeben ist. Aehnliche aber niedrige Zähne und
Gräte setzen sich dann in den Raveschagrat fort und endigen mit dem Piz
Plauncacotschna. Dann folgt eine Einsenkung, aus welcher ein starker Bach
hervortritt, der aus eben diesen Gletschern und denen des Piz Alv, 2770 M.,
herkommt, während ein anderer Arm dem See von Maigels entströmt. Der
vergletscherte Hintergrund des Thales mit den hohen, spitzen Pyramiden des
Gebirgs gehört zu den grossartigsten Szenen dieser entlegenen Alpenlandschaft.
Der Piz Ravescha, welcher hier auch Piz Alv genannt wird und diesen Namen
eher verdient als die gegenüberliegende Spitze kann von da aus erstiegen
werden, und soll, so wie der leichter zu erklimmende eigentliche Piz Alv
der westlichen Thalecke, eine vorzügliche Aussicht, besonders in die südlichen Gegenden haben. In ihren untern Theilen ist die Alp Maigels durch
reizende Lage, zwischen herrlichen Bergformen und durch die Nahrhaftigkeit
ihrer gewürzhaften Alpenkräuter ausgezeichnet, aber nur etwa eine Stunde
lang. Der kleine See, welcher sie verschönert, ist nur durch eine niedrige
Hügelreihe von dem See Pali dulca oder Sciara getrennt, dessen Bach unmittelbar dem Vorderrhein zufliesst. Im Hintergrund, schon zwischen den
Gletschern, geht ein Pass nach der Unteralp und den Wildmattseen zwischen
Piz Ner (Schwarzhorn) und Dorel, so wie ein anderer zunächst hinter dem
Badus über den Grat Lohla, wo ebenfalls ein kleiner See auf hoher Berg-
stufe liegt. Das enge, felsige Thal der Unteralp führt nach Ursera. Wenn
man nicht den Badus ersteigen will, so ist eine Excursion von den Vorder-
rheinquellen über Maigels und Cornära zurück eine schöne und besonders in

botanischer Hinsicht lohnende Ausflucht, da man doch nicht gern denselben Weg zurückgeht.

Wir lassen diese Gegenden zunächst bei Seite und wandern unserm Ziel, der Rheinquelle, zu. Indem wir uns auf der linken Seite des Flusses halten, überschreiten wir den Bach von Tiarms Vala oder Valval, und gelangen bald bei den Alphütten Aldez zu einer Stelle, wo sich abermals drei Bäche vereinigen. Der nördliche, beim Hinaufsteigen am weitesten rechts gelegene, ist der Rhein von Surpalix; durch das gleichnamige Thal und die Alp Muschanäras über's Kreuzli nach dem Oberalpsee steigt man gewöhnlich nach Ursera über. Der Weg geht auf der linken Seite des Baches, zwischen den Bergen Calmot und Nurschallas durch eine kleine, aber schöne Alp und ist der bequemere Uebergang in das Thal der Reuss. Von der Vereinigung an heisst der Fluss eigentlich erst Rhein und eilt in raschen Stromschnellen dem Thalkessel von Chiamut und der Vereinigung mit dem Cornärabach zu. Der andere Bach, welcher sich schon vorher mit dem von Surpalix vereinigte, kommt zwischen Nurschallas und Piz Parlat hervor; der dritte südliche ist der eigentliche Vorderrhein.

Wir befinden uns auf der Alp Chiamut und können entweder dem mittlern Bach, wo besserer Weg ist, oder geradezu dem Vorderrhein folgen, welcher übrigens hier Aua do Toma oder Darvun heisst. Auf dem einen oder dem andern Weg erreichen wir bald eine Stelle, wo sich dieser unter einer Felsenstufe mit dem Abfluss des Sees Pali dulca oder Siarra vereinigt, der mehr von Süden herkommt, während der Vorderrhein von Westen her sich in brausenden Fällen von der Felsenstufe herabstürzt. Wir erklimmen diese Thalschwelle und stehen, 2344 M. hoch, vor einem Thalkessel, in welchem der Tomasee liegt; sein Abfluss ist der Ursprung des Rheins.

Der See ist etwa 400 Schritte lang und halb so breit, auf der Süd- und Südwestseite von steilen Felsen und Trümmergestein, auf der Nord- und Nordwestseite von grünem Alpengelände umgeben. Sein grünes Wasser ist sehr tief, aber Fische enthält er nicht.

Hoch steigen ringsum die Felsen empor und erheben sich in mächtigen Stufen zu den Gipfeln, welche den See, die Wiege des Rheins, umstehen. In düsterer Grösse steht da der mächtige Badus oder Sixmaduns, eine dreieckige Felsenpyramide; ihre dunklen Gneissfelsen tragen oben Gletscher und Lager von Firnschnee, welche als weisse Streifen tief hinabziehen in die Schluchten, die an seinen drohend und wild aufsteigenden Seiten herablaufen; Reste von Lawinen lagern fast das ganze Jahr durch am Fuss der Felsen. Dann folgen wenig niedriger Piz Toma, Plauncaulta oder Parlat und Nurgallas. Drei Bäche entspringen aus den Schnee- und Eislagern dieser Gebirgsmassen, von denen sich zwei vereinigen, ehe sie in das gemeinsame

Becken des Tomasees münden, in welchem sie die mächtigen Berggestalten spiegeln, welche die geweihte Stelle umgeben.

Es ist schön hier oben; feierliche Stille ruht auf diesem einsamen Felsenthal, nur das Rauschen des jungen Stromes vernehmen wir, der seine jugendliche Kraft prüft an den Klippen, über die er schäumend hinabstürzt. Friedlich ruht der Spiegel des Sees, die Felsenblumen nicken herab in seine Fluth, eine bunte Flora schmückt den Rasenteppich, der sich hinter ihm ausbreitet, die Natur wollte hier das Liebliche mit dem Erhabenen vereinen und alles Reizende, was die Alpen bieten, in diesem Raume verbinden. Werfen wir einen Blick von der Felsenschwelle zurück, da ruht unser Auge auf gewaltigen Felsenhörnern, mächtigen, weit gedehnten Gletschern, auf Alpenweiden mit saftigem Grün, durch welche silbernen Fäden gleich die Bäche ziehen. Und weiter hinab sehen wir in's Thal; da liegt das liebliche Tavetsch mit seinen Seitenthälern, Wäldern, Feldern und Dörfern, dahinter heben sich höher und höher die Häupter der Berge das ganze Rheinthal entlang und grüssen den Rhein von ihren hohen, weissen Gipfeln herab und senden als Boten und Genossen seiner Fahrt die wilden Bergwasser, die weiss stäubend und schäumend zu ihm hinabrauschen in die Tiefe.

Was sagst du junger Strom, was vertraust du des Wanderers lauschendem Ohr?

Bin ein Kind des Berges, der stolz sein freies Haupt zum Himmel erhebt, und der Wolke, die sich liebend anschmiegt an seine starke, felsige Brust. Die Windsbraut sang mir das Wiegenlied, Lawinen haben mich donnernd begrüsst. In freiem, ungehemmtem Lauf eil' ich hinab in das Thal, mit jugendlich spielendem Uebermuth kühn springend von den hohen Schwellen der heimischen Wohnung. Ich zerreisse die Klippen mit des Jünglings ungebändigter Kraft, und wälze hinab meine schwellenden Fluthen durch Felsenengen und Thal und Wiese und Feld an den Hütten und Städten der Menschen vorüber. Da zieh' ich hin als breiter, gewaltiger Strom und bringe ihnen den Gruss von den freien Alpen, wo das Volk die Felsenschlösser der Zwingherren zerbrach, und mögte selbst gern fliessen durch freies Land, bis dahin, wo die Nordsee mich empfängt mit dem Brausen ihrer frei dahinrollenden Wogen. Und es horchen die Ufer, von Sagen alter Heldenzeit umweht, und sie grüssen mich mit Liedern und fröhlichem Becherklang; und singen vom freien Rhein, wenn auch die Freiheit fehlt; —

Doch sah ich manches Auge flammen,
Und klopfen hört' ich manches Herz!

Der Badus ist unmittelbar vom See aus nicht zu ersteigen; denn senkrecht erheben sich da die Felsen, doch gelangt man nicht schwierig hinauf, wenn man diese Abhänge umgeht und den Berg von der Nordseite angreift, wo zwischen ihm und Piz Toma eine mit Schnee und Eis gefüllte Einsenkung ist, welche die beiden Hauptbäche zum See abgiebt. Wir steigen hier theils über den Schnee, theils über den Grat vorwärts, wobei indessen zu bemerken ist, dass die Schneelagen theilweise von Bächen unterwaschen und daher unsicher sind. So erreichen wir bald, ohne grosse Anstrengung den spitzigen Gipfel, welcher noch Pflanzenwuchs trägt, 2931 M. — 9770 Schweizerfuss. Der höchste Punkt ist ein Haufwerk von Gneisstrümmern, mit den auf Alpenspitzen gewöhnlichen Flechten und Moosen bewachsen. Wahlenberg, welcher die Spitze schon erstieg, fand 28 phanerogamische Pflanzen, es lassen sich leicht noch mehrere finden, wenn man die Gräte in ihrer Ausdehnung mit dazu nimmt. Auch Schneemäuse, Hypudäus nivalis, sind schon oben gesehen worden, die ich übrigens an eben so hohen Stellen häufig antraf. Ueberraschend und von hinreissendem Eindruck ist an hellen Tagen die Aussicht, denn der Badus ist einer jener vorgeschobenen Punkte, welche durch ihre glückliche Lage die Durchsicht zwischen höhern Spitzen gestatten, weil diese alle entfernt liegen und daher die Umsicht nur wenig beschränken. Nach Osten liegt das Rheinthal in seiner ganzen Länge bis zum Falkniss, die Städte und Dörfer im Grund und auf den Terrassen zerstreut; man erkennt die Kantonsschule und das Kloster St. Luzien bei Chur auf der Halde des Mittenbergs und die untere Stadt, den Bahnhof u. s. w. an dessen Fuss. Die beiden mächtigen, viel gestaltigen Bergreihen, welche das Thal einfassen, die Rhätikonkette im Hintergrund mit ihren steilen, grauen Kalkwänden und scharfgezähnten Spitzen treten in allen ihren Umrissen hervor. Nach Südost liegen die Medelser und Lugnetzer Gebirge; in blendendem Glanz schimmern ihre Gletscher zwischen den dunklen, zackigen Felsenspitzen hervor; darüber hin steigen die Rheinwaldgebirge auf, die mächtigen Gipfel mit reinen weithin glänzenden Schneedecken umhüllt und in noch grösserer Ferne an ihnen vorüber erscheinen zahlreiche Gipfel der östlichen Alpen. Gerade nach Süden liegt zunächst Maigels, mit den kleinen, freundlichen Seen und den Gletschern, welche den Piz Alv und Ravescha umlagern; dann ein Theil der Tessiner Gebirge; nach Westen hin sehen wir unten in der Tiefe das Unteralp- und Oberalpthal, dann Ursera, die verschiedenen Höhen des Gotthard, Fibia, Sella, Mutthorn, über diese hinaus den Monte Rosa, noch weiter westlich den Montblanc, die Berner Alpen, den Galenstock mit dem hohen Gletscherhorn. Durch verschiedene Lücken in den höheren Gebirgen kann man noch entferntere Punkte erkennen; denn wir stehen hier auf einer der Spitzen jenes massigen Gebirgsknotens, den man im Allgemeinen St. Gotthard nennt, und von welchem nach allen Seiten die Alpen grosse Thäler öffnen und ihre Ströme versenden.

Mann kann den Badus auch von der West- und Südseite ersteigen, oder auf diesen hinab nach der Unteralp und Ursera gelangen.

Wir sind nun an das Ende von Tavetsch und überhaupt an das des eigentlichen Rheinthals gelangt und knüpfen gerade an diese hohe Thatsache Einiges an, was zum Theil auf das ganze Oberland seine Anwendung findet.

Man wird sich zunächst gewundert haben, dass auf so ansehnlicher Höhe noch ein verhältnissmässig sehr mildes Klima herrscht. Im Ganzen genommen ist das Thal gegen den Nordostwind, dem es eigentlich ausgesetzt ist, ziemlich geschützt, indem die Thalsohle tief liegt und auch die Terrassen durch Quergräte und Ausläufer vor dem kalten Luftzug gedeckt sind. Der Südwind dagegen, oder wie man ihn gewöhnlich nennt, Föhn, (favugn, favonius nennen ihn die Oberländer,) hat durch die verschiedenen Passlücken, welche wir so eben als nach der Südseite der Alpen führend kennen gelernt haben, und welche alle nicht sehr hoch sind, Zutritt in das Thal und besonders in die höheren Lagen. Der Föhn ist nichts Anderes, als die Aequatorialströmung, die zwischen den Tropen aufsteigt und gerade südlich von uns durch das Sandmeer von Sahara weiter nördlich vorgeschoben wird, als dies sonst der Fall ist. Er senkt sich dann aus bekannten Gründen gegen Norden herab und ist als Wüstenwind heiss und trocken. Daher kommt seine Eigenthümlichkeit, den Schnee gleichsam wegzulecken, ohne viel Wasser zu machen. Da er sich von oben nach unten senkt, so erklärt sich daraus die Thatsache, dass er auf den Bergspitzen und in den Hochthälern, die nach Süden gerichtet sind, eher verspürt wird, als in den Tiefen, wo die kalte Polarströmung noch herrschen kann, während oben schon der Schnee schmilzt. Er kündigt sich zuerst durch grosse Heiterkeit der Athmosphäre, dann durch leichte Streifwolken an, die sich allmählich verdichten und mit der convexen Seite nach Norden gerichtet sind. Wenn solche über Tavetsch erscheinen, und an den Spitzen der Berge nach Norden gerichtete Wolkenstreifen hängen (Zopf oder Degen des Valaca, Badus, Brigelser Horns, Tödi, auch des Calanda bei Chur etc.) so ist der Föhn schon mit Dünsten beladen und „schüttet bald aus", d. h. es regnet, sobald der Wind mehr ein Westwind wird, und folglich kälter wird, was nach dem Gesetz der Winddrehung bald erfolgen muss. Man hat über diesen Wind auswärts sehr abentheuerliche Ansichten, die meist aus mehr oder weniger haarsträubenden Gemsjägernovellen stammen, womit man im Norden das Publikum in Erstaunen setzt. Wahr ist, dass er in einigen Theilen der Schweiz, z. B. im Reussthal mit verderblicher Heftigkeit weht, und auf dem Gebirg sowohl als auf dem See Gefahr bringt. In Bünden ist so grosse Heftigkeit selten; im Gegentheil ist er für das Land eine grosse Wohlthat, indem er die mittlere Jahrestemperatur um ein Bedeutendes erhöht, den Schnee schmilzt, im Oberland das Korn, im Unterland Trauben und Mais zur Reife bringt, das Heu trocknet und überhaupt den Ernteschluss des Jahres beschleunigt. Von seiner angeblich schädlichen Einwirkung auf den Orga-

9

nismus des Menschen habe ich auch nie etwas anders empfunden, als dass
er erhitzend und abspannend wirkt. Je höher indess und je näher den Pässen,
desto heftiger und stärker weht der Föhn; daher ist er gerade in Tavetsch
von besonderer Stärke und hier hat man allerdings Beispiele, dass Gebäude
abgedeckt und niedergeworfen wurden u. s. w.; man muss sich aber nicht
vorstellen, dass dies bei jedem Föhn geschehe. Seitdem man dort die Wälder
allzusehr gelichtet hat, ist auch der Föhn sowohl als auch der Nordostwind
heftiger geworden.

Wenn beide Luftströmungen zusammen kämpfen und daher die Wolken
ohne bestimmte Richtung durcheinander treiben, so folgen gewöhnlich Gewitter. Umhüllen sich die Bergspitzen schnell mit weisslichem Duft, der sich
nach und nach verdichtet und als Wolkenschichte herabsenkt, so ist dies ein
sicheres Anzeigen von Regen; so auch wenn bei Sonnenaufgang und Untergang vollkommen Windstille herrscht. Tritt Regenwetter ein, so hört es ge-
wönlich erst dann auf, wenn es auf den höheren Bergen angeschneit hat.
Wir könnten noch eine Menge solcher Wetteranzeigen anführen, wenn der
Raum es gestattete; Fremde werden wohl thun, sich bei erfahrenen Leuten
der betreffenden Thalschaft zu erkundigen; denn jede hat ihre Eigenthümlichkeiten; Hirten und Jäger erlangen in dieser Beziehung oft grosse Sicherheit, weil ihre Geschäfte sie zur Beobachtung nöthigen, und ich habe gefunden,
dass diese Angaben, wenn sie gewissenhaft sind, fast immer mit den Gesetzen
übereinstimmen, welche die Wissenschaft aufstellt.

Die Ersteigung hoher Bergspitzen bei zweifelhaftem oder gar nebligem
Wetter ist entschieden abzurathen; denn sie ist im besten Fall unnütz und
ohne Genuss, oft auch gefährlich. Dasselbe gilt von Passübergängen u. dgl.

Schnee fällt im Winter in Tavetsch mitunter in ungeheurer Masse; 4—6
Fuss sind gar nicht selten, zuweilen auch mehr; wo ihn der Wind zusammen-
treibt, liegt er unglaublich hoch. Schneesturm ist dann eine höchst gefährliche Erscheinung; der feine Schnee wirbelt und stäubt umher, treibt wolken-
artig über den Boden und dringt in die feinsten Ritzen ein. Dann ist es
Zeit, ein sicheres Obdach zu suchen; denn die treibenden Schneemassen benehmen den Athem, rauben die Aussicht, versperren den Weg und erkälten
so furchtbar, dass dem allen zusammen die stärkste Körperbeschaffenheit in
kurzer Zeit erliegt. Eine sonderbare Erscheinung wird namentlich in Tavetsch
bei solchen Schneestürmen verschiedentlich erzählt; es soll nämlich der Schnee
zuweilen bei Nacht ein blitzendes Licht zeigen. Uebrigens ist man hier zu
keiner Jahreszeit vor Schnee ganz sicher. Endlich muss bemerkt werden,
dass es gar nicht rathsam ist, bei frisch gefallenem Schnee hohe Bergtouren
zu unternehmen, oder gar über Gletscher zu gehen, deren Spalten dann mit
lockeren, trügerischen Brücken überzogen sind, während man über solche

von altem Schnee, wenn sie auch nur einige Fuss dick sind, ohne Gefahr hingeht, wie denn überhaupt die Gefahr auf Gletschern vielfach sehr übertrieben wird.

Gewitter sind hier wegen der wechselnden und kämpfenden Luftströmungen nicht selten und von furchtbarer Stärke, bringen aber den bewohnten Orten selten Gefahr, da die Felsen und Bergspitzen natürliche Blitzableiter sind. Desto gefährlicher werden sie durch die Rüfen, die sie verursachen, auch sind sie zuweilen von Hagel begleitet.

Tavetsch baut, wie mehrfach bemerkt, bis zu seinem obersten Dörfchen Getreide, doch besteht sein Hauptreichthum in seinen herrlichen Weiden und schönen Heerden, der Feldbau ist blos Nebenbeschäftigung und genügt nicht für den Verbrauch, obgleich er mit lobenswerthem Fleiss betrieben wird. Das Vieh wird theils zum Verkauf gezogen, theils wie überall in den Alpen benutzt. Die Tavetscher Käse erfreuen sich eines wohlbegründeten Rufes und beweisen, dass man in Bünden so gut als anderwärts guten Käse in den Handel bringen könnte. Die Schafe sind zahlreich und gut; die vielen Ziegen sind wie in fast ganz Bünden ein Uebel für die Forstwirthschaft. Man könnte durch Regelung der Weide diesem Verderb abhelfen, und doch eben so viel Geisen halten. Einträglich ist auch die Bienenzucht; der Tavetscher Honig ist berühmt durch gewürzigen Geschmack und schöne, weisse Farbe.

Von wilden Thieren kamen ausser den mehrgenannten Bewohnern der hohen Alpen sonst auch viel Luchse vor, von denen man aber jetzt wenig mehr hört. Diese schädliche Bestie zeichnete sich besonders dadurch aus, dass sie in der überfallenen Schafheerde alle Thiere erwürgte, deren sie habhaft werden konnte. Bären gibt es jetzt noch hier und da, aber sie sind auch selten geworden. Den Heerden ist der Bär, wenn er dazu kommt, sehr schädlich, allein man hat in Bünden kein Beispiel, dass er ungereizt den Menschen angegriffen habe. Doch hat sich Papa Mutz von alten Zeiten her in einer gewissen Achtung zu erhalten gewusst, die ihm Niemand streitig macht, so wie er sonst auch durch einen humoristischen Zug und gemüthliche Weltanschauung, welche ihm inwohnen, Gegenstand des Volkswitzes, und ich möchte sagen, einer gewissen Vorliebe geworden ist, deren sich andere Raubthiere nicht erfreuen.

Tavetsch hat einen Ueberfluss an schönen Mineralien. Nirgends in Bünden finden sich so schöne Bergkrystalle, dann Granaten, Sphen, Turmalin, Adular, Epidot, Anatas, Rutil u. s. w., gewöhnlich mehrere dieser Arten auf einem Stück vereinigt. Man kann in Sedrun, Ruäras und Disentis diese Sachen kaufen, es wäre aber den Händlern anzuempfehlen, feste und dabei vernünftige Preise anzusetzen. Die jetzige Verfahrungsart hat zur Folge, dass Durchreisende zu schweren Preisen ein oder das andere Stück als Andenken mitnehmen, was ihnen wenig ausmacht, da sie nie viel kaufen; solche aber, welche wirklich Mineralien sammeln, sich auf diesen langweiligen Handel nur dann einlassen, wenn ihnen etwa zufällig an irgend einem Stück besonders gelegen ist, für welches sie ebenfalls mehr zahlen, als es werth ist. Was man sonst braucht, bezieht man besser und billiger aus soliden Mineralienhandlungen. Dagegen könnte der Krystallhandel, ohne Uebernehmen und Prellen betrieben, für das ganze Oberland wirklich einträglich werden. Man muss hierbei noch bedenken, dass eben durch die Mineralienhandlungen und andere Verhältnisse, der Werth dieser Gegenstände, der ohnediess nur ein relativer ist, nicht mehr so hoch steht als sonst.

Die Einwohner von Tavetsch, jetzt nur 863, sind, wie die von Disentis, Romanischen Stammes und katholischer Konfession. Es ist ein starker, schöner Menschenschlag, hoch gewachsen und rasch entschlossen. In allen Kämpfen, welche das Oberland bestanden hat, waren die Tavetscher voraus, mit entschiedener Vorliebe für Schlagwaffen und Kampf in der Nähe. Sie sind fleissig, fassen leicht auf und lernen schnell; grosser Reichthum aber findet sich im Thale nicht, glücklicherweise aber auch gerade keine Armuth; bessere Benutzung der vorhandenen Hülfsquellen könnte vielleicht Manchem aufhelfen. Für die Volksbildung ist in neuerer Zeit mehr geschehen, doch dürfte mitunter besser dafür gesorgt sein, freilich liegt ein Hemmniss in der theilweise vereinzelten Lage und dem rauhen Winter. Neben eifrig religiöser Richtung, die lobenswerth ist, kommt auch allerlei Aberglauben u. dgl. vor, das besser wegbliebe. Auch hier wird verschiedentlich behauptet, dass mit den alten Sitten auch die harmlose Fröhlichkeit und Lebensfrische, besonders bei den jungen Leuten, nachgerade abgenommen habe. Das wäre sehr zu bedauern; denn ein tüchtiges Volksleben gedeiht nicht bei Trübseligkeit, sie mag ihren Ursprung haben, wo sie will, sondern am besten da, wo der Mensch frisch, fromm, fröhlich und frei in die Welt blickt und demgemäss handelt.

Als ein Bild alter Sitten mögen hier die bei Hochzeiten üblichen Gebräuche stehen.

Das Brautpaar wird, nach Kräften reich geschmückt und früher wenigstens in eigenthümlicher Tracht, von den Brautführern und Jungfrauen in die Kirche begleitet, Verwandte und Freunde folgen im Zug; bei der Einsegnung wird grosse Feierlichkeit beobachtet. Der Hauptmann der erwachsenen Jugend oder Knabenschaft, wie man sonst in Bünden sagt, wohnt dem allen in festlicher Tracht bei und lässt beim Heraustreten aus der Kirche die jungen Eheleute mit Schüssen begrüssen. Auf dem Platz steht die Jugend um einen Tisch mit Wein und Brod; der Hauptmann reicht dem Paar davon, es wird auf dessen Gesundheit getrunken und wieder geschossen; dann richtet der Hauptmann eine wohl gesetzte Rede, „Plaid de nozas", an den Bräutigam, des

Inhalts: „Er wünsche ihm zu dem freudigen Ereigniss Glück, bedaure aber, dass zwei der schönsten und duftigsten Blumen aus dem Garten der lieblichen und zarten Jugend weggepflückt worden seien und zwar zur Unzeit, im schönsten Schmuck ihrer Blüthe. Die sämmtliche Jugend sei darüber wie billig untröstlich und beweine diesen Verlust. Er hoffe aber sammt der ganzen Jugend durch die Grossmuth und das Mitleid des Paares einigermassen getröstet zu werden und wünsche den Getrauten Glück und Segen und eine zahlreiche Nachkommenschaft." Der Bräutigam erwidert: „Er danke freundlichst der Jugend, bedaure ihren Verlust, und entschuldige sich wegen des zugefügten Schadens durch seine und seiner Braut Gefühle und Neigung. Er stellt einigen Ersatz in Aussicht, verspricht, sich der Liebe und Freundschaft der jungen Leute zu erinnern, stellt ihnen dieselbe Laufbahn in Aussicht und empfiehlt sich ihrem fernern Wohlwollen."

Auf diese Ansprache folgt lautes Vivat, Schiessen und Musik; der Zug geht zum Hochzeitsmahl und tief in die Nacht wird getanzt.

Am Ende des Nachtessens erscheint der Hauptmann mit drei jungen Leuten und erinnert den Bräutigam an den versprochenen Trost. Sie werden reichlich bewirthet und erhalten ein Geschenk, das zu den nächsten Fastnachtsbelustigungen oder andern Festen verwendet wird.

Ich weiss nicht, ob diese Gebräuche jetzt noch überall im Gange sind, aber sie geben mit vielem Aehnlichen ein Bild des gemüthlichen Lebens dieses einfachen Hirtenvolkes, wie es wenigstens vor nicht langer Zeit noch war. Zu den Volksfesten gehören hier auch die Processionen, die zum Theil in weite Entfernung gehen.

Die Geschichte von Tawetsch hängt genau mit der von Disentis zusammen und ist oben in den Hauptzügen angegeben. Das Thal war früh bevölkert, doch wahrscheinlich sehr schwach; die Legende erzählt, dass St. Placidus hier Alpen besessen habe. Später wurde es von der Familie Pontaningen, wie es scheint unter Oberhoheit des Klosters verwaltet. Mit dem Erlöschen derselben hörte die Kastvogtei auf. Die Einwohnerzahl muss aber nachher sehr gewachsen sein, und war zu Zeiten stärker als gegenwärtig. Mehrmalige verheerende Krankheiten im 16. und 17. Jahrhundert, Kriegsnoth im Lande selbst und wohl auch fremder Kriegsdienst der jungen Mannschaft, sind als Ursachen hiervon anzuführen, wiewohl sie die Thatsache nicht vollständig erklären.

13. Medels und der Lukmanier.

Kennst du den Berg, und seinen Wolkensteg?
Im Nebel sucht das Maulthier seinen Weg;
In Höhlen wohnt der Drachen alte Brut,
Es stürzt der Fels und über ihn die Fluth!

So lässt Göthe das seltsame räthselhafte Kind singen, das seine Jugenderinnerungen an das Land, wo die Citronen blühen und den Weg, der dahin führt, in schwermüthigen, dunklen Worten gegen den Freund aushaucht; und so dachte man sich damals die Uebergänge über die Alpen, welche die Meisten nur aus dunklen, abentheuerlichen Erzählungen, von bestandenen Gefahren und grausigen Naturerscheinungen kannten, welche die Phantasie einhüllte in das Gewand der Sage und Fabel.

Das ist anders geworden seitdem. Bequeme Strassen leiten den Wanderer sicher über die sonst so gefürchteten Bergjoche; die Felsen hallen wieder vom Klange des Posthorns und dem schnellen Rasseln der Räder, wo sonst mühsam nur das Saumross einherschritt; überall auf den luftigen Pässen und in den traulichen Thälern an ihrem Fuss, ist für gutes Unterkommen gesorgt gegen Unwetter und Schnee, und statt der Drachen alter Brut hat man jetzt höchstens Grenzwächter und dicke Wirthshausrechnungen zu fürchten.

Aber das ist dem jetzigen Weltverkehr auch noch zu langsam; die Kette der Eisenbahnen soll die Länder diesseits und jenseits der Alpen verbinden, die Locomotive soll über die Alpenpässe hinbrausen, oder vermag sie dies nicht, so soll ihr Weg die alten Felsen durchbrechen.

Der Weg von Chur bis Disentis bietet keinerlei Schwierigkeiten, welche den Strassenbau unserer Tage bedenklich machen könnten, vielmehr ist dieser Weg in's Innere des Hochgebirgs einer von denen, die am leichtesten zu bahnen sind, auch würde es nicht sonderliche Anstrengungen kosten, eine Eisenbahn bis auf die Passhöhe des Lukmanier zu führen; denn die Steigung ist langsam und wesentliche Hindernisse sind nicht vorhanden; aber zweierlei Umstände treten dem Unternehmen entgegen; es ist der Schnee des Winters, von dessen Mächtigkeit der keinen Begriff hat, welcher nicht zu dieser Jahreszeit Bergpässe gesehen hat, und mehr noch der steile Abhang der Südseite von der Passhöhe bis Olivone. Man kam daher sehr bald auf die grossartige Idee den Lukmanier mittelst eines Tunnels zu durchbrechen, welcher die Ungleichheit der Steigung dadurch ausgleichen würde, dass er tief unter der Passhöhe in einer flacheren Vertikalkurve durchginge, wodurch man zugleich tief unter den furchtbaren Schneemassen einen Weg gewönne, welche der Winter hier oben anhäuft. Die Ausführung eines solchen Unternehmens würde natürlich dem Verkehr die Richtung geben; denn schnelle Beförderung hat dieser von jeher gesucht, und in unsern Tagen ist sie wichtiger als jemals; diejenige Bahn, welche zuerst die Alpen durchbricht, wird den andern den Rang ablaufen, und weil der Lukmanier mehr als ein anderer Alpenpass geeignet ist, das grossartige Projekt in verhältnissmässig kurzer Zeit zu vollenden, hat er in unsern Tagen die allgemeine Aufmerksamkeit auf sich gezogen. Mancher unserer Leser hat sich durch die langen Zeitungsartikel durchgearbeitet, um zu dem Resultate zu gelangen, dass diese alle nur Variationen über das Thema sind, die Lukmanierbahn sei sehr wichtig, es gebe aber ausserdem noch Pässe über den Gotthard, Splügen, Septimer u. s. w., und wird nicht ungern erfahren, wie es da oben denn eigentlich aussieht. Wir betrachten also zunächst das Medelser Thal in seiner jetzigen Gestalt, und kommen dann später auf die Eisenbahn zurück.

Das Medelser Thal, welches der Mittelrhein durchfliesst, ist von dessen Mündung bei der Burgruine Castellatsch auf der Landzunge unterhalb Disentis bis zum Hospiz St. Maria am Fuss des Lukmanierpasses, 5 Stunden lang und setzt dann in der ursprünglichen Richtung bis zur Passhöhe des Lukmaniers fort, die man von da in einer guten halben Stunde erreicht. Die westliche weit längere Fortsetzung ist Val Cadelim, in welcher der Mittelrhein eigentlich entspringt.

Man kann von Disentis aus auf zwei Wegen in das Thal gelangen. Der eine ältere ist jetzt wenig mehr im Gebrauch und war wenigstens vor kurzer Zeit noch durch Vernachlässigung fast ungangbar geworden. Er folgt dem Mittelrhein und führt an zwei prachtvollen, durch Wasserfülle ausgezeichneten Fällen vorbei. Nachdem man die Schlucht verlassen hat, kommt man bald nach Curaglia, dem Hauptort des unteren Thales. Der andere Weg geht an der alten Kirche St. Agatha vorüber nach dem Vorderrhein, der hier in einer tiefen, von Tannen beschatteten Schlucht fliesst. In vielen Windungen steigt der Pfad durch den Wald hinauf nach dem Dorf Mompé Medels, das am Ende des Rückens Vergiera, 1278 M., liegt. Von da aus hat man eine herrliche Aussicht auf Disentis und das Rheinthal, die Berge, welche es einschliessen, und auf die Eismassen des Medelser Gletschers, die gerade gegenüber sich an den hohen Gebirgsstock anlehnen, und ihn auf dieser Seite ganz umhüllen. An waldigen Höhen hin umgeht dann der Weg die vorspringende Ecke des Berges und wie wir in's Freie treten, breitet sich vor uns das Medelser Thal aus. Es ist ein weites Alpengelände, das sich stufenweise langsam erhebt, im Ganzen mit geringer Steigung. Wiese und Feld wechseln in dem vordern Thal ab; denn, obgleich es weniger geschützt als Tavetsch und daher rauh und windig ist, zieht man noch Getreide, Flachs, Hanf, Kartoffeln, Rüben u. dgl., die höheren Thalstufen aber gestatten blos Alpenwirthschaft. Aber

reizend gruppirt liegen auf diesem Boden Dörfer und Höfe; schlanke Kirch-
thürme und kleine vereinzelte Kapellen erheben sich aus den Häusergruppen,
glänzen aus Wald und Wiese hervor oder stehen luftig auf vorspringenden
Felsenhöhen. Dazwischen strömt der Rhein herab, bald glänzend die Matten
durchfliessend, bald in tiefem Felsenbette eingeengt, oder in donnernden Fällen
herabstürzend und weisse Schaumwellen ergiessend über das graue Gestein.

Ueber dem Thalgelände folgen meist erst bewaldete Bergseiten und die
Wälder sind nicht unansehnlich, wenn gleich hier wie anderwärts die Menschen
in ihrer Kurzsichtigkeit den Schutz zerstört haben, den ihnen gütig die Natur
geschenkt hatte. Die nun folgenden Alpenweiden sind ausgedehnt und ergiebig; sie steigen hoch an den steilen Bergseiten hinauf, indem sie deren
vielen Falten und Einbiegungen folgen. Darüber ragen hoch auf die mächtigen Hörner und Zacken des Gebirgs in zwei langen Reihen zu beiden Seiten.
Jede Bergspitze hat ihr Eigenthümliches in Bau, Lage und Form und in der
Vertheilung der Eis- und Schneelager, welche sie ganz oder theilweise umhüllen, aber schön sind sie alle. Zwischen ihnen hinein schlingen sich zahlreiche kleine Seitenthäler, theils mit grünem Weideboden geschmückt, theils
schluchtenartig mit hohen Seitenwänden und von Felsschutt und Geschiebe
erfüllt; sie endigen meist an den blanken Gletschern, welche die beiden Ge-
birgsstöcke schmücken und die Hörner trennen.

Der Pflanzenwuchs von Medels ist schön und reich; Laubholz kommt
ausser Birken, Alpenerlen, Vogelbeeren und Mehlbeeren wenig vor, die
Wälder bestehen aus Rothtannen, Lärchen, Arven und auf kalkhaltigem
Boden auch aus Legföhren, die Flora der Alpenpflanzen ist interessant und
weist zum Theil seltne Arten auf, so dass der Botaniker seine Wünsche be-
friedigt finden wird, wie auch der Mineraloge durch den geognostischen Bau
und verschiedene seltne Mineralien, besonders durch schöne Bergkrystalle. Es
soll chemals auch irgendwo Bergbau auf silberhaltigen Bleiglanz getrieben
worden sein; wo? ist mir nicht bekannt. So konnte ich auch nicht erfahren,
wo die salinische Mineralquelle von „Soliva bei Disentis" sich findet. Die
Thierwelt ist ungefähr die von Tavetsch; Bären kommen hier noch ziemlich
oft vor und richten zuweilen grossen Schaden an. Unter den Hausthieren
sind besonders die Ziegen auffallend häufig und dem Waldwuchs sehr nach-
theilig Die Kühe sind zahlreich und schön.

Die Bevölkerung von Medels ist weniger zahlreich, als man erwarten
sollte, sie beträgt nur 560 Köpfe. Es sind grosse, stark und sehnig gebaute
Leute, von ausgeprägt Romanischem Typus, schwarzem Haar und dunklen
Augen, die Männer von auffallend brauner Wetterfarbe, die Frauen hübsch
gebaut und lebhaft. Ihre Beschäftigung ist vorzugsweise Viehzucht; der Ackerbau ist nicht bedeutend. Früher sollen auch Holzwaaren geschnitzt worden

sein; wenn dies nicht mehr geschieht, so wäre eine Wiederaufnahme dieses Industriezweiges sehr zu wünschen, welcher dem Berner Oberland ein schönes Stück Geld einbringt und zugleich eine angenehme und bildende Winterbeschäftigung für Viele ist.

Die Sprache von Medels ist durchwegs Romanisch, so dass man sich nicht Vielen deutsch verständlich machen kann. Im Ganzen sind die Medelser Leute von guten Anlagen, doch wird geistige Entwicklung und Volksbildung durch die Entlegenheit und zerstreute Lage der Wohnungen beeinträchtigt. Die Religion ist katholisch und das Ganze bildet nur eine Gemeinde, welche ihre Hauptkirche in Platta hat, wo sonntäglich die Thalleute sich sehr zahlreich versammeln.

Die ersten Nachrichten von Medels gehen dahin, dass im 7. und 8. Jahrhundert Fränkische Heere über den Lukmanier gegen die Longobarden gezogen sein sollen. Damals mag Medels eine schwache, zerstreute Bevölkerung gehabt haben, von der man jedoch nichts Näheres weiss. Allmählich siedelten sich von Disentis aus mehr Leute dort an, vorzüglich um die Hospize, welche die Aebte zum Schutz der Reisenden im Thale anlegten. Eigentliche Ortschaften waren 1450 nur zwei, Curaglia und Munschnänja, ausserdem verschiedene einzelne Höfe. Zum Gottesdienst gingen alle nach Disentis. Etwas später stiftete das Kloster die Thalkirche von Platta und gab ihr eigne Priester, wegen Zunahme der Bevölkerung. Es geschah dies durch Abt Joh. Ussenport. Die spätere Geschichte des Thales hat nichts Bemerkenswerthes, bis zu den Kämpfen mit den Franzosen, woran sich die Medelser lebhaft betheiligen. Nach dem unglücklichen Ausgang kauften sie sich durch eine starke Kontribution von der Plünderung los.

Wir setzen nun unsere Wanderung im Thale fort. Bei unserm Eintritt erblicken wir die zerstreuten Höfe von Mutschnängia (Muschnänja) auf den Halden der linken Thalseite; auf der rechten liegt von schönen Feldern umgeben Curaglia, die ansehnlichste Häusergruppe im Thal. Hier findet sich noch Obstbau, 1332 M. Ein starker Bach rauscht in das Thal hinab dem Mittelrhein zu, der sich hier in felsige Engen verliert; der Platta- oder Laverbach, sammelt die Wasser eines langen Seitenthals. An seinem Eingang liegt das Dörfchen Soliva und höher an den grasigen Halden zerstreut sind die Häuser von Biscuolm. Eine Menge Schluchten kommen hier vom Piz Muraun herab, den man von dieser Seite aus am leichtesten ersteigt; höher oben breiten sich die Triften der Alp Soliva aus. Aber der Hauptarm des Thales wendet sich südöstlich und steigt anfangs als breites Weidethal, dann zwischen felsigen Höhen eingeengt, bis zur Alp Plattas, 1989 M., welche dicht vor dem Medelser Gletscher liegt, zu dem dies der bequemste Weg ist. Ueber Felsen und Trümmergestein, von einer mächtigen Moräne begrenzt, sind hier die dicken

hoch aufgewölbten Eismassen eingeschoben, von tiefen Spalten zerrissen. Der
Abhang des Berges in seiner ganzen Höhe und Breite ist mit Eis bedeckt.
Der Anblick des Gletschers ist von hier aus unendlich grossartig und wun-
derbar schön, westlich begrenzen felsige Abhänge, östlich die gewaltigen,
von tiefen Schluchten zerrissenen Felsenwände und zerklüfteten Spitzen des
Piz Lavaz diesen Thalkessel, der uns auf engem Raum herrliche Bilder der
Alpenwelt zeigt. Sein Besuch ist sehr zu empfehlen, um so mehr, weil man
sehr leicht dahin gelangt. Ein etwas beschwerlicher Felsensteig führt zwischen
dem Piz Lavaz und dem Medelser Gletscher durch nach Val Viluotsch oder
Lavaz, einem engen, von hohen Felsen und Gletschern umgebenen Thal, das
in das Sumvixer mündet.

Doch wir kehren zurück zu dem Rheinthal. Wir bleiben auf der rechten
Seite des Flusses und gelangen stufenweise ansteigend nach Platta, 1880 M.
Unten rauscht der Rhein in einem ansehnlichen Fall die felsigen Stufen hinab;
Platta liegt noch von Fruchtfeldern umgeben, ziemlich zerstreut, doch hat
die Hauptgruppe mit der Kirche ein ganz nettes Aussehen. Letztere ist ein
alterthümliches Gebäude und schön gelegen. Am Ende des Dorfes ist ein
Kirchhof mit einem Beinhaus, worin eine Menge Schädel in symmetrischer
Ordnung stehen. Sie sind weiss gebleicht durch Wind und Wetter und ihre
nähere Untersuchung würde nicht uninteressant sein, da man seit einiger Zeit
die Entdeckung gemacht haben will, dass die Bewohner entlegener Alpenthäler, namentlich in Graubünden, zu der sog. kurzschädeligen Menschenform
gehören. Diese Ansicht war noch nicht aufgetaucht, als ich Medels besuchte
(1855), auch zweifle ich daran, dass man mit dieser cranioscopischen Untersuchung hier grosse Ergebnisse erlangen wird, denn aus oben angeführten
geschichtlichen Thatsachen scheint hervorzugehen, dass man es hier eigentlich nicht mit Urbewohnern zu thun hat, und was die Köpfe der jetzigen
Medelser betrifft, so konnte ich an allen, die ich seitdem gesehen habe, durchaus nichts Besonderes entdecken, was von der Kopfbildung anderer Menschen-
kinder in so bedeutendem Masse abwiche, und an den Bewohnern anderer
Thäler auch nicht.

Der Weg hält sich auf der rechten Seite des Rheins und zieht sich
mehrmals durch waldige Strecken, berührt aber eine Menge Höfe und einzelne Häuser sowie die grösseren Orte Fuorns und Acla, welche am Ufer
des Flusses recht schön gelegen sind. Hier kommen zwei starke Bäche
vom Medelser Gletscher herab, den man auf diesem Wege in nicht eben
grosser Entfernung erreichen kann, aber von unten auf nicht sieht; dagegen
ist die Aussicht der westlichen Kette von hier aus schon sehr schön.

Bei den Höfen Perdatsch öffnet sich nach SO. das Cristallinathal, und
ein starkes Bergwasser strömt aus demselben hervor, welches den Rhein

fast um das Doppelte verstärkt. Es dringt Cristallina etwa 1½ Stunden in das Gebirg ein und theilt sich dann in die Thäler Ufiern oder Ilufiern und Casaccia. Obgleich steinig und rauh hat es doch gute Weiden, die den geschätzten Cristalliner Käse liefern. Am Eingang trägt der Abhang des Garviel auf der linken Seite noch schönen Hochwald zwischen mächtigen Blöcken des Granitischen Gesteins, die mit schönen Moosen und den zierlichen Ranken und Blüthenglöckchen der Linnaea borealis bedeckt sind; die rechte Seite ist kahl. Das Thal wird einwärts immer breiter und man gewinnt schöne Ansichten der Bergseiten, welche höher und höher und in immer steileren Abhängen aufsteigen. Diese entwickeln sich endlich zu furchtbar hohen und schroffen Felsenwänden, von denen Schneefelder und bläuliche Gletscherabstürze herabglänzen und sich zwischen sie einsenken. Aber verschieden ist der Anblick dieser Felsen nach dem Gestein, woraus sie gebildet sind. Auf der Südseite stehen die verwitterten schwarzen Gräte und Zacken des Scopi aus Schiefer bestehend auf granitischer Grundlage, steil und zerrissen, von Schluchten gefurcht, auf der andern die massigen, eckigen Formen des Medelser Stocks aus Granitgneiss aufgebaut, der in den untern Lagen in wirklichen Granit übergeht und keine Schichtung mehr zeigt. Wetter und Sturm haben auch an ihnen gearbeitet, aber die glatten, wenig zerklüfteten Felsenmassen und die grossen Winkel ihrer Kanten lassen schon von weitem einen solideren Stoff erkennen. Da stehen von ewigen Eisfeldern umgeben der Piz Puzata 3128, Cristallina 3153, eine andere Spitze im Hintergrund von Ufiern 3175 und die Cima Camadra 3103 M. der höchste Gipfel des Gebirgs. Wenn man an einem klaren Tage die mächtigen Hörner und die krystallhellen Firnen sich in kühnen Formen abgrenzen sieht gegen des Himmels tiefblauen Grund, so mögte man eher diesem glänzenden Kleid seiner Berge den Namen des Thales zuschreiben, als den allerdings hier häufigen Bergkrystallen, von denen in allen Beschreibungen zu lesen steht, dass man damit das Monument des Cardinals Borromeo geschmückt habe, wesshalb es hier auch nicht vergessen werden soll.

Das Seitenthal Casaccia oder Cosacca verliert sich bald an den Gletschern, welche auf der Nordseite des Scopi herabsteigen; Ufiern dringt tiefer ein in die Wildniss des Gebirgs, sein Name, die Hölle, deutet auf den schauerlich wilden Anblick dieser von himmelanstrebenden Felsen, Schnee und Eis umgebenen Thalschlucht. Donnernd und stäubend wirft sich der starke Gletscherbach von den Felsen herab und bildet einen sehenswerthen Fall nicht weit vom Eingang. Hier liegt die letzte Alphütte, denn zwischen seinen Felsen hat Ufiern noch grüne Thalstufen, welche beweidet werden. Nahe dabei stürzt ein anderer Bach die felsige Höhe von der Südseite in raschem Lauf und kleinen Fällen herab, ein Pfad windet sich ihm folgend

zwischen den Klippen hinauf. Hat man die Thalstufe erreicht, so steht man
2308 M. hoch am Ufer eines kleinen Sees in öder schweigender Einsamkeit,
der sein Wasser der Cristallina sendet; etwa 100 M. höher liegt ein zweiter,
dessen Wasser der Val di Campo zufliesst, nach welcher man hier ohne
grosse Mühe übersteigen kann. Auf der Wasserscheide zwischen beiden
blickt man in dieses Thal und die südlichen Gebirge, auf der andern Seite
liegen in herrlichen Umrissen die Gletscher und Felsengipfel des Medelser
Stocks, und durch die Lücke des Cristallinathals erkennt man den Oberalpstock und die Tavetscher Gebirge, die über den niedrigeren Höhen aufsteigen,
in welche auf der linken Seite von Medels die Mittelrheinberge auslaufen.

Ob der Piz Cristallina von hier aus oder sonst erstiegen werden kann,
ist mir nicht bekannt; der Piz Puzata, welcher das vordere Horn dieses
Stockes ist, wurde von Spescha erstiegen, welcher dieses Unternehmen als
nicht gerade schwierig beschreibt. Er ging von St. Johann aus bis zur
Theilung der Cristallina und wandte sich dann links bis zur Schafhütte der
Bergamasker, die wahrscheinlich noch vorhanden ist, denn in diesen Gegenden verändert sich wenig. Spescha beschreibt diese Leute und ihre Lebensart von damals, 1782, folgendermassen: Sie kommen im Brachmonat hieher
und ziehen Anfangs September wieder ab. Statt der Hüttenthüre dient eine
Steinplatte, die Hütte ist aus Steinen gebaut und mit Glimmerschiefer gedeckt, nicht geräumiger als 1 1/2 Klafter. Ich fand nichts als einen Feuer-
heerd, einen steinernen Tisch, ein Heubett und ein paar Stangen, um ihre
nassen Kleider aufzuhängen. Ihre Lebensart ist die einfachste, sie kochen
sich Muss und Türkenmehl (Mais) das sie Polenta nennen, beissen etliche-
mal in den fetten Käs dazu und löschen ihren Durst mit Wasser. Wenn sie
ihre Schafe, die sehr gross sind, schlachten müssen (d. h. wenn sie krank
werden oder erfallen), so geniessen sie etwas davon, das Uebrige nehmen
sie mit nach Italien. Ihr Charakter ist sittlich, ihre Kleidung einfach und
ihre Wäsche rein. So sind und leben die Bergamasker Schäfer, die nach
den verschiedenen Hochalpen von Bünden kommen, noch heute, und wir
führen dieses an, um zu beweisen, dass es noch Leute auf Erden gibt, die
in 80 Jahren um kein Haar anders geworden sind.

Von der Schafhütte aus erreichte Spescha den Gipfel in 1 1/2 Stunden.
Er war von der Nordseite her bis oben hin mit Schnee und Eis bedeckt,
auf der Südwestseite aber nur ein kleiner Gletscher vorgelagert, das Gestein
ist Glimmerschiefer und Gneiss. Die Aussicht, theilweise beherrscht durch
den höheren Piz Cristallina und Camadra, war dennoch sehr ausgedehnt und
schön. Zu den Füssen das Eismeer des Medelser Gletschers mit dem von
dem Standorte auslaufenden Fil du Glaciar, darüber hin die Tödikette, die
Urner und Glarner Gebirge, südlich die Rheinwaldhörner, die Tessiner Ge-

birge, tief unten im Thal Bellinzona und die andern Orte am Laufe des Tessin waren die Hauptpunkte, aus denen sich auf die Uebrigen schliessen lässt. Man kann den Berg auch von Platta aus ersteigen und die ganze Tour von Disentis aus in einem Tage ausführen, was jedoch nur von solchen gilt, welche eine tüchtige Anstrengung aushalten können.

Gerade gegenüber Cristallina mündet von der linken Thalseite des Rheins das kurze Seitenthal Val Aulta, dann Val Druos, eine andere kleinere Thalschlucht und noch weiter südlich Devos Glatschiars, woraus ein sehr starker Bach kommt, der aus den Gletschern des Piz Ganneretsch oder Devos Glatschiars entspringt. Der Anblick dieser stolzen Bergspitze 3043 M., ist auch von hier aus prachtvoll, denn mitten aus den Gletschern erhebt sich der spitze Gipfel, nach allen Richtungen schroffe steile Felsengräte aussendend.

Der Rhein selbst stürzt sich nicht weit ob der Mündung der Cristallina von der höheren Thalstufe herab und bildet einen merkwürdigen Wasserfall, weniger durch seine Höhe als durch Wasserfülle ausgezeichnet.

Nicht weit von dieser Stelle liegt das Hospiz St. Gion oder St. Johann, 1615 M., und noch weiter St. Gall, etwa 1 Stunde von Pardätsch und noch eine Stunde weiter St. Maria. Diese Hospize wurden zu verschiedenen Zeiten von den Aebten angelegt, um auf den unwirthlichen Höhen den Reisenden Schutz zu gewähren; desshalb war jedes mit einer Glocke versehen, um Nothzeichen geben zu können; später siedelten sich meist einige andere Gebäude darum an. St. Maria ist erst 1774 erbaut, jetzt aber das wichtigste dieser Berghäuser, indem man dort Unterkommen und Nachtlager findet. Die Gegend beginnt schon bei St. Gall sehr öde zu werden; die reichen Weiden verschwinden, Steinschutt bedeckt Thalsohle und Abhänge und dazwischen sprossen nur spärliche Pflanzen, die man in der Nähe der Gletscher zu finden gewohnt ist. Noch unwirthlicher ist die Umgebung von St. Maria, die förmlich zur Steinwüste wird, in welcher man das wirthliche Dach des Hospizes mit Freude begrüsst. Man ist hier bis auf 1842 M. gestiegen. In das wüste Thalbecken münden hier ausser einigen kleinern Tobeln 4 grössere Bergwasser. Aus Val Cadelim kommt der eigentliche Mittelrhein, davon westlich, zwischen Piz Rondadura und Laiblau oder Tscheina mota, kommt ein reissender Gletscherbach hervor, dessen Schlucht sich oben in ein ziemlich geräumiges Becken erweitert, in dem mehrere kleinere Bäche sich vereinigen, die ihre Nahrung aus Gletschern und Schneelagern ziehen. Auf einer noch höhern Thalstufe liegen die kleinen, eisigen Seen von Laiblau, 2413 M. Der Bergstock Rondadura, dessen einzelne Spitzen verschiedene Namen führen, ist der Eckpfeiler des Thales und erhebt sich in schroffen, pyramidalen Formen zu 3019 M. Einige Gletscher lagern zwischen den Hörnern; seine hintere Seite kennen wir schon von Nalps her, wohin hier ein Uebergang durch das

Thal Rondadura möglich ist. Auch die Tschaina Mota hat mehrere Gipfel.
worunter der Piz Laiblau, 2960 M., der höchste ist. Hinter ihm liegt in
einem Felsencircus ein ansehnlicher Gletscher, dahinter der Piz Vitgira oder
Spescha von gewaltigen Gletschermasen umlagert, die zum Piz Ganneretsch
fortsetzen. Diese hier doppelte Bergkette zeigt herrliche Umrisse und Grup-
pirungen der eisbehangenen Hörner und Grate. Auf der Ostseite des Hauptthals kommen mehrere starke Bäche vom Scopi; die Schluchten, in denen
sie fliessen, können aber nicht Thäler genannt werden. Einige davon bilden
Lawinenzüge, aus welchen furchtbare Schneemassen herabstürzen, die zu Zeiten
fast das Hospiz erreichen sollen.

Der wichtigste Einschnitt jedoch ist der Lukmanierpass oder Val de Terms.
Ueber wüste Schieferhalden mit spärlicher Vegetation, endlich über weisse
Gypshalden, die von fern wie Schnee aussehen, steigt man in etwa ½ Stunde
von St. Maria hinauf und zwar sehr allmählig; denn die Passhöhe ist weder
hoch noch steil und jedenfalls einer der bequemsten Alpenpässe. Hat man
die flachen Rücken erreicht, so sieht man hinab in das jenseitige Thal Val
Zura oder St. Maria. Eine steile, felsige Bergkette trennt dieses Thal von
dem des Tessin und begrenzt nach Süden die Aussicht; nach Osten aber reicht
diese weiter; dort laufen lange Felsengräte in südlicher Richtung, die das
Blegnothal von Val Carassina und Malvaglia scheiden. Hinter ihnen steigen
höhere Wände auf, in scharfen Winkeln springen sie vor und senden schmale,
sägeartige Gräte und Rippen in die Thäler; andere sind glatt und steil, von
furchtbarer Höhe. Zwischen den grauen und dunkel rostfarbigen Gneiss- und
Granitfelsen, woraus sie bestehen, ziehen lange Gletscher in die tiefen finstern
Schluchten hinab; sie vereinigen sich oben zu grössern Massen und zuletz
zu dem Eismeer, welches die Höhe des ganzen Gebirgs überlagert und sich
jenseits tiefer hinabsenkt als auf dem südlichen Abhang; hohe von Schnee
umhüllte Pyramiden ragen wie Thürme dieser gewaltigen Bergfeste empor.
Das ist das Adulagebirg; jene hohe Pyramide mit den glänzend reinen Schneelehnen nach N. und W. und den schwarzen, schauerlichen Felsenwänden nach
Süden hin ist das Rheinwaldhorn oder Piz Valrhin, 3398 M., jenseits strömt
aus blauen Eisgewölben die Quelle des Hinterrheins.

Wenn das Aufsteigen auf den Lukmanier von der Medelser Seite her
ein sehr allmähliges und leichtes genannt werden kann, so ist der jenseitige
Abhang um so steiler. Rasch abstürzend senkt der Weg sich nach Casaccia
1822 M., nur eine halbe Stunde von der Höhe entfernt, wo ein Hospiz steht
und ein von Westen her von Mt. Columbo kommender Bach sich mit dem
Thalbach vereinigt; Bronico unter der nächsten Felsenstufe liegt schon 1666
M; die beiden folgenden führen uns bis zum Hospiz Camperio auf 1228 M.
hinab, noch rascher die nächsten bis Olivone, das in dem tiefen Thalkessel

anmuthig ausgebreitet, nur noch 892 M., liegt. In 4 Stunden sind wir 1025 M. hinabgestiegen. Langsamer senkt sich von dort der Weg das schöne Blegnothal hinab; Biasca, wo dieses sich mit dem Tessin vereinigt, liegt nur noch 287, das Felsenthor von Bellinzona, wo der Fluss in das Italische Tiefland hinaustritt, 222 und der Spiegel des Lago maggiore 107 M. Schnell, wie der Weg sich senkt, gelangt man von den eisigen Höhen des Gebirgs, wo die Alpenkräuter zu verschwinden beginnen, in milderes Klima hinab; schon der Südabhang des Passes zeigt, dass ihn die Italische Luft anweht, bei Olivone begegnen uns die ersten Kastanien, Fruchtbäume umgeben die Häuser, 4—5 Stunden weiter im untern Blegnothal deckt schon die Rebe die Halden der Berge; bei Biasca tritt uns Italische Natur entgegen in der lauen Luft, dem üppigen Pflanzenwuchs und den Kindern der südlichen Flora, die nachgerade über die Gebirgspflanzen die Mehrzahl gewinnen. Kastanienwälder steigen an den Höhen hinan, die Rebe umschlingt nach uralter Sitte die Ulme, der Feigenbaum, der Lorbeer fangen an im Freien auszudauern, andere Blumen schmücken Feld und Wiese, andere Gesträuche und Bäume den Wald und die Felsen am Weg. Wir stehen an der Pforte des wonnigen Südlandes, dessen melodische Sprache in Wort und Gesang tönt

Bei Olivone vereinigen sich zwei starke Thalbäche, der vom Lukmanier und von Camadra. Letzterer ist als der eigentliche Blegno anzusehen, da er die gerade Richtung des Hauptthals hat, obgleich Andere den Lukmanierbach als den eigentlichen Blegno betrachten; von ihm wird das Campothal durch den Bergrücken Costa getrennt. Die kleinen Orte Campo und Ghirone liegen sehr hoch 1228 — 1247 M., doch findet man noch Getreidebau, Aborn, Eschen, Birken, Erlen und die gewöhnlichen Nadelhölzer der Alpen. Bei Ghirone zweigt sich das Luzzonthal ab, durch welches an steilen Felswänden und dem Ufer des in wildem Lauf hinabeilenden Thalbaches ein Pfad nach den Alpen Garsura und Morterasca führt; vorher aber gibt es noch das Scaradrathal ab, durch welches ein wenig betretener Pass nach Vals geht. Drei starke Wasserfälle stürzen von den Felsen in die Thaltiefe von Luzzone, weiter oben, nach Morterasca hin ist ein vierter. An den Alphütten vorüber erreicht man die Passhöhe, ein kleiner See liegt in einer Vertiefung, dann senkt sich das Hochthal langsam nach dem der Greina hinab. Dieser Weg ist steil und mühsam, aber an wilder Naturschönheit reicher als der andere über die Greina. Letzterer geht ziemlich bequem das Camadrathal hinauf, welches auch Val Ursera genannt wird und ist noch mit einzelnen Alphütten besetzt. Man steigt so, bis vor die Felsenwände der Cima Camadra wo verschiedene kleine Bäche wildschäumend von den Höhen dem Hauptbach zustürzen. Letzterer wendet sich nun rechtwinklig um, und da, wo er entspringt, ist die Passhöhe der Greina, 2360 M., welche nach dem Sumvixer und Lugnetzer Thal führt. Wir kommen später auf diese zurück.

Wir haben diese südlichen Thäler genauer in Betracht gezogen, weil sie bei dem Bau der projektirten Lukmanierbahn ein Hauptmoment bilden. Kehren wir noch einmal auf die Passhöhe zurück.

Während der Weg von dieser abwärts nach Val Zura sich mehr links wendet, geht ein anderer Pfad im spitzen Winkel rechts ab, und steigt durch die Val Termine bis zu einem andern Sattel von 2212 M. Auf der Passhöhe M. Uomo ist ein kleiner See. Von da senkt sich der Weg zu dem Piano dei Porci, 2121 M., und in die Val Piora. Das breite schöne Hochthal ist von hohen Felsengebirgen eingeschlossen und bald gelangt man an einen See, Lago Cadagna, 1921 M., in welchen ein Wasserfall aus einem hoch auf der nördlichen Felsenterrasse gelegenen kleineren See fällt, worauf eine felsige Thalstufe folgt, über welche der Ausfluss des Sees in den weit ansehnlichern etwa 100 M. tiefer gelegenen Lago Ritom hinabrauscht. Die Umgebung beider Seen, die anmuthig zwischen grünen Alpengeländen und hohen Felsenstufen liegen, und mit verschiedenen Alphütten geschmückt ist, kann als eine der schönsten jener Gegenden angesehen werden. Der Abfluss des grössern Sees stürzt durch eine wilde Felsschlucht dem Tessin zu; der Pfad vermeidet diese und führt westlich an der Berghalde hin nach Airolo. Auch auf anderm Wege ist das Thal des Tessin erreichbar, indem man den gewöhnlichen Pfad nach Val Zura nimmt und dann unterhalb Cassaccia den südlichen Bergrücken übersteigt, wo man dann in etwa 3 Stunden Faido erreicht. Aber auf der Nordseite des Passes bei St. Maria öffnet sich ebenfalls von Westen her das wilde steinige Hochthal Val Cadlin fast ohne Pflanzenwuchs und Weide. Dort sind die Quellen des Mittelrheins, der sich nicht weit vom Hospiz von den Felsen der nächsten Thalstufe stürzt. Südlich ist ein steiler Felsengrat, der dieses Thal von Val Piora trennt, nördlich stehen die uns schon bekannten mächtigen Schneehäupter des Piz Rondadura, Blas, Alv und Ravescha um die Quelle des jungen Stromes. Im inneren Thalwinkel liegt hier der Bergsee Scuro, 2453 M. und höher noch, selten aufthauend der kleinere Dim; noch einige kleine Wasserbecken liegen zerstreut umher. Die Bäche, welche ihnen entströmen, fallen in einen dritten etwas grössern See Jnsla oder Lisero, 2344 M. Dies ist der Ursprung des Mittelrheins; kleine Quellen und Gletscherbäche geben dem See seine Nahrung, andere verstärken den aus ihnen hervorströmenden Rhein, welcher schnell zu einem ansehnlichen Bergwasser anwächst, das bis zu seiner Vereinigung mit der Cristallina nicht Rhein, sondern Froda genannt wird und erst von da an ersteren Namen führt.

Bei den Quellen des Vorderrheins erfreut sich das Auge an dem heitern Blick in die Thäler, welche mit der ernsten Erhabenheit der umgebenden riesigen Bergmassen einen lieblichen Gegensatz bilden; am Hinterrhein ist

es das mächtige Adulagebirg mit seinem blendenden Schneekleid und der
gewaltige Eindruck der unabsehbaren Gletscher, welche das Gemüth beherrschen; hier ist es die tiefe, düstere Einsamkeit, die Oede und Nacktheit
des Unorganischen, was vorzugsweise auf die Seele einwirkt und einen düstern
Eindruck macht. Die kahlen Felsenkolosse der Umgebung, die Gletscher und
Schneelagen in ihren Thälern und Tobeln, die Reste alter Lawinen im Grund,
die Schneestreifen, welche diese Vertiefungen füllen, die halb aufgethaute Eisdecke der Seen, welche nur da und dort an offenen Stellen das dunkle Wasser
zeigt, der mit Geröll und Felstrümmern bedeckte Boden fast ohne Pflanzenwuchs, meist nur mit der schimmelgrauen Decke von Jungermannia glacialis
und den dunkelgrünen Teppichen zweier Moose, Polytrichum septentrionale
und Bryum cucullatum bedeckt — dies alles zusammen gibt uns das Bild
einer Gegend, wo das organische Leben im Kampfe mit feindlichen Mächten
erliegt, wo das Rauschen der Gletscherwasser, das Brausen des Sturms, der
Donner der Lawinen und allenfalls der gellende Schrei des hungrigen Raub-
vogels, die einzigen Laute sind, welche die Stille der Wüste unterbrechen.

Wir können uns nicht trennen von den bisher behandelten Gegenden, ohne
sie noch einmal zu überschauen und zwar von dem schon mehrfach genannten
Scopi aus. Der hohe Gebirgsstock, dessen Gipfelpunkt diese stolze Pyramide
bildet, 3200 M., liegt zwischen dem Lukmanier, dem Cristallinathal und der
Val di Campo, nach allen Seiten mit steilen Abhängen umgeben. Nach Norden
zu decken seine aus dunklem Schiefer der Unterjuraformation bestehenden
Gesteinsmassen, ansehnliche Gletscher. In dieser Richtung läuft ein langer
Grat, der am Eingang der Cristallina in den weniger wilden Mt. Garviel ausläuft. Näher am Scopi steht der spitze Gipfel Valaca, der bis nach Disentis hin
sichtbar, als Wetteranzeiger gilt; denn wenn an ihm eine Wolke hängt, die
von dem Gipfel aus nach N. treibt, also mit S. oder SW. geht, so sagt man
Regen voraus.

Der Scopi wird am besten von St. Maria aus erstiegen, in 5 Stunden
kann man oben sein und es ist die Ersteigung durchaus nicht gefährlich,
aber sehr mühsam. Man steigt auf der Westseite des Berges anfangs über
den spärlichen Weideboden, welcher hier noch vorhanden ist, dann kommt
man auf eine steile, mit Schieferplatten bedeckte Halde, auf welcher man
bei jedem Schritt fast eben so viel zurückrutscht, als man vorwärts gekommen
ist. Es finden sich jedoch in diesem Geröll einige aus demselben hervor-
sprossende Pflanzen, die man gewöhnlich an solchen Orten antrifft, so wie
Belemniten und einige oryctognostische Gegenstände; die Schiefer sind grau
und grün, ungefähr so, wie man die Unterjuraschiefer am Calanda u. s. w.
findet. Diese Geröllhalden dauern bis nahe zur Spitze, wo man gewöhnlich
Schnee antrifft, der nach links hin eine weit ausgedehnte Decke bildet, rechts

10

ist eine steile Felswand, die man vermeiden muss. Die höchste Spitze ist meist schneefrei; es steht ein Signal darauf und unter einer Steinplatte findet man eine Flasche mit den Namen der Besuchenden, die nicht eben sehr zahlreich sind. Der Standort oben ist ein kleiner Raum, aber schön und frei; die Brust hebt sich hoch in der leichten, reinen Luft, das Auge trinkt freudig des Himmels blauen Aether und sucht unten Ruhepunkte in dem unendlichen Raum.

Es sind vorzugsweise Gebirge, welche man sieht; denn zur Einsicht in Thäler ist die Lage nicht günstig. Nach Norden sieht man über mächtige Gletscher in die Val Cristallina; dahinter liegen die Schneegräte und Gletscher des Medelser Stocks mit ihren von Eis umlagerten Spitzen, welche aber die Aussicht als gleich hoch nach dieser Seite beschränken; jenseits des Rheinthals geschieht dies durch die Tödikette, dagegen sieht man westlich und südlich über die meisten Berge hinweg. Man hat unter sich die Fläche von St. Maria, die Berge zwischen Mittel- und Vorderrhein, auch der hohe Badus hat sein stolzes Haupt gesenkt, wie die andern Spitzen des St. Gotthardstocks, man sieht über sie hinweg die kühn aufsteigenden Hörner der Berner Alpen, eine hohe Nebelgestalt steht links von ihnen der Montblanc und noch weiter südlich zeigen sich die massigen Umrisse der Monterosakette, dann die zahlreichen Reihen der Tessiner Alpen. In mächtigen, steil abgesetzten Felsenwänden stehen dort die Rheinwaldgebirge; ihre Gipfel überragen unsern Standpunkt und beschränken die Aussicht, aber ihre herrlichen Formen und der Glanz ihrer Gletscher und Schneelager entschädigen hinreichend dafür; durch die Lücke aber zwischen ihnen und den Medelser Bergen sehen wir weit vor uns ausgebreitet den grössten Theil der Rhätischen Alpen, wie Wellenzüge des Meeres mit weissglänzenden Kämmen, bis sich der Blick in den fernen Tyroler Bergen verliert, und keine bestimmte oder bekannte Formen mehr erkennt.

Der geognostische Bau des Medelser Thales und des Lukmaniergebirgs ist darum von Wichtigkeit, und verdient besondere Beachtung, weil er bei dem Bau der Eisenbahn und der dabei unvermeidlichen Tunnel vorzugsweise in Betracht kommt. Wo man von Disentis aus den Vorderrhein überschreitet, trifft man auf schiefrige Gesteine, die durch das ganze Vorderrheinthal, bald in der Basis, bald auf den Thalstufen erscheinen und sich erst in Tavetsch auskeilen. Sie gehen in Glimmerschiefer und Lavezstein über, welcher letztere von Disentis aus benutzt wird und das Material zu Oefen liefert. Mompé liegt auf Schiefer, dann folgt Kalk, auf diesem kalkiger Glimmerschiefer und Gneiss, bei Platta auch noch einmal Lavezstein. Diese Formationen fallen mit verschiedenen Biegungen im Allgemeinen südlich und bilden eine Mulde. Hinter Platta findet sich nur noch Gneiss, der mit Glimmerschiefer wechselt,

nachgerade aber immer mehr granitisches Gefüge annimmt, und am Eingang
von Val Cristallina, wo er keine Schichtung mehr zeigt, füglich als Granit
angesehen werden kann. Er geht bis nach St. Maria und wird an den Rändern
wieder schiefrig, also wieder zu Gneiss und Glimmerschiefer. Aus diesen
Gesteinen, die vom St Gotthard herüberstreichen, besteht aber der ganze
Medelser Stock, so wie die Basis und rechte Seite der Cristallina, auch noch
die linke Seite an deren Eingang und folglich die Basis des Scopi. Sie setzen
quer durch das Sumvixer Thal und endigen erst mit dem Piz Miezdi. Es bilden
dieselben einen Rücken zwischen zwei Schieferformationen, welche zu beiden
Seiten Mulden darstellen. Denn jenseits St. Maria beginnt wieder Schiefer,
der sich bis Ponte Valentino, jenseits Olivone, fortsetzt, wo dann auch wieder
Gneiss liegt. Aus Schiefer besteht die Passhöhe des Lukmaniers, von wo derselbe durch den Hintergrund der Val Cristallina und weiter östlich, so wie
auch durch die Val Termine westlich streicht. Zwischen dem Schiefer und
Gneiss liegt Kalk und Dolomit, anderer Kalk und Dolomit ist mit grossen
Gypsstöcken, dem Schiefer, eingelagert. Auf dieser Seite sind die Formationen äusserst verbogen und zerknickt und bilden eine zweite Mulde auf
der südlichen und östlichen Seite des Granitgneisses, dessen Massen in der
Mitte nahezu senkrecht stehen, die Schiefer etc. fallen gegen ihn nördlich
ein. Diese Schiefer repräsentiren den Unterjura und Lias, während die darunter
liegenden Kalkbildungen den untern Lias und die Triaskalke vertreten; die
andern Gesteine sind metamorphisch, d. h. es sind ursprünglich Sandsteine
und Schiefer, welche zu Glimmerschiefer, Gneiss u. s. w. durch Umkrystallisiren geworden sind; ob der Granit auch dazu zu ziehen sei, kann für unsern
gegenwärtigen Zweck gleichgültig sein.

Durch diese Gesteine muss der Tunnel geführt werden, und zwar wahrscheinlich durch alle, man müsste ihn dann so tief legen, dass er unter einem
Theil der Mulden durchginge. Seiner grössten Länge nach würde er jedoch
durch Granitgneiss gehen. Diesen zu durchbrechen ist zwar eine schwere
Arbeit, aber das Gewölbe würde auch in der festen Felsart sehr solid werden
und bedürfte keiner weitern Stütze, während in Schiefer, Dolomit, Gyps u. dgl.
die lockere Felsart wahrscheinlich hier und da gemauerte Gewölbe bedürfte,
um dem Tunnel die nöthige Festigkeit zu geben. Hier, besonders auf den
Grenzen der Formationen, ist dann auch Wasser zu erwarten, wiewohl
schwerlich in Menge, in den granitischen Felsarten wenig oder nicht. Das
Streichen der Schichten läuft von SW.—NO., und da das Medelser Thal als
Querthal dieses schneidet, und man die Felsenrisse auf beiden Seiten durch
die Thalsohle verfolgen kann, so sind tiefe Längsspalten nicht leicht zu
fürchten, die mit dem Tunnel in einerlei Richtung diesem Wasser zuführten;
Querspalten sind lange nicht so gefährlich.

Was die Richtung des Tunnels betrifft, so liegen hierüber hauptsächlich vier Ansichten vor, von denen jede etwas für sich hat. Der ursprüngliche Plan ist, den Tunnel nahe bei Olivone, etwa bei Camperio zu beginnen und unter der Passhöhe und dem ganzen Medelser Thal durchzuführen, so dass er einen schwachen, verticalen Bogen beschreibend ungefähr bei Platta oder auch erst unterhalb Nompé Medels unmittelbar ob einem Viadukt über den Vorderrhein herauskäme. Eine Reihe Schachte würde ihn mit Luft versorgen und auch die gleichzeitige Arbeit an verschieden Punkten ermöglichen.

Ein anderes Projekt lässt die Bahn über Olivone hinaus bis nach Orserà in Val di Campo steigen, was durch Kehren bewirkt werden soll; dann durchbricht der Tunnel den Grat la Bianca östlich von Scopi und geht in steigender Richtung durch, so dass er etwas unterbalb der Theilung in Val Cristallina ausmündet. Von da an führt eine offene Eisenbahn dieses Thal hinab durch Cristallina und Medels. In diesem Fall würde der Tunnel weit kürzer werden, die offene Bahn aber wäre dem Schnee und den Lawinen ausgesetzt.

Ein dritter Plan lässt die Bahn bis Campo steigen. Von da aus geht ein Tunnel unter der Cristallina und unter dem Medelser Gletscher durch und kommt bei Platta oder Curaglia heraus. Diese Richtung ist von allen die kürzeste, muss aber fast lauter Granit und Granitgneiss durchbrechen und nur an wenigen Stellen sind Schachte möglich.

Das vierte Projekt endlich geht dahin, ebenfalls von Campo aus den Tunnel in nordöstlicher Richtung unter der Greina und dem Gallinario durch nach dem Sumvixer Thal zu führen und ungefähr bei dem Tenniger Bad herauszukommen. Dieser Tunnel würde sehr lang werden, Anfangs eine grosse Strecke durch Schiefer, dann durch granitisches Gestein wenigstens eben so weit gehen als Nr. 3, die Anlegung von Schachten wird an vielen Stellen unmöglich, an den meisten andern sehr kostspielig sein, weil sie tiefer sein müssen als am Lukmanier, und endlich müsste am Ende des Sumvixer Thals entweder noch ein Tunnel auf der rechten Seite in der Richtung von Trons angelegt werden, oder die Bahn müsste auf der linken eine Strecke nach Disentis hin zurücklaufen, um über den Rhein zu kommen, wodurch der Vortheil des kurzen Durchschnitts wieder verloren ginge.

Es scheint hieraus hervorzugehen, dass die zweckmässigsten Richtungen des Tunnels anzusehen sind: entweder Nr. 1, welche länger, aber auch leichter herzustellen und mit der Oberfläche der Erde allerwärts in Verbindung zu setzen ist, oder Nr. 3, das sich durch die gerade Richtung und Kürze empfiehlt, während die Lage ebenfalls so ist, dass die Ausmündung in Gegenden fällt, wo von dem Schnee wenig mehr zu besorgen ist.

In wenig Jahren vielleicht braust die Lokomotive die Alpenthäler hinauf,

steigt in weiten Bogen die Abhänge hinan, taucht in die finstere Tiefe des
Berges und dringt durch seine granitene Kernmasse, unter den Gletschern
durch, welche seinen Scheitel und Rücken decken, um jenseits des Alpen-
joches schnaubend wieder hervorzutreten und den Süden mit dem Norden
zu verbinden und es wird diese Verbindung eine der grössten Thaten sein,
deren sich Industrie und Wissenschaft unseres Jahrhunderts rühmen können.

14. Das Sumvixer Thal und Greina.

Natur! hier fühl' ich deine Hand
Und athme deinen Hauch,
Beklemmend dringt und doch bekannt
Dein Herz in meines auch.

Seinen jetzt gewöhnlichen Namen führt dies Thal von dem uns bekannten
Dorfe Sumvix, das gerade seinem Eingang gegenüber liegt. Eigentlich heisst
es Val Tenija, Tenji oder Tenninger Thal, wahrscheinlich von der Kirche
St. Antoni, welche bei einem der Weiler im Thale liegt, denn ausser den
am Eingang auf Trümmerhaufwerken liegenden Surrhein, welches wir auch
schon kennen, enthält es keine grössere Ortschaft, sondern nur zerstreute
Höfe, Sennhütten und verschiedene Capellen, es ist überhaupt nur schwach
bewohnt, obgleich seine Lage und sein Clima nicht ungünstiger sind, als
die mancher stark bewohnten Gegenden. Vielleicht ist seine Enge und die
Gefahr von Rüfen und Lawinen eher hiervon die Ursache.

Es zieht sich das Sumvixer Thal wohl eben so weit als das Medelser
in die Gebirge, man rechnet gewöhnlich 6 Stunden; zu beiden Seiten steigen
hohe mit Gletschern behangene Berge auf, zur linken ist der Medelser Stock,
in welchen etwa in der Mitte des Thales das Seitenthal Viluotsch oder Levaz
tief eingreift, auf der rechten Thalseite erheben sich ebenfalls gewaltige
Berge, die mit den hohen steilen Felsenabhängen des Piz Miezdi beginnen
und eine bis zum Rheinwaldgebirg fortlaufende Kette bilden, welche das
Sumvixer Thal von Lugnetz trennt. Eng und schluchtenartig, daher auch
oft: Sumvixer Tobel genannt, besitzt das Thal nur wenige und kurze Seitenthäler, noch weniger Culturboden, doch zieht man am Eingang noch Getreide
und Kirschbäume. Ausgedehnte Wälder, nicht selten noch die Wohnsitze
von Bären, ziehen sich tief herab und geben dem Ganzen ein düsteres Aussehen. Aber zwischen ihnen und oberhalb der Holzregion, breiten sich reiche
Alpenweiden aus, die zahlreichen schönen Herden zur Weide dienen; unten
braust der starke Thalfluss, der Sumvixer Rhein oder Rhein Surleival in der
engen Thalsohle, die wilden schäumenden Wasser oft von Tannen beschattet,

die über die Fälle und Stromschnellen ihre dunkelgrünen Zweige ausstrecken
aus den Seitenschluchten eilen zum Theil in mächtigen Fällen andere Bäche
ihm zu, die trüben Gletscherwasser durch die steinige Thalsohle über Felsblöcke hinabwälzend. Hoch oben glänzen die Gletscher aus den Schluchten.
Es hat das Thal eine schöne Flora, die noch nicht genügend untersucht ist,
in Verbindung damit nährt es viele Schmetterlinge und andere Insekten, auch
die höhere Thierwelt ist wegen der geringen Einwohnerzahl ungestörter als
anderwärts und desswegen reicher, besonders an Vögeln. Auch verschiedene
seltene Mineralien finden sich hier. So hat auch diese einsame abgelegene
Thalschaft ihre eigenthümlichen Schönheiten; die Stille und Einsamkeit, die
in ihr herrscht, der melancholische Ernst der meisten ihrer Ansichten, die
mit idyllisch-lieblichen Lagen wechseln, hat auch seinen Reiz, und im Gegensatz zu anderen lebhafteren Gegenden, sieht man auch eine solche gern,
wo uns alles an Zustände erinnert, wie sie in der Vorzeit gewesen sind.
Man kann diese Excursion entweder über die Greina nach Campo und
Olivone unternehmen, oder auch östlich über den Disrutpass nach Vrin und
Lugnez übersteigen. Wir wollen das Thal nun in seinen Einzelheiten betrachten.

Der gewöhnliche Weg geht über Surrhein auf der linken Seite des
Sumvixer Wassers, denn die rechte ist hier aus steilen Felsen gebildet und
durch wüste Schluchten zerrissen. In langer Reihe liegen die Häuser und
Alphütten von Vals mit einer Capelle in der Mitte, 1312 M., zum Theil in
sehr malerischer Lage von Alpenweiden umgeben, die hoch gegen die Felsen
von Garvera und die Alp Laus ansteigen. Gegenüber liegen auf der rechten
Seite, durch eine Brücke verbunden, die Höfe Bubretsch, dann steile hohe
Felsenwände, welche die Thalsohle auf dieser Seite ungangbar machen und
aus grauem Schiefer bestehen. Ueber denselben breitet sich auf weite Strecken
die Alp Nadils aus mit den hoch gelegenen Höfen St. Briela am Fuss des
Felsengrats, der von dem Piz Miezdi ausläuft und den man hier gewöhnlich
Piz Nadils nennt. Auf dieser Alp an den Grenzen der Schiefer- und Kalkbildungen gegen das hier vorspringende krystallinische Gestein, trieb man
ehemals Bergbau auf Bleiglanz und gelbe Zinkblende. Mehr Vortheil bringen
die ausgedehnten Weiden und Wälder.

Ein starkes Bergwasser kommt von der linken Thalseite, es sammelt
die Wasser von der Kette des Piz Muraun, der eine Arm aus den Gletschern
und Schneelagen, welche die Nordseite des Piz Valesa bedecken. Ein anderer Bach kommt von der rechten aus wüsten Tobeln auf dem Westabhang
des Piz Nadils. An der Vereinigung mit dem Sumvixer Rhein entsteht eine
Erweiterung des Hauptthals, welche die bewohnteste Stelle in demselben
ist. Hier liegen zwei Capellen und nahe dabei das Tenniger Bad, auch

Surrheiner oder Somvixer Bad genannt. Seine Umgebung ist schön, am Ufer des Thalstroms, nahe dabei kommt ein schöner Wasserfall von den Felsen. Die Quelle liefert in ziemlicher Menge ein eisenhaltiges Schwefelwasser, von + 11° R., dessen Wirksamkeit gerühmt wird, obgleich nur Leute aus der Umgegend es benutzen. Das alte Badhaus ist niedrig, doch geräumig, die Badewannen sind ausgehölte Baumstämme; überhaupt scheint man dort, was Einrichtung und Verwaltung betrifft, auf sehr altem Standpunkte zu stehen. Würde man Anstalten errichten, welche Fremde anziehen könnten, so würde dieser Ort wahrscheinlich stark besucht sein, da er neben der Heilkraft des Wassers und einer schönen grossartigen Natur, zugleich den eines milden Climas besitzt. Es liegt das Bad 1273 M. in sehr geschützter Lage. Solchen, die das Oberland besuchen, ist jedenfalls ein Spaziergang dahin von Sumvix oder Trons aus zu empfehlen. Die Ausflüge in die Umgebung sowohl in der Nähe, als in etwas grösserer Entfernung, können sich mit denen jedes andern Bades messen.

Das Thal wird nun nach und nach enger und steigt ziemlich hoch auf. Die Alphütten Run, am Ufer eines von der rechten Seite kommenden Seitenbaches, sind noch eine ziemlich ansehnliche Häusergruppe in angenehmer Lage. Von hier aus kann man zwischen dem Piz Miezdi und Cavel nach Obersaxen in die Val Gronda und auch nach Lumbrein in Lugnez durch die Val Cavel übersteigen; die Joche sind aber hoch und steil. Die Brücke von Valtengia oder Tenji liegt 1340 M. Die andere oberhalb des Ortes schon 1407 M. Dieser besteht nur aus einigen Häusern und der Capelle St. Antonius (Tenji), wovon das Thal seinen Namen haben soll. Hier theilt sich dieses in die Thäler Viljotsch und Greina, dazwischen steht als vorgeschobener Eckpfeiler die spitze Felsenpyramide Piz Vial mit ansehnlichen Vorbergen. Es ist der äusserste Punkt des hohen Grates, zu welchen die Südseite des Medelser Stockes aufsteigt. Prachtvolle Gletscher umgeben diese und die benachbarten Spitzen, welche zu 2166, 3122, 2981 M. ansteigen; sie bestehen aus Gneiss.

Das Thal Viljotsch oder Lavaz ist ein enges Felsenthal, in welchem tief unten der starke wilde Thalbach über Felsenstufen und mächtige Gesteintrümmer hinabbrauscht. Eine einsame Alphütte liegt ungefähr in der Mitte unter hohen Felsenwänden, 1875 M. hoch auf einer geschützten Matte. Gegenüber liegt das Gebirg mit aller Pracht erhabener Gletscherwelt; denn da hängen die Eisströme herab von dem hohen scharfen Grat, zwischen den dunklen Felsenzacken, welche wie Thürme aus der Eismauer hervorragen und schwarze, zackige Riffe durch Eis und Schnee hinabsenden. Die Gletschermassen füllen die Tiefen, reichen wie erstarrte Wasserstürze weit hinab, stürzen abgebrochen über Felsenkanten und bilden auf den Abhängen Eismauern mit farbigen Bändern. Am weitesten reicht der lange Lavazgletscher herab, aber grossartiger als auf diesen ist der Blick auf den eigentlichen Medelser Gletscher, der hier gegen den Piz Cristallina ansteigt und durch seine gewaltige Ausdehnung, herrliche blanke Fläche und wechselnden Formen überrascht. Zwischen ihm und dem Piz Lavaz geht hier ein etwas beschwerlicher Pfad nach dem Plattathal und Curaglia in Medels, der aber denen zu empfehlen ist, welche die Gletscher in ihrer ganzen Grossartigkeit zu sehen und zu bewundern wünschen.

Eine kurze Strecke noch setzt sich das Hauptthal zwischen den steilen Felsenterrassen des Piz Vial und Cavel fort, dann steigt der Pfad auf der rechten Seite auf eine dieser Felsenstufen hinauf, das Thal selbst schliesst mit einem Felsencircus, der noch etwa eine Viertelstunde weiter reicht und ringsum von steilen Wänden eingeschlossen ist. Diese Stelle heisst la Fronstcha. Mit furchtbarem Getöse stürzt der Thalbach der Greina da herab, von Stufe zu Stufe in wiederholten schäumenden und stäubenden Fällen über das dunkelgraue Gestein. Wohl hat er den Granitgneiss glatt gewaschen und tiefe Becken und Runsen in ihm ausgehöhlt durch die langsame zernagende Wirkung seiner eisigen Fluth; aber ein tieferes Bette in ihm aushöhlen konnte er nicht. Diese feste Felsenschwelle müsste der Greinatunnel durchbrechen, würde aber viel weiter unten hervorkommen. An ein Aufsteigen der Bahn auf den Greinapass ist natürlich bei diesem Absturz nicht zu denken. Die Stelle, wo der Bach zu fallen beginnt, liegt 2235 M. Wir erreichen diese, indem wir allmählich von Stufe zu Stufe aufsteigen, bald nahe an den Abgrund, in welchem das Wasser tobt und schäumt, bald mehr an die Felsen uns haltend. Noch bevor wir den höchsten Punkt erreicht haben, geht ein Pfad in südöstlicher Richtung durch ein schmales Hochthal unter dem Piz Tgietschen ab. Es ist der Disrutpass, welcher von einer Höhe von 2424 M., die man ersteigen muss, meist über sanft geneigte Flächen und die Weiden der Alp Disrut nach Buzasch und Vrin in Lugnetz führt.

Wir folgen zunächst dem Hauptarme des Thales und dem Bache. Nachdem wir die Höhen erstiegen haben, die uns zu einem Berggipfel oder Grat zu führen schienen bemerken wir mit Erstaunen, dass wir uns auf einem ausgedehnten Hochland befinden; es ist das Hochthal Greina, welches sich auf der oben angegebenen Höhe fast 2 Stunden hinzieht, ohne sich viel zu heben oder zu senken. Die Richtung ist westlich; die Wasserscheide 2360 M. kennen wir schon von Val Camadra her, sowie wir auch wissen, dass wir in diese, sowie auch in südlicher Richtung durch das Hochthälchen Morterasca nach Alp Garsura und durch Val Luzzon nach Ghirone hinabsteigen können.

Die Greina bildet also den niedrigeren Mittelpunkt einer breiten Gebirgsmasse, die sich aus dem vom Rheinwaldgebirg herüberstreichenden Rücken des Plattenbergs und Scaradrapasses entwickelt und hier in zwei mächtigen Ketten auseinanderläuft, während eine dritte sich schon südlicher bei Piz Scherboda abzweigt und Vrin von Vals trennt. Es ist die Greina ein schönes grünes und blühendes Alpenthal zwischen grossartigen Bergen und eisbehangenen Gräten; denn nördlich begrenzen sie schauerliche Felsenwände, aus Gneissgestein gebildet, auf welchen die Eislasten des langgestreckten Gallinariogletschers ruhen, über welchen sich dann noch höhere oben genannte Spitzen und Gräte erheben; südlich sind die Terristöcke, der Piz Güda und Coro, alle mit Gletschern und ewigem Schnee umgeben, der blendend hell zwischen den schwarzen spitzigen Gipfeln lagert. Denn diese südlichen Berge bestehen aus Schiefer und auf der Greina gerade ist die Grenze der Gesteine, auf welcher gewöhnlich noch ein Kalkstreif liegt. Dies setzt, wie sich unsere Leser erinnern werden, über den Lukmanier fort, wodurch die Schiefer des östlichen Bündens hinter dem St. Gotthard weg mit denen von Wallis in Verbindung stehen.

Weite Aussicht hat man auf der Greina nicht, da man sich eigentlich in einer Einsenkung befindet, nur an den Ausgängen blickt man in die benachbarten Thäler hinab; doch ist der Anblick der mächtigen Schneeberge in der Nähe des hohen Alpenthals so eigenthümlich, dass sie allein den Weg durch diese entlegene Gegend lohnen wird. Man macht dort auch ziemliche botanische Ausbeute. Von Tenji bis Campo rechnet man etwa 4 Stunden, doch wird man in der Regel mehr brauchen, auch ist der Weg nur bei gutem Wetter zu empfehlen.

Wenn auch die Eisenbahn nicht die Greina durchbrechen wird, so hat dieser Pass dennoch wahrscheinlich eine Zukunft. Er ist die natürliche Verbindung von Lugnez mit dem Blegnothal, die Erstellung einer Strasse über Disrut ist nicht eben schwierig und auch die Frontscha hinauf wäre wohl mit verschiedenen Kehren eine fahrbare Strasse zu erstellen. Es würde dieser interessanten Gegend auch an fremden Besuchern nicht fehlen, wenn die Wege besser wären und nicht durch Gegenden führten, wo man auf 4 Stunden im einsamsten Gebirg keine menschliche Wohnung antrifft, und möglicherweise auch kein menschliches Wesen zu sehen bekommt.

---

15. Lugnetz, Vrin und Vals.

Lugnezens tapfre Männerschaar
Zum Kriege ausgezogen war,
Indess die Frau im Thale traut,
Das Kindlein wiegt, das Feld bebaut,

Da dringt ein raubend Feindeschor
Zum Heiligthum des Friedens vor.
Nicht Männer und nicht Waffen da,
Graf Montforts wilde Schaaren nah!
Doch nicht in Ohnmacht sinken jetzt
Die wackren Frauen von Lugnez;
Die nimmt die Schaufel von dem Herd
Und die des Urahns rostig Schwert.
Und schliessen schnell ihr friedlich Haus
Und zieh'n in Sturm und Schlachtenbraus.
Wie auch dem Häuflein bange ward,
Es spricht doch viel nach Frauenart.
Es spricht zuerst ein Mägdlein jung,
Voll Schönheit und Begeisterung:
Mein Vater war ein tapferer Schütz,
Sein Pfeil traf sicher wie der Blitz,
In seiner Tochter lebt sein Blut,
Ich spür in mir des Vaters Muth!
Die zweite spricht, ich hab nicht Muth,
Doch hab' ich Kindlein lieb und gut.
Und fern der Mann, dass Gott erbarm!
Drum kämpft für's Kind mein schwacher Arm.
O heiligste der Mütter! stärk
Mich schwaches Weib zum schweren Werk!
Und liebend banges Herz wird stark,
In Frauenarm kommt Heldenmark.
Zum Engpass Porclas zieh'n sie kühn,
Wo drohend Feindesspeere glühn.
O Sonne, die den Speer bestrahlt,
Ungleiches Kämpfen siehst du bald.
Hier Mordes scharfgespitzter Stahl,
Dort Feldgeräth vom Friedensthal.
Hier Männer stark bewehrt und wild,
Dort Frauen, wehrlos fast und mild.
Doch auf der Frauen Seite stehn
Drei Engel, heilig, ernst und schön.
Die heissen Liebe, Recht und Pflicht
Und solche Engel zagen nicht.
Sie leisten hier auch Widerstand,
Und stärken schwache Frauenhand.

Bis Väter, Gatten, Brüder nahn,
Die brechen vollem Siege Bahn.
Und als sie friedlich heimgekehrt,
Wird auch der Frauen Muth geehrt.
Den Ehrenplatz beim Abendmahl
Erhalten sie sofort im Thal.
Dass ewig in Erinnerung sei
Die heldenfeste Pflichtentreu.
Leg' eine Blume Enkelin
Auf's Grab der Heldenmütter hin.

Nina Camenisch.

Die Geschichte, welche ein Bündner Landmächen von Heinzenberg bei der Jahresfeier 1860 in obigem Gedichte besingt, das wir uns erlauben, vollständig wiederzugeben, gehört in sehr frühe Zeit und hat sich in Lugnez als Volkssage erhalten, ist jedoch auch von verschiedenen Chronisten und Geschichtsschreibern erzählt, die freilich nicht gleichzeitig sind. Im Jahre 1355 oder nach Andern 1360, erhob Graf Rudolf von Montfort Fehde gegen den Freiherren Ulrich Walther von Belmont, Herren von Flims, Ilanz und Lugnez. Eine Anzahl Schwäbische Ritter hatten sich mit ihm verbunden und mit einem mächtigen Streithaufen rückte er rasch das Rheinthal herauf, überfiel Flims, das er eroberte, verbrannte Ilanz, und rückte von zwei Seiten gegen Lugnez vor, wohin Walther sich zurückgezogen.

Von dem Piz Mundaun zieht sich ein Felsengrat gegen den Glenner und fällt gegen diesen in steilen, ziemlich unzugänglichen Abhängen und dicht bewaldeten Terrassen. Ueber eine dieser schmalen Stufen geht der Weg und wo das Riff am weitesten vorspringt, ist ein altes Thor aufgemauert, welches somit den Pass wenigstens an dieser Stelle vollständig sperrt. Dieser Engpass heisst Porclas, auch das Frauenthor. Der Montforter konnte nicht hoffen, hier mit Gewalt einzudringen, und auch die rechte Seite des Glenners bot durch die vielen Schluchten solche Hindernisse, dass der Zweck auf andere Weise erreicht werden musste. Die Hauptmacht zog daher über die Alpenwiesen hinauf gegen St. Karlo und während die Männer von Lugnez unter Walthers Anführung in blutiger Schlacht die Passhöhe vertheidigten, zog ein anderer Streithaufen gegen Porclas, welches man unvertheidigt glaubte. Die Frauen der Thalschaft aber bewaffneten sich mit vorräthigen Waffen, andere mit Gabeln, Aexten, Sensen und andern hauenden und stechenden Ackerinstrumenten und erreichten glücklich vor dem Feind Porclas. Das Thor versperrten sie, Andere stiegen auf die Felswand und schafften Steine und Holzblöcke herbei Als nun die Reisigen herankamen und die von den Frauen vertheidigten Verschanzungen zu durchbrechen suchten, stürzten die oben aufgehäuften Felsenstücke und

Hölzer zerschmetternd auf sie nieder und die die Wände ersteigen wollten, wurden hinabgestürzt von den tapfern Lugnetzerinnen. Ueberrascht durch diesen ganz unerwarteten Widerstand, wussten die Ritter nicht recht was beginnen und verloren darüber die Zeit. Mittlerweile aber hatten die Lugnetzer oben bei St. Karl gesiegt und verfolgten den fliehenden Feind gegen Ilanz. Dadurch wurde die Schaar bei Porclas abgeschnitten, von den zu Hülfe kommenden Männern im Rücken gefasst und erschlagen oder gefangen. Graf Montfort war unter den Gefangenen und kam später nur dadurch los, dass er seine Söhne als Geiseln stellte, 40 andere Ritter hatten dasselbe Schicksal, 9 wurden erschlagen mit einer grossen Menge Knappen und Waffenknechte. So die Erzählung nach Campell, Guler, Sprecher's Chron. Die Namen der gefallenen Ritter, die zu Chur im Kloster St. Nikolai begraben wurden, nennt Guler; zu Sprecher's Zeit waren ihre Namen und Wappen dort noch zu sehen.

Die Frauen von Lugnetz erhielten zum Andenken an ihren Heldenmuth den Ehrenplatz auf der rechten Seite in der Thalkirche von Pleif, auf welchem sie wirklich noch sitzen, und den Vortritt bei der Communion, den sie auch noch haben.

Am 3. Juni 1860 bewegte sich ein seltsamer Zug aus den Thoren von Ilanz und zog auf den schmalen Waldsteigen hinauf nach dem Frauenthor von Porclas. Voraus ein starker Trupp mit Morgensternen, Hellebarden und andern Waffen aus der Ritterzeit, dann der grösste Theil der Ilanzer Bürgerschaft und die Bewohner der angrenzenden Orte, die Kantonsschule von Chur und andere Fremde. Auf der zunächst bei Porclas gelegenen Wiese wurde Halt gemacht und ein anderer Zug, bewaffnete Männer, und Frauen in ihrer Volkstracht, kam von St. Karl herab; es waren die Lugnetzer, die das Andenken jener Schlacht feierten; schöne, kräftige Gestalten, die ihre schweren Waffen so leicht handhabten, dass man daraus wohl auf die Muskelkraft der Träger schliessen konnte. Von vielen jener Keulen und Morgensterne wurde erzählt, dass sie bei Disentis und anderwärts gegen die Franzosen gefochten hätten. Auch unter den Frauen waren viele, deren hochgewachsene Formen und blitzende Augen recht gut zu jenen alten Heldinnen von Porclas gepasst hätten. Von den Uebrigen durch blondes Haar, blaue Augen und eigenthümliche, sehr bunte Frauentracht unterschieden, erregten besonders die Valser durch ihre naturkräftigen Gestalten und schöne Haltung allgemeine Aufmerksamkeit. Die Männer traten auf die eine, die Frauen auf die andere Seite, dann wurden einige Reden gehalten, Lieder gesungen, die Fahnenträger traten vor und begrüssten die Frauen durch Senkung der Fahnen, dann lagerte sich die Menge auf der Wiese, man sass und trank und die Bekannten suchten und begrüssten sich; aber die meisten hatten weit in ihre Heimath; schnell brach man auf und in eben der guten Ordnung, wie sie gekommen, zerstreuten sich die einzelnen Abtheilungen, die man noch lange durch die Felder und an steilen Abhängen hinziehen sah. Man hat an dem Motiv dieses Volksfestes allerlei auszusetzen gefunden, indess soll man dem Volk seine Erinnerungen, wenn sie auch etwas sagenhafter Natur sind, nicht verkümmern und verleiden; die Heldensage der Vorzeit wirkt als solche weit mehr Grosses und Schönes als Schulfuchserei und engherziges Kritisiren.

Wir kommen nun zur Beschreibung dieser Thalschaft. Sie ist das grösste und ausgedehnteste Nebenthal des Oberlandes und breitet sich hinter dem schluchtenartigen Eingang in vielen Nebenzweigen aus, von welchen zwei, Vals und Vrin die hauptsächlichsten sind. Das vordere Lugnetz ist ein schönes, reiches Alpenthal, von herrlichen Bergformen umgeben, deren Schneehäupter majestätisch hereinblicken in die lieblichen Gelände. Da reiht sich Dorf an Dorf; auf dem fruchtbaren, aus der Verwitterung des grauen Bündner Schiefers hervorgegangenen Boden stehen üppige Getreidefelder, Obstbäume beschatten die Häuser und in den höheren Lagen gedeiht wenigstens noch die Kirsche. Hoch hinauf an den Bergen steigen die Alpentriften mit frischem, saftigem Grün und erreichen auf der linken Seite die Gräte der vorderen Berge etwa bis zur Höhe des Piz Mundaun, der es mit seinem lang auslaufenden Rücken vom Rheinthal trennt, während auf der rechten die zerrissenen Gipfel und scharfen Kämme des Signinastockes und der Savier Kette rasch und steil ansteigen über die sonnigen, grünen Terrassen. Die Wälder der untern Region enthalten zum Theil noch Laubholz; die Buche, der Ahorn, die Esche, Mehlbeere und Vogelbeere mischen sich mit den Roth- und Weisstannen und dem zarten Grün der Lärche. Erlen beschatten die tiefen Schluchten, in denen der wilde Glenner sein trübes Gewässer über die Felsenschwellen hinwälzt. Weiter hinauf herrscht das Nadelholz allein vor, und entwickelt eine bedeutende Vegetationskraft, doch müssten die Wälder besser gepflegt und ausgedehnter sein.

Die langen Nebenthäler haben in ihren vordern Theilen noch die Natur des Hauptthals, aber sie steigen allmählich höher und höher, der Getreidebau verliert sich, der Waldwuchs wird spärlicher, die Alpenwirthschaft allein herrscht vor auf den noch immer reichen Triften, welche den Falten und Biegungen des Gebirgs folgen in den zahlreichen Verzweigungen der Thäler; endlich strecken sich diese in die gewaltigen Massen des Hochgebirgs hinein; Steinwüsten und Felsenschluchten, himmelanstrebende Wände und Berggipfel folgen, lange, mächtige Gletscherarme senken sich herab und schliessen sich oben zusammen zu weiten Eis- und Schneefeldern, aus welchen das Gebirg seine Felsenglieder hervorstreckt, wie der Riese, den die nordische Sage unter Eis und Schnee bettet. Da hat das Leben aufgehört, und die wilde, ungebändigte Naturkraft behauptet allein ihr Recht in dem Reiche des Starren und Todten.

Die Bevölkerung von Lugnetz ist ziemlich zahlreich, nach der neuesten Volkszählung 3871 Seelen, romanischer Mundart bis auf die deutschen Valser, und mit Ausnahme von Duvin alle katholisch.

Man kann vom Ausfluss des Glenner bei Ilanz auf zwei Wegen nach Lugnetz gehen; entweder auf der rechten Thalseite über Seewis, Pitasch u. s. w., die wir schon kennen, oder auf der rechten über Porclas. Da ersterer Weg fortwährend durch tiefe Tobel unterbrochen zu grossen Umwegen nöthigt, so wählen wir den andern, der ohnediess interessanter ist.

Es ist zwar möglich, eine Strecke am Ufer des Glenner hinzugehen und dieser Weg ist sogar denen zu empfehlen, welche sich mit Geologie und Botanik beschäftigen, er wird aber bald ungangbar, so dass man mühsam hinaufsteigen muss. In jeder Hinsicht bequemer ist der über St. Martin, der uns schon bekannt ist; aber anstatt die Höhe weiter zu ersteigen, geht man in fast wagrechter Richtung an der waldigen Berghalde hin. Unten rauscht der Glenner, nachdem er aus der Felsenenge hervorgetreten ist, und fliesst in einem breiten Bette dem Rhein zu, das er für gewöhnlich nicht ganz ausfüllt, sondern viele Rinnsale durchziehen die breite, graue Geschiebfläche, vereinigen sich, und thun sich wieder auseinander. Wenn aber der Strom anschwillt, dann stürzen seine schwarzgrauen Fluthen mit furchtbarer Kraft aus der Kluft hervor, Steine, Hölzer und andere Trümmer mit sich schleppend und breiten sich im ganzen Strombett aus, welches dadurch immer flacher wird und die Wiesen und Güter bedroht. Eine Eindämmung des wilden Sohnes der Gletscher wäre schwierig und kostspielig, jedoch auf der kurzen Strecke recht gut möglich und würde die Kosten wieder einbringen.

Ein tief in gelblichen Schiefer eingefressenes Tobel folgt, dessen Bach über moosige Felsen hinabstürzt, dann steht gegen den Fluss hin auf einem vorspringenden Hügel die Ruine der Burg Castelberg. Sie wird gewöhnlich als Grenzmark von Lugnetz betrachtet und ist der Stammsitz einer Familie, welche vielfach in der Bündner Geschichte genannt wird. Mehrere Aebte von Disentis stammten aus ihr, so wie verschiedene Staatsmänner und tapfere Kriegsleute, unter denen Thomas v. Castelberg, der in dem Heldenkampf an der Malser Haide fiel. Von da bis zum Frauenthor ist nur eine kurze Strecke. Wir gelangen auf schattigen Waldwegen zu der alten Pforte, die mit allerlei Bildwerk bemalt ist und überzeugen uns, dass herabgeschleuderte Steine und Klötze auf dem engen Felsensteig eine sehr verderbliche Wirkung haben mussten, dann treten wir aus dem Wald hervor in's Freie und ersteigen den vor uns liegenden Hügel, auf welchem in schöner, freier Lage die Kirche St. Moriz steht. Man übersieht hier fast die ganze Thalschaft, blickt selbst in die Verzweigungen hinein und auf die erhabenen Schneeberge im Hintergrund. Besonders schön ist der Anblick der spitzen Pyramide des Terri nach SW. und gerade südlich das Ende der hohen Kette, welche die Thalströme trennt. Ueber der Platte von Surcasti steigen dort erst bewaldete Höhen auf, dann verschiedene, in einander geschobene Pyramiden, die den Piz Regiun bilden, endlich erhebt sich darüber der Piz Aul mit beschneiter Spitze und Gletschern am Abhang und dahinter noch einige andere ebenfalls beschneite Hörner.

Die rechte Seite des Flusses übersieht man von dieser Stelle sehr gut, und da wir sie für heute nur theilweise berühren, so wollen wir sie wenigstens aus dieser geringen Entfernung kennen lernen. Der Glenner fliesst in einem tiefen Felsenbett von grauem Schiefer, so dass man von weitem den eigentlichen Fluss meist gar nicht sieht. Am steilsten ist die Felswand auf der Nordseite, aber oben auf ihr breitet sich eine schöne fruchtbare Thalstufe aus, gross genug für die Gemarkung von 6—7 Dörfern und verschiedener kleinerer Häusergruppen. Aber Tobel von furchtbarer Tiefe, die förmliche Abgründe bilden, ziehen sich zwischen diesen durch, und trennen sie, so dass Punkte, von denen aus man sich zurufen kann, oft erst durch Stunden lange Wege zu erreichen sind. Es kommen diese Schluchten von den steilen Abhängen der Signinastöcke, die aus grauem, leicht zersetzbarem Schiefer bestehen, in welche das Wasser tiefe Runsen einreisst. Diese vereinigen sich dann und führen bei Schlagwettern unglaubliche Massen von grauem Schlamm und Gesteintrümmern hinab in den Fluss. Diese Bergstöcke haben von hier aus gesehen ein imposantes Aussehen. Kahl und grau, wie abgeschält stehen die Wände, das spärliche Grün auf den Felsenbänken können nur Gemsen benutzen, die Spitzen sind durch tiefe Einrisse getrennt und selbst zerspalten und zerhackt auf grauenvolle Weise, zwischen einigen liegen kleine Gletscher, grosse Eismassen können sich wegen der isolirten Lage nicht bilden, obgleich diese hoch genug wäre 2700—2900 M. Auf kurze Erstreckung liegen hier von N-S. Piz Cauma, Piz Riein, Piz Signina oder Sanina, an seiner Gabelspitze kenntlich und der höchste Punkt, 2874 M., endlich Piz Fez. Südlich von letzterem geht von Pitasch und Duvin aus ein Pass nach Savien und der Grat hält sich von da an fast in gleicher Höhe bis zum Thäliborn und Weissenstein. Die Signinaspitzen sind schwer zu ersteigen und werden selten von andern als Gemsjägern besucht. Die Aussicht ist sehr schön, reicht aber doch nicht viel weiter als die vom Piz Mundaun, und ist ziemlich dieselbe, nur nach Osten ist sie ausgedehnter.

Von den am Fusse gelegenen Dörfern kennen wir schon Seewis, welches wie Riein und Pitasch eigentlich noch nicht zu Lugnez gerechnet wird. Man steigt ziemlich hoch hinauf, um auf das mit Häusern und Ställen übersäete

Plateau zu kommen, auf dessen südlichem Theil Riein liegt. Hier standen
einst zwei Burgen, Riein und Montalta. Die Besitzer der erstern sollen nach
Schwaben ausgewandert sein und unter dem Namen vom Rhein noch fort-
bestehen. Die Montalta oder Hohenberg kommen in der ältern Bündner
Geschichte verschiedentlich in Krieg und Frieden vor.

Es folgt nun das Riener Tobel, das man auf einem weiten Umweg überschreitet und dann im Zickzack nach Pitasch kommt. Dieses Dorf ist protestantisch und durch Wohlhabenheit und Ordnung ausgezeichnet; es liegt
nahezu in dem Winkel, welchen das Pitascher Tobel mit dem Glenner bildet.
Zu letzterem führt ein Weg hinab zu einer Brücke, über die man nach dem
Frauenthor kommen kann, zu welchem im Zickzack ein Waldweg hinauf-
geht, ausserdem fallen schroffe Felsenwände in den Rhein ab. Auch Pitasch
hatte ehemals eine Burg Mätsch, welche einem berühmten Rittergeschlecht
„von Mätsch" gehörte. Es ist lange ausgestorben, von der Burg keine Spur
mehr vorhanden. Das Pitascher Tobel ist weniger bösartig als das Riener,
man kommt daher auf geradem Wege nach dem gleichfalls protestantischen
und sehr wohlhabenden Duvin. Es liegt am Rande des Duviser Tobels;
dieses ist eine wüste Felsschlucht, welche man in einem weiten Bogen überschreitet, um nach Camuns (caput montis?!) und Furth zu gelangen, welches
Romanisch Uorts heisst und in schöner Lage gerade über der Vereinigung
des Valser und Vriner Rheins, sich mit seinem schlanken Kirchthurm recht
gefällig ausnimmt. Man kann indess von Duvin aus auf einem etwas hals-
brechenden Pfad hinabsteigen und in das Bad Peiden gelangen, von wo der
Weg über Feld und Wiesen ebenfalls nach Furth führt, von wo man über
Tersnaus und St. Martin nach Vals geht. Wir kommen später auf diesen
Weg zurück.

Von St. Moriz bei Porclas gelangt man in einer halben Stunde nach
Cumbels, 1145 M., einem grossen, schönen Dorf, gleich darüber liegt das
Alpendörfchen Morissen und abwärts nahe am Ufer des Glenners Peiden in
sehr warmer Lage, so dass noch viel Obst gezogen wird, 941 M., was übrigens
auch noch in Cumbels der Fall ist. Von da steigt man rasch abwärts zum
Ufer des Flusses. Eine Capelle mit dem Bild des heil. Christophorus liegt
am Ufer und einige Schritte weiter eine starke Sauerquelle. Die Brücke
ist in gutem Stande; jenseits derselben am Fuss eines steilen bewaldeten
Abhangs bemerkt man zunächst weisse aus der Erde hervorstehende Felsenblöcke; es ist Gyps von gelbem und grünem Schiefer begleitet, welcher
letzere schief über den Fluss setzt. Die hohen Felsenwände weiter hinauf
sind grauer Bündner Schiefer. Einige Schritte weiter liegt ein stattliches
Gebäude, das neue Kurhaus, aus Stein aufgeführt, gut und bequem einge-
richtet für etwa 50 - 60 Personen, ausserdem mit einem hübschen Saal und

sonstigen Erfordernissen. Das alte, viel kleinere Badhaus liegt nahe dabei; es enthält noch die Bäder, welche wesentlicher Verbesserungen bedürften. Die Badequelle ist im Hause. Eine sehr starke Quelle vor demselben ist die Trinkquelle, welche per Minute etwa 4 Maass Wasser liefert, eine dritte, weit stärkere entspringt nahe dabei. Diese drei Quellen, wozu man noch die auf dem linken Ufer nehmen kann, liefern einen Wasserreichthum, welcher allen Anforderungen entspricht. Die Wirkungen der Quellen stimmen sehr mit denen von St Bernhardin überein. Es sind salinische Eisensäuerlinge von angenehmem Geschmack. Das Wasser wird gerühmt gegen Krankheiten der Verdauungs- und Athemorgane, der Schleimhäute, gegen allgemeine Schwäche, Gicht, Rheumatismus u. s. w. Vor andern Bädern ähnlicher Art hat Peiden die geschützte Lage und das warme Klima voraus. Es liegt nur 820 M. hoch, gerade in dem Winkel, wo das Duviner Tobel in den Glenner fliesst, aber hoch genug, um vor aller Ueberfluthung durch die beiden wilden Bergwasser geschützt zu sein. Hohe Felsenwände schliessen es nach N. und O. ab, nach den übrigen Seiten ist es offen und hat ungeachtet der tiefen Lage eine herrliche Aussicht auf das gegenüber terrassenförmig ansteigende Thal und die Schneegebirge der Terri oder Contagaskette im Hintergrund von Vrin, den Piz Aul und Regina u. s. w. Die nächste Umgebung ist eng und wild und hier müsste für Spaziergänge und Anlagen gesorgt sein, die sich ohne grosse Kosten herstellen liessen, da man nur einige Wege, Ruhe-plätze u. dgl. anzulegen hat, um der Natur nachzuhelfen, welche schon das Meiste gethan hat. Excursionen in die Umgebung sind überall schön und interessant, wohin man sich wenden mag, und will man weitere Gänge unternehmen, so bietet Lugnetz, besonders wenn man wissenschaftliche Zwecke damit verbindet, Stoff genug für mehrere Sommer; denn es ist noch lange nicht genug gekannt und erforscht. Was diesem Ort aufhelfen und ihm einen Rang unter den berühmten Bädern verschaffen könnte, ist vor allem Andern eine bessere Einrichtung der eigentlichen Bäder, dann die oben berührte Herstellung einer einladendern nächsten Umgebung und endlich ein bequemerer Weg von Ilanz bis zum Bad. Die Begriffe von Wegen sind sehr relativ, und was den Lugnetzern eine ganz gemächliche Bahn zum Gehen, Reiten und Fahren scheint, ist für verzärtelte Stadtbewohner und namentlich für Kranke oft etwas äusserst Beschwerliches. Schreiber dieses steht eher auf dem ersteren Standpunkt und hat daher wohl ein unparteiisches Urtheil. Das Bad Peiden könnte für die ganze Thalschaft von grossem Nutzen sein, wenn man aber die Sache will, so muss man auch die Mittel beschaffen; denn von selbst kommt das alles nicht; die Natur theilt mit freigebiger Hand den Menschen ihre Gaben aus und stellt dann ihrer Vernunft anheim, was sie daraus machen wollen.

Es verdient noch von Peiden bemerkt zu werden, dass man dort auffallend billig behandelt wird; ein Vorzug, der in unsern Tagen, wo jeder
Dorfwirth glaubt, dieselben Preise verlangen zu können, die man in den ersten
Gasthäusern grosser Städte für den Inbegriff aller Luxusbedürfnisse zahlt, nicht
blos als sehr lobenswerth, sondern auch als im eignen Interesse gelegen, bezeichnet werden muss.

Wenn man von Peiden aus nach Furth und Tersnaus geht, was der nächste
Weg nach Vals ist, so hat man jenseits auf dem linken Ufer des Glenner einen
hohen, steilen Abhang von verwitternden, durch Schluchten zerrissenen Schieferfelsen, unter denen nach der zerfallenen Form zu schliessen wahrscheinlich
der Gyps durchsetzt, der auch sonst in der Regel Erdfälle zu verursachen
pflegt. Mit ihm steht unstreitig das Erscheinen des Sauerwassers in irgend
einer Verbindung. Die Schichten des Schiefers streichen auch so und fallen
SO. Auf dieser Felsenwand steht von hohen Eschen und andern Bäumen und
einer kleinen Häusergruppe umgeben die Hauptkirche des Thales, die Kirche
von Pleif genannt. Das ehrwürdige Gebäude mit dem hohen, schlanken Thurm
ist eine Zierde der Landschaft, auf die es von seiner Felsenhöhe herabschaut;
auch das Innere ist sehenswerth. Die Alten stellten ihre Kirchen gern auf
solche Höhen; sie sollten Symbole sein des Geistes, der von oben kommt,
und weithin sichtbar die Menschen mahnen an ein höheres, ideales Streben.

Die Bäche, welche von dem Plateau über die Felswand herabstürzen,
bilden mehrere schöne Wasserfälle, die am besten bei der Vereinigung der
Thalflüsse gesehen werden. Das Plateau selbst ist durch lang fortlaufende
Terrassen in Stufen getheilt, die mit denen auf der rechten Seite korrespondiren, und an denen man erkennt, dass ganz Lugnetz ehemals ein weiter
See war, welcher nach und nach, wahrscheinlich ruckweise sich entleerte,
im Verhältniss wie der Glenner und der Vorderrhein die Felsendämme durch-
brachen. Auch Spuren alter Gletscher findet man hier in den zerstreuten,
erratischen Blöcken und Geschieben. Hier liegen nahe beisammen, auf der
Terrasse zerstreut, eine Anzahl Dörfer. Villa, nahe bei der Kirche von Pleif,
ist der Hauptort des Thales, wo die Landesgemeinde sich versammelt, welche
hier noch wie im ganzen Oberland nach der Väter Sitte unter freiem Himmel
tagt. Der Ort hat wegen seiner vielen grossen Gebäude, die auf einen verhältnissmässig ansehnlichen Raum ausgebreitet sind, ein stattliches Ansehen;
es ist ein gutes Wirthshaus dort, von wo aus man weitere Excursionen in
die Gegend machen kann. Wegen der hohen, freien Lage, 1244 M., ist
Villa etwas kalt, doch hat es noch Feldbau und Kirschbäume. Von hier aus
sowohl als von Pleif hat man eine reizende Aussicht.

Auf der folgenden Thalstufe abwärts liegt das viel kleinere und unan-
sehnlichere Igels. Einst standen hier zwei Schlösser, Blumenthal und Soleer;

sie sind verschwunden, das Geschlecht derer von Blumenthal, von welchen, schon einer als Ritter des hl. Grabes genannt wird, besteht noch. Geschichtlich wichtig ist Igels durch eine Schlacht um 1390. Nachdem Walther von Belmont, der Sieger von St Karlo, ohne Erben im gedachten Jahre gestorben war, fiel die Erbschaft an den Grafen von Sax. Ersterem hatten die Lugnetzer als einem milden und hochherzigen Herrn treu angehangen, nach seinem Tode wollten sie Niemanden mehr dienen. Die Grafen Kaspar und Albrecht von Sax aber überfielen die Thalschaft und schlugen die eilig zusammengeraffte Mannschaft derselben bei Igels, wo sie später dem hl. Victor eine Kapelle erbauten. Die Lugnetzer mussten sich unterwerfen, scheinen indess keine harte Behandlung erfahren zu haben, da sie keine weitern Versuche zur Befreiung machten. 1424 traten sie mit Hans von Sax in den Trunser Bund ein, später theilten sie das Schicksal von Ilanz und Flims. S. oben. In den späteren Ereignissen behauptete die Thalschaft eine gewisse Selbstständigkeit, hielt aber sonst mit dem übrigen Oberland zusammen; 1799 entging sie durch kluge Leitung, wie es scheint, dem Unheil, das durch den voreiligen Aufstand veranlasst wurde und litt auch sonst wegen ihrer Entlegenheit wenig direkten Schaden in den damaligen Kriegszeiten.

Igels bildet mit Dajen, Vättiz und Rumein, wo die Pfarrkirche steht, eine Gemeinde, nahe dabei liegt noch Vigens in schöner, fruchtbarer Lage und mit prachtvoller Aussicht auf Thal und Gebirg von einer hohen Terrasse herab.

Gegenüber, auf der andern Seite des Baches von Vrin, der sein schwarzgraues Wasser in reissendem Lauf hinabwälzt durch eine tiefe Schlucht, liegt Surkasti oder Oberkastels. Man kann diesen Ort auf der Reise von Vals berühren, doch nur auf einem Umweg und der verdient wegen seiner schönen, eigenthümlichen Lage besondere Berücksichtigung. Von Igels aus steigt man mehrere Terrassen hinab, deren letzte felsig und steil ist. Der graue Schiefer ist hier in beständiger Zersetzung begriffen, was ein fortwährendes Rutschen und Stürzen veranlasst; das dunkle Gestein lösst sich dabei in Schlamm auf und dieser gibt dem Vriner Thalwasser die dunkle Farbe, welche ihm den Namen schwarzer Rhein verschafft hat; denn diese Beschaffenheit des Bodens reicht weit aufwärts. Vielleicht könnte man durch Drainirung der oberen Thalebene diesem Uebelstand abhelfen; überhaupt wäre dieses Verfahren an vielen Orten in Lugnetz zu empfehlen, um die schönen Wiesen zu entsumpfen, die oft zu viel Grundwasser haben. Gegenüber dieser Stelle springt eine steile Felsenecke vor, ebenfalls aus schwarzgrauem Schiefer gebildet; auf ihr steht die Kirche St. Lorenz in höchst malerischer Lage an der Stelle der alten Burg Oberkastels, deren Thurm als Glockenthurm benutzt worden ist. Hinter dem Felsen hervor strömt mit klarem, weissschäumendem Wasser der Valser Bach oder weisse Rhein und die beiden Thalbäche vereinigen sich hier, um den Glenner zu bilden, der eigentlich Lugnetzer Rhein heisst; denn der Name Gion oder Glion ist nur in Ilanz gebräuchlich. Lange schiebt der klare Strom des Rheinwaldgebirges das trübe Wasser der Schieferberge bei Seite, bis sie sich mischen. Die Felswand am Wege ist mit krystallisirtem Bittersalz überzogen, welches in solcher Masse ausblüht, dass es benutzt werden könnte. Steigt man diesen Weg hinauf, so kommt man erst an eine gewölbte Brücke, die nach Furth und Tersnaus führt, der Weg nach Surkasti geht schief aufwärts. Von der Burg ist ausser dem genannten Thurm wenig mehr übrig, als einiges alte Mauerwerk und der Graben, welcher diese Landzunge abschneidet; von drei Seiten unzugänglich, muss dies ein sehr fester Sitz gewesen sein; die Familie Castelberg soll eigentlich von hier stammen, sonst weiss man von dieser Ruine nicht viel, die zur Beherrschung des Thales sehr gut gelegen war, und gegenwärtig noch als ein guter strategischer Punkt gelten kann. Das Dorf Oberkastels liegt auf einem dreieckigen Plateau, das hinten in bewaldeten Stufen gegen den Piz Regina aufsteigt. Diese Platte ist mit krystallinischen Felsarten bedeckt, sie stehen aber nicht an, sondern sind eine mächtige Moräne auf Schiefergrund; denn hier trafen die Gletscher der beiden Thalarme in der Eiszeit zusammen, und in dem Winkel lagerten sich die Felsblöcke ab, welche sie aus dem Rheinwald und dem Hintergrund von Vrin mitbrachten. Surkasti liegt 998 M., hat ein nettes, wohlhabendes Aussehen, freundliche, reinliche Häuser und um dieselben noch Apfel-, Birn-, Pflaumen- und Kirschbäume in Menge. Die Gemeinde soll ein uraltes, sehr wohl erhaltenes Archiv besitzen. Schon ziemlich hoch darüber auf der Bergterrasse liegt das Alpendörfchen Junials.

Will man das hintere Lugnetz oder Vrinthal besuchen, so darf man diese letztere Richtung nicht nehmen, wiewohl auf beschwerlichen Pfaden allenfalls durchzukommen ist, sondern über Villa etc. zunächst nach Lumbrein gehen. Dies ist ein grosser Ort, zu dem die kleineren Surrhin und Silgin, auf der rechten Seite des Flusses, gehören. Letzterer fliesst tief unten in einem engen Felsenbette. Hier stand vor Zeiten die Burg der Familie Lumbrein, auch Lombris und Lumarin genannt, berühmt in der alten Bündner Geschichte. Aus ihr war der erste Landrichter des oberen Bundes, Johann von Lombris, ein Anderer dieses Geschlechts führte in der Malser Schlacht mit Wilh. Rink den Sturm auf die Brücke und starb dort den Heldentod. Wo die Burg eigentlich gelegen, ist mir nicht bekannt geworden; es stehen dort noch einige Gebäude, deren Grundlagen sehr alt zu sein scheinen. Lumbrein liegt 1410 M.; es hat noch einigen Feldbau, sein Hauptreichthum sind die Alpenweiden.

Von Lumbrein aus können mehrere interessante Excursionen unternommen werden. Unmittelbar an dem Dorfe öffnet sich das Cavelthal, durch welches man meist über schöne Alpenwiesen an den Fuss des Piz Cavel kommt, der auch Piz Camona oder Ramosa genannt wird. Man umgeht den Bergkegel, der 2944 M. hoch, gewöhnlich von Schneemassen umgeben ist, und ersteigt ihn von der Westseite her, was übrigens auch von Vrin aus über Alp Ramosa von der Südostseite geschehen kann, und nicht schwierig ist. Der abgerundete Gipfel besteht aus Gneiss, und hat eine schöne Aussicht auf Lugnetz, Sumvixer Thal, die Greina und die umliegenden Berge. Da sich Berg- und Thalsicht hier vereinigen, so ist die ziemlich leichte Ersteigung solchen zu empfehlen, welche umfassende Aussichten suchen, selbst solchen, die des Bergsteigens sonst nicht sehr gewohnt sind.

Der Piz Regina, 4591 M., kann ebenfalls von hier aus und zwar ohne wesentliche Schwierigkeiten erstiegen werden. Man geht bei Silgin oder auch bei der Kapelle St. Andreas über den Rhein nach Surrhin, wo man den Gipfel vor sich sieht und meist über Weideboden nur gerade hinaufzugehen braucht. Die Aussicht ist recht schön, beschränkt sich aber auf Lugnetz und einen Theil der Tödikette.

Weit interessanter, aber auch viel schwieriger, ist die Ersteigung des Piz Aul auch Piz Blätschadura oder Valölja, Birkli, und in Vals Piz Leis genannt. Von letzterer Seite mögte schwerlich hinaufzukommen sein; denn thurmförmig erhebt sich hier die Felsenspitze mit fast senkrechtem Absturz; von der Westseite aber ist er zugänglich. Man steigt von Surrhin aus das Thal Serenasgia aufwärts und thut wohl in der Schäferhütte zu übernachten, welche ziemlich weit oben liegt. Von dieser zum Gletscher ist nicht mehr weit. Dieser ist von der Nordwestseite anzugreifen; denn von da kann man über denselben nach der Spitze gehen. Diese besteht aus Gneiss, und dicht unter derselben liegt ein kleiner, fast immer zugefrorener See. Der Punkt, 3124 M., ist hoch genug, um fast alle umliegenden Gebirge zu übersehen, und daher die Aussicht eine unermesslich weite. Da breitet sich Lugnetz mit allen seinen Seitenzweigen aus und unter uns sehen wir die benachbarten Gräte und spitzen Pyramiden, die sich da hinab abstufen, so wie die umliegenden Bergreihen, über die man weithin wegsieht; nur die Rheinwaldhörner, das Medelser Gebirg und die Tödigruppe hemmen nach ihren Seiten die Umsicht, die ausserdem sich weithin ausdehnt über Berg und Thal und zwischen Schneehörnern verliert, von denen man nur einzelne hervorragende Punkte zu bestimmen vermag. Es hat die Aussicht von hohen Alpengipfeln in mancher Beziehung Aehnlichkeit mit der Ansicht des Weltmeers. Wie man hier Stunden lang sitzen kann auf der Düne oder vorspringenden Klippe oder von dem schwankenden Schiffe hinaussieht in die unermessliche Weite, wo Welle auf Welle sich hebt und senkt, wie sie treiben, wilden Rossen ähnlich, mit weissen fliegenden Mähnen, eine der andern ähnlich und doch keine der andern gleich; so auch hier, in dem Meer von Alpengipfeln. Auch sie sind Wellen von gewaltigen Kräften gehoben, aber sie blieben stehen, starre, riesige Denkmäler einer unermesslichen, längst vergangenen Zeit und statt des flatternden Wellenschaumes schmückt ihnen Nacken und Haupt das Eis der Gletscher und der reine im Lichte funkelnde Schnee. Aber von der Felsenhöhe des erstiegenen Gipfels blickt das weit geöffnete Auge hinaus auf die erstarrten Wellen der gehobenen und zertrümmerten Decke der Erde und vergangene Weltperioden gehen an dem sinnenden Geiste vorüber; es sind nur Wellenschläge in dem Meere der Zeit, nur Pulsschläge in dem Leben der Welt; ihre Zahl und Bedeutung zählt und misst nur der grosse Baumeister des Weltalls. Doch ist es Aufgabe menschlicher Wissenschaft, dem grossen Gedanken der Schöpfung nachzudenken, wie man alte Denkmäler entziffert, und aus den alten heiligen Zeichen der Hiroglyphen das Leben vergangener Zeiten und Völker wieder erweckt.

Hinter dem Einfluss der Serenasgia rücken die Seitenzweige der Gebirge zusammen, und das Thal verengert sich, um sich alsbald wieder zu dem Bassin von Vrin zu erweitern. Dieser Ort liegt gleich am Eingang der Erweiterung und zieht sich unter mehreren Namen weit hinein. Bei 1454 M. hat Vrin noch einigen Getreidebau, die obern Theile des Ortes liegen schon viel kälter. Die im Thal zerstreuten Häusergruppen mit mehreren Kirchen nehmen sich gut aus und die Aussicht auf das nahe Gebirg ist schön; die Wälder, die sonst ansehnlich waren, sind grösstentheils zerstört und das ist ein grosser Uebelstand, an welchem die hintere Thalschaft noch mehr leidet, wo die Fahrlässigkeit der Leute fast allen Baumwuchs vertilgt hat, so dass man das erforderliche Holz von weit unten beziehen muss.

Etwas oberhalb Vrin spaltet sich das Thal. Der westliche Zweig heisst Buzatsch; dann theilt es sich wieder in die Alpen Ramosa und Disrut. Ueber letztere geht ein ziemlich gangbarer Weg, der Disrutpass, welchen wir schon kennen lernten, nach der Greina und dem Hintergrund des Sumvixer Thals. Es schlingt sich dieser Pass, eine merkwürdige Verbindung zwischen zwei Hochthälern, quer durch eine sonst sehr hohe Bergkette, zwischen den felsigen Höhen des Piz Tgietschen und der Vorberge des Piz Güda hinein; die Aussicht von der Passhöhe ist beschränkt aber doch ganz anziehend. Da der Disrutpass nach Campo und Olivone geht, so kann man darüber von Lugnez aus am besten Tessin sowohl als den Lukmanier erreichen und wäre daher eine gute Strasse in dieser Richtung zu empfehlen.

Ausgedehnter ist der andere Thalarm Vanescha. Auch hier steigen grüne Alpenwiesen mit schönem Graswuchs, duftenden Kräutern und buntem Blüthenschmuck hoch an den Bergen hinauf, die in kühnen Formen und

gewaltiger Höhe das Thal umstehen, aber es ist schwach bewohnt, die liebliche Abwechslung des Alpen- und Waldbodens fehlt fast ganz und von
Feldbau ist auf dieser Höhe nicht mehr die Rede. Der Hof Pardatsch liegt
1655 M., Vanescha der grössere Weiler 1790 M., die Alp Blengias 1973 M.
Ein Kranz von Schneegebirgen umgibt den Hintergrund der Thalschaft und
einige ansehnliche Gletscher decken die Joche und Bergseiten; merkwürdiger-
weise aber senkt sich zwischen dem Piz Aul und dem Frunthorn das sog.
Peltnauer Joch so tief, dass man an mehreren Stellen bequem übersteigen
kann, so dass sogar früher ein Zusammenhang von Vanescha und Zafreila
in Vals angegeben wurde, was aber unrichtig ist. Hinten zerspaltet sich
das Vaneschathal und seine Verzweigungen verlieren sich zwischen Felstrümmern, Gletschern und mächtigen Bergstöcken.

Von diesen stechen besonders hervor durch Höhe und Form das Frunthorn, der Terri de Delun oder Scherboda, und der Terri de Canal. Das
Frunthorn, so genannt von dem jenseits gelegenen Hofe Frunt in Vals ist
3034 M. hoch und bildet den Anfang der Kette, welche über den Piz Aul
bei Surcasti endigt. Es ist ringsum von Gletschern umlagert, und von der
Nordseite her ersteigbar. Gegen Vals sind furchtbar hohe und steile Abstürze. Der Piz Scherboda eigentlich Terri di Derlun, 3124 M. ist ebenfalls
von Gletschern umgeben. Man ersteigt ihn indess ohne grosse Mühe von
Alp Scherboda aus, von welcher er den Namen hat, indem man langsam auf
der Nordseite in die Höhe kommt, dann über den Thalgletscher den Grat
ersteigt, und sich auf diesem westlich wendet. Man hat von hier eine ausgezeichnete Aussicht auf das nahe Adulagebirg und dessen nördliche Gletscher.
Beide Berge bestehen aus Gneiss, der Terri de Canal oder kurzweg Terri
aus Schiefer. Dieser Berg ist von der ganzen Kette die schönste und auf-
fallendste Form. Eine gewaltige Pyramide, mit fast senkrechten, schwarzen
Wänden und einem scharf gezähnten ebenfalls steil niedergehenden Grat,
steht er fast einzeln da zwischen den Alpen Scherboda und Blengias, 3151
M., und sieht von dieser Seite unersteiglich aus. Jedermann in Lugnetz kennt
diese überall sichtbare Felsenspitze unter dem obigen Namen, auf der italischen
Seite heisst er Pungiun de Güda. So viel bekannt, ist er bis jetzt blos von
Spescha erstiegen worden. Er ging von Vanescha aus durch das Thal Canal
(Blengias), stieg über dessen Thalgletscher, fasste den Berg von der Westseite und wandte sich dann östlich, um ihn zu ersteigen. Als er oben
anlangte, fand sich, dass der Grat zerrissen war und dass eine Vertiefung
ihn von der höchsten Spitze trennte. Er legte seinen Stock ab, trat auf
den Rand einer Eisbank, indem er sich am Grat festhielt, rutschte hinüber
und erstieg „den Mohrenkopf", wie er sich ausdrückt. Ein junger Mensch,
den er bei sich hatte, hielt sich dabei vor Entsetzen die Augen zu. Die

Aussicht war ausserordentlich reich und weit, ähnlich wie auf dem Piz Aul, man übersah aber vom Terri aus die südlichen Gebirge, besonders das Blegnothal und die tiefen Schluchten der Tessiner Alpen, so wie die erhabenen Rheinwaldgebirge und ihre herrliche Gletscherwelt.

Zwischen den beiden Terri muss ein schwieriger Felsenpass nach Alp Garsura hinabführen, dessen näherer Verlauf mir nicht bekannt ist.

Den andern Thalzweig von Lugnetz, Vals mit seinen Nebenthälern, könnten wir gleich von hieraus über das Joch des Peltnauer Berges besuchen, und nachdem wir die Gletscher gesehen, entweder nach Rheinwald übersteigen, oder auch nach Furth u. s. w. zurückkehren und dies ist auch für solche, welche nicht Zeit zu langem Aufenthalt haben, die passendste Weise. Wer wissenhchaftliche Forschungen im Auge hat, dem kommt es auf einen Umweg nicht an und da man auf den ersten Blick eine Gegend nie ganz auskennt, so ist es sogar manchmal recht gut, auf dem Rückweg das vorher Versäumte oder Uebersehene nachzuholen. Wir nehmen indess für diesmal nur des Zusammenhanges wegen unsere Wanderung an der Stelle wieder auf, wo der schwarze und weisse Rhein bei Surkasti ihre Wasser mischen.

Wir steigen also den Abhang aus der Flusstiefe wieder nach Furth hinauf, überschreiten ein Tobel und sind bald in Tersnaus, dessen Alphütten weit hinauf an den grasigen Abhängen zerstreut liegen. Das Thal verengert sich hier, die Berge sind bewaldet, das jenseitige Ufer ganz mit dichter, schöner Nadelholzwaldung bedeckt bis hinein nach Vals, doch trifft man vorn noch in der Tiefe die oben angegebenen Laubbölzer, aber nicht in Menge. In einer kleinen Erweiterung auf der rechten Seite, wo wir uns fortwährend halten, liegt das Dörfchen und die Kirche St. Martin, dann folgt wieder ein Engpass, den man den Hundsschupfen nennt. Der Weg ist theilweise in die grauen Schieferfelsen eingehauen, welche dann einen furchtbaren Abhang in den schäumenden Fluss bilden, der hier und weiter aufwärts starke Stromschnellen und einen schönen Fall macht. Abermals eine Erweiterung folgt; ein wildes Bergwasser kommt von der östlichen Halde, die zu dem hohen Thälihorn aufsteigt; hier liegen die Höfe Longenatsch oder Longenei, Haspel und die Kapelle St. Anna. Die Bewohner dieser einsamen Waldhäuser sprechen deutsch, wie die Valser, obgleich die Grenze von Lugnetz erst bei St. Anna ist. Es ist aber hier auch die Gesteinsgrenze; denn die grauen Schiefer von Lugnetz hören hier auf und grüne, schiefrige Formationen, so wie weisser, krystallinischer Kalk fangen an und bleiben vorherrschend bis zu den Gesteinen des Rheinwalds.

Von St. Anna aus wird der Weg nach und nach breiter, eine Brücke führt auf die linke Thalseite bei der Kapelle St. Nicolai und nachdem wir durch ein Labyrinth von Felsenblöcken und Wald gegangen, öffnet sich das Valser Thal; über die Felsenschwellen fällt der Rhein noch in starken Sprüngen herab, dann folgt eine fast flache Thalsohle, ohne Zweifel ein ehemaliger See, was auch schon daraus hervorgeht, dass unter dem hohen Alluvialboden Torf liegt. Dieses Gelände, welches bis etwa nach Fleiss fortsetzt, ist ausgezeichneter Boden, und trägt noch Roggen, Sommerweizen, Gerste, Kartoffeln, Rüben, Hanf, Flachs bei etwa 1250 M. In dieser Ebene liegen in kurzen Zwischenräumen die grösseren Orte, aber beiderseits schmücken kleinere Höfe, einzelne Häuser unzählige Alphütten und Ställe die grünen Seiten der Berge, deren herrliche Weiden wenig ihres Gleichen finden. Die Waldungen sind nicht gerade ansehnlich, doch genügend und werden geschont. Einige alte Ahorne u. s. w. beweisen, dass sonst Laubholz hier wuchs und noch wachsen könnte. Man ist um so mehr erfreut, dieses schöne Alpenthal hier zu finden, da man hinter den wilden Bergschluchten, welche vorher durchwandert werden müssen, nichts dergleichen, sondern nur eine noch wildere Bergwelt suchte. An dieser fehlt es übrigens auch nicht. Hoch herein in die liebliche Thatschaft schauen die gewaltigen Felsenkämme und Hörner, welche sie beschützen. Da steht auf der rechten Thalseite des Thälihorn, der Weissenstein und das Bärenhorn, mit hoch aufstrebenden Pyramidenspitzen, links streicht über den grünen Bergmatten der dunkle Breitengrat mit vorspringenden Felsenthürmen her und erhebt sich zu dem Piz Aul, Hochbank, Schwarzhorn u. s. w., die Vals von Vrin trennen; dann nach kurzer, tiefer Einsenkung steht das eisbehangene Fruntborn; südlich aber, wo das Thal sich theilt, tritt in scharfen Umrissen höher und höher ansteigend der Fanellagrat hervor zwischen die beiden Thalarme und erreicht seinen Gipfelpunkt in der herrlichen Pyramide des Fanellahorns, welche sich aus dem Eismeer der Gletscher hoch und schlank emporstreckt. Weiter innen folgt die erhabene Gebirgswelt des Adula, wo die Gletscher tief hinablangen in Thäler und Schluchten und die eng zusammengedrängten Zacken und Hörner des Gebirgs nur an den hervorragendsten Punkten bestimmte Namen tragen — eine selten besuchte und wenig gekannte Landschaft voll von lieblichen und schauerlich grossartigen Bildern der Alpen.

Die Bewohner dieser Thäler sind ein originelles Volk, wie ihr Land ist. Wir sprachen schon unten von ihrem Auftreten bei dem Feste von Porclas, und dies mag über ihre äussere Erscheinung genügen. Starke Willenskraft und Entschlossenheit, ausdauernder Fleiss und Intelligenz haben dies Völkchen von jeher ausgezeichnet. Die an den bewohnbaren Orten stark zusammengedrängte Bevölkerung beträgt 755 Seelen. Der deutsche Dialekt, den sie sprechen, ist eigenthümlich und es wäre eine verdienstliche Arbeit eines Sprachforschers, denselben zu studiren und mit dem von Obersaxen, Avers, Rheinwald und Savien zu vergleichen. Mit den beiden letzteren Gegenden hängt Vals auf jeden Fall zusammen und wurde wahrscheinlich von da aus bevölkert, wann aber und wie? darüber bestehen vorläufig nur wenig begründete Annahmen. Nach den Einen sind diese Deutschen alle Walliser (s. oben), nach Andern Schwäbische Colonien, durch welche die Deutschen Kaiser, besonders die Hohenstaufen, die Bergpässe sichern wollten. Es ist hier nicht der Ort, auf diesen Streitpunkt einzugehen, der am besten durch gründliches Studium der Sprache zu ermitteln sein wird.

Die Beschäftigung der Valser ist neben dem sorgfältig gepflegten Ackerbau hauptsächlich die Viehzucht, welche der Natur der Gegend nach viel mehr erträgt als jener. In beiden entwickeln sie viel Fleiss und Geschick. Die noch nicht ganz reifen Getreidebündel hängt man an den Häusern an Latten zum Nachreifen auf; die Wiesen werden gut bewirthschaftet und das Wildheu wird von den höchsten Grashalden herabgeholt.

Am Ende des vorigen Jahrhunderts lebte in Vals ein Kaplan J. E. Bertch, welcher sich damit beschäftigte, Hühner durch Ofenwärme auszubrüten und mit diesem Verfahren ansehnliche Ergebnisse erreichte. Darüber stehen einige beachtenswerthe Aufsätze im Bündner Sammler 1780 von eben diesem Herrn und Ul. v. Salis. Warum ist diese einträgliche Industrie des verständigen Mannes nicht fortgesetzt worden? Ich habe irgendwo gelesen (die Quelle ist mir jetzt vergessen) dass er sie in Folge eines Verbotes habe aufgeben müssen.

Wie alle höhern Thalschaften mit steilen Seiten ist Vals den Rüfen und Lawinen ausgesetzt. So zerstörte eine der letzteren 1827 13 Ställe. Man erzählt von einem im Stalle mit Melken beschäftigten Bauern, über welchem das ganze Gebäude weggerissen worden sei, so dass er bei seinem Vieh im Freien gesessen habe. Dabei hat natürlich wie bei ähnlichen Erzählungen der Volkswitz mitgeholfen, was die Lawinengefahr betrifft, so ist diese nur allzu reell vorhanden.

Der erste Ort, zu welchem man in der Thalschaft kommt, ist Camps. Es liegt sehr zerstreut, unten die Kirche von einer Häusergruppe umgeben, dann eine Anzahl an der Berghalde liegende Häuser und Ställe und auf der linken Seite an der Bergseite hinauf das Dörfchen Saladura mit noch einer Kirche von sehr altem Aussehen. Von da herab kommen zwei Bäche, deren einer einen starken Wasserfall bildet, welcher sich unten an einem Felsen bricht und in Schaumgarben hoch aufsprützt.

Nicht weit von da, zwischen Camps und Platz, entspringt auf der rechten Thalseite, etwa 200 Fuss über dem Bach, eine warme Quelle von 21° R. und so reich, dass sie zu dem stärksten Badegebrauch genügen würde. Das Wasser ist wahrscheinlich lange nicht alle gefasst; auf einem Umkreis von wenigstens 100 Fuss um die sonderbare Fassung in einem thurmartigen Bauwerk, steigt im Winter Dampf auf und kein Schnee bleibt liegen. Im Innern des Gebäudes steigen unzählige Gasblasen aus dem Boden. Eine Menge rother Kalktuf schlägt sich am Abfluss nieder. Das neue Badehaus steht nicht unmittelbar dabei, sondern das Wasser wird durch Röhren in die im Erdgeschoss befindlichen Bäder geleitet, wodurch es natürlich nicht an Wärme gewinnt. Oben im Hause sind einige Zimmer für Badegäste. Die Einrichtung ist im Ganzen gut, aber ungenügend für stärkeren Besuch; von Verschönerung der nächsten Umgebung ist natürlich gar nicht die Rede. Das Wasser enthält nach einer alten Analyse von Kapeller auf 1 Pfund = 16 Unzen.

Koblensauren Kalk	5,50 Gr.
Chlorcalcium	0,03 „
Chlornatrium	0,45 „
Schwefelsaures Natron	1,05 „
Schwefelsauren Kalk	10;06 „
Koblensaures Eisenoxydul	0,19 „
Harzigen Extractivstoff	0,03 „
Koblensäure	x
	17,31 Gr.

Das Wasser hat weder Geruch noch Geschmack; ein sehr sonderbarer Bestandtheil ist die gleichfalls geruch- und geschmacklose öhlige Substanz, die oben aufschwimmt und über welche jene Analyse keinen Aufschluss gibt. Es wäre zu wünschen, dass dieses Wasser nochmals untersucht und auch auf seine sonstigen Eigenschaften geprüft würde, worüber man unverzeihlicher Weise sehr wenig weiss. Die Valser brauchen es gegen Rheumatismen und Hautkrankheiten und sonst wozu es ihnen gut dünkt; getrunken wird es selten. Doch hat hier die Natur diesem Thal ein Geschenk gegeben, welches besser benutzt zu werden verdient und einst benutzt werden wird, wenn es besser bekannt, und durch bessere Wege die Thalschaft, welche jetzt als am Ende der Welt gelegen betrachtet wird, überhaupt zugänglicher ist. Doch wird hier dringend auf diese wichtige Quelle aufmerksam gemacht. Die Lage ist wunderbar schön: man übersieht den Eingang des Thales, die gegenüber liegenden Berge und blickt weit hinein in die Eisgebirge der Seitenthäler so dass es sich in dieser Beziehung mit den schönsten und berühmtesten Alpenbädern messen könnte, dabei liegt es sonnig und das Klima von Vals ist zwar das eines alpinen Hochthals, doch im Vergleiche mit andern eher mild als rauh; Gründe genug, um diesen Ort besser in's Auge zu fassen.

Der Hauptort des Thales, St. Peter oder Vals am Platz, liegt mitten in der kleinen Ebene an einer etwas erhöhten Stelle. Er besteht aus der Hauptkirche des Thales St. Peter und einer ziemlichen Anzahl netter Häuser, welche einen geräumigen Platz umschliessen, wo die Landesgemeinde gehalten wird. Ausserdem gehören noch eine Menge zerstreuter Heimwesen dazu. Auch dieser Punkt ist schön gelegen und man kann, wenn man nicht übermässige Ansprüche macht, in dem dortigen Wirthshaus ganz angenehm einige Zeit bleiben und Gänge in die Umgebung machen, was Niemanden gereuen wird, der eine Natur wie diese zu geniessen weiss.

Bei Fallée, das am Ausgang der Ebene liegt, trennt sich das Thal in das hintere Vals und Peilthal: darüber liegt malerisch auf der linken Berghalde gruppirt das Dörfchen Fleiss oder Leiss, von wo man dem schief aufsteigenden Seitenthal folgend, nach dem verhältnissmässig niedrigen Joch aufsteigt, das nach Vanescha und Vrin führt; ein anderer Weg dahin geht unter dem Piz Aul durch, ist aber viel schwieriger; doch könnte man diesen Berg vielleicht von hier aus ersteigen.

Der westliche und längere Thalarm heisst Zafreila. Er verläuft zwischen der Fanellakette und dem Contagasgebirg, dessen oben näher geschilderte Spitzen Frunthorn, Scherboda u. s. w. hohen Felsentufen aufsitzen und viel gefährlicher aussehen als von Vrin aus; auch die Fanellakette erscheint felsig und wild, ihr vorderes Ende aber fällt in die weidereichen Halden von Selva als breiter Vorsprung ab, von dem mehrere Bergwasser kommen. Oben auf der Terrasse liegt ein kleiner See. Das vordere Thal ist noch so ziemlich freundlich und bewohnt, eine Menge Alphütten und Höfe liegen zu beiden Seiten, die Weiden sind schön und ergiebig, aber das vorherrschende krystallinische Gestein macht sie schon rauher und felsiger. Bei Curaletsch kommt ein Bergwasser herab aus einem kleinen See, welcher am Fuss des westlichen kleinern Fanellagletschers liegt; gegenüber ist Frunt und darüber das hohe Frunthorn mit seinen Gletschern. Bei dem Dörfchen Zafreila oder Zervreila theilt sich das Thal wieder. das Kanalthal geht südlich, das Hauptthal westlich und südwestlich. Zwei Wasserfälle stürzen von den Gletscherhöhen des Scherboda und der eisigen Gräte in seiner Nähe über die Felsenstufen; gegenüber auf der rechten Seite ist die schöne Lampertsalp. Von dieser erzählt die Volkssage. „Einst sei sie von den Valsern an die Bewohner des Blegnothales verkauft worden und man habe gemeinschaftlich die Marksteine gesetzt. In der Nacht aber kam einer der Blegner herüber, grub den Markstein aus und versetzte ihn. Aber bei der Arbeit erlahmten seine Hände und todt blieb er liegen an dem Ort, wo er den Trug vollbracht hatte. Wenn aber die Zeit jährlich wiederkehrt, reitet er dort um auf flammendem Ross von bösen Geistern gejagt und muss reiten, bis die Marksteine wieder an den alten Platz kommen.

Immer enger und wilder wird nun das Thal. Noch ehe man die letzte Alphütte erreicht, springt von Osten her das Zavreilahorn vor und gerade gegenüber steigt auf der westlichen Thalseite zwischen den Gletschern des Plattesbergs und des Anfangs der Contagasberge ein kleines Thälchen an einem Bache in die Höhe, das zu einer Passlücke über die eisbedeckten Höhen führt. Das ist der Scaradrapass nach dem Blegnothal, 2770 M. Er führt dann abwärts unter dem langen Scaradragletscher durch, über Felseustufen und einsame Alpenweiden, in das enge, felsige Luzzonthal, durch welches oben unter Brücken von Lawinenschnee, unten in hohen Fällen der Thalbach in die Tiefe eilt. Zu seiner Mündung bei Campo haben uns frühere Wanderungen geführt. Nur in der besten Jahreszeit darf man diesen Weg einschlagen, aber wie alle solche Gletscherpässe lohnt er die Mühe durch die Erinnerung an Szenen der Alpenwelt, die man selten auf bequemen Wegen findet.

Das Thal, welches von da an Lentathal heisst, wird hier immer enger und wilder, und zu beiden Seiten hängen zwischen gewaltigen Felsenhörnern, die fast alle die Höhe von 3000 M. übersteigen, breite Gletscher herab und schieben unermessliche Schuttwälle vor sich her oder stürzen über den Abhängen zerbrechend hinab, von allen fliessen dem Thalbach Gletscherbäche zu mit schäumendem milchweisem Wasser. Aber am Ende des Thales senkt sich von ungeheurer Höhe ein langer Gletscherarm herab, mit dem sich bald zwei andere beiderseits vereinigen. Prachtvoll sind seine schimmernden Eismassen, Abstürze und Klüfte, blendend hell die Firnen und Schneepyramiden, die ihn umstehen. Der da oben gerade vor uns ist der Piz Valrhin (Rheinwaldhorn, Adulaspitze), der Beherrscher des Gebirgs, 3398 M., der da östlich durch den schmalen Schneegrat von ihm getrennt ist, das Guferhorn, wenig niedriger als sein gewaltiger Nachbar; Piz Jut, Lentahorn, und eine Anzahl andere, die keinen Namen besitzen, umstehen ausser diesen den Ursprung des jungen Valser Rheins aus dem Lentagletscher. Es ist ein würdiger Ursprung des starken Bergstroms und die Hauptquelle des Lugnetzer Rheins. Drüben auf der Ostseite des Gebirges entströmt sein stärkerer Zwillingsbruder, der Hinterrhein, den Eisgewölben des grossen Rheinwaldgletschers. Das Rheinwaldhorn ist von hier aus wohl nicht zu ersteigen. Die beiden bekannten Ersteigungen, die erste von Spescha 1789, die andere von Weilenmann 1859, wurden von Hinterrhein aus unternommen. Beide Gebirgsforscher rühmen die Aussicht als unermesslich und entzückend schön.

Das Canalthal, welches sich bei Zavreila trennt ist nicht viel kürzer, aber steiler und wilder als Lenta, ihm sonst ähnlich durch seinen Verlauf zwischen gewaltigen Gletscher tragenden Hörnern. Nicht weit vom Eingang stürzt ein Wasserfall, dann steigt man bis zum Thalkessel der Canalalp, 1972 M. Der Thalgletscher ist mehr in die Breite gedehnt und hinter ihm steht das mächtige Guferhorn, 3393 M. Gletscher reichen bis zu seiner Spitze, die von hier aus, jedoch mit Gefahr erstiegen werden kann. Der grosse Canalgletscher selbst ist nicht eben gefährlich und man gelangt über ihn zu dem hohen Grat, von welchem man unten in furchtbarer Tiefe auf die Hinterrheinquellen hinabsieht, zu welcher die Plattenschlucht führt. Man kann durch diese, so gefährlich sie aussieht, ohne grosse Schwierigkeiten hinabsteigen, indem man das Guferhorn rechts lässt. Doch sind diese Gänge nur für gute Bergsteiger, während man an den Fuss der Gletscher nöthigenfalls zu Ross gelangen kann. Peil, der andere Thalarm von Vals, ist kürzer, als der vorige und verläuft zwischen der Fanellakette und dem Bärenhorn am Savierstock (Piz Tomil), von wo der hohe Grat des Valser Berges südwestlich läuft und sich mit dem Kirchalphorn und dem mächtigen Bergkamm verbindet, welcher südlich in schroffen Wänden gegen das Hinterrheinthal, nördlich in eisbedeckten Abhängen als grosser oder östlicher Fanellagletscher abfällt. Der vordere Theil des Thales ist mit schönen Wiesen bedeckt, die beiderseits an den Bergen aufsteigen, rechts zu den felsigen Abhängen des Teischerhorns, 2691 M., links gegen die vorderen Höhen des Fanellagrates.

Etwas weiter geht das Thälchen Vallatsch gegen das Bärenhorn hinauf, und verliert sich dort in felsige Tobel. Nahe am Ausgang quillt eine Mineralquelle, die Bittersalz, Eisen und Schwefel enthalten soll. Es ist von ihr sonst durchaus nichts bekannt, wenn aber dort in der That ein brauchbares Wasser sich fände, so wäre dies in Verbindung mit der grossen Quelle zu Camps immerhin eine schätzenswerthe Zugabe.

Von da an setzt sich das Peilerthal noch weit nach SW. fort, nimmt aber einen viel einsamern Charakter an; etwa in der Mitte liegt die Fanellaalp und im Hintergrund steigt von eisbedeckten scharfen Gräten, deren Höhenpunkte mehr als 3000 M. erreichen, der prachtvolle Fanellagletscher herab bis zu 2375 M., wo er sich zwischen den Felsen hervordrängt, die das Thal schliessen. Westlich davon ist das Fanellahorn, 3122 M. Es ist diese Thalecke sehr sehenswerth; denn prachtvoll entfaltet hier die Gletscherwelt ihre kalte, erhabene Schönheit und die schwarzen Kämme und Zinken des Gebirgs schauen majestätisch darein. Man kann wenige Schritte rückwärts über den nur 2483 M. hohen Sattel nach der Kirchalp und Hinterrhein übersteigen; so dass man eigentlich keinen Umweg macht. Der gewöhnliche Weg dahin geht von Vallatsch aus über die Schönmattenalp, die ihren Namen mit Recht führt, schief aufwärts gegen den Grat des Valser Berges, zwischen dessen beiden niedrigen Kuppen man durchgeht. Die Passhöhe ist 2507 M. und wird Sommer und Winter gebraucht; nur bei Schneesturm und Nebel ist der Weg nicht anzurathen, sonst einer der gangbarsten Pässe. Wir werfen noch einen Blick auf die Valser Thäler; denn von der Höhe winkt uns jenseits ein anderes Bild der Alpenwelt. Durch flache, grüne Wiesen schlängelt sich friedlich der Hinterrhein, am Fuss des Berges liegt das Dorf gleichen Namens, wenig abwärts das nette Nufenen, nach welchen der Weg über den höheren Grat links führt, und das wir von hier nicht sehen. Dagegen sehen wir gegenüber an der Berghalde die Strasse in vielen Kehren den steilen Abhang ersteigen. Es ist die Bernhardiner Strasse, die dort nach Italien führt; westlich liegt das Moschelhorn und die Rheinwaldgletscher, östlich steigen die Berge allmählich zu dem spitzen Gipfel des Tamboborns auf. Eine kurze Strecke bringt uns hinab in die reizende Landschaft, und wir können, nachdem wir den Ursprung des letzten Quellstroms gesehen aus dem der vereinigte Rheinstrom seine mächtigen Fluthen zu sich entbietet, entweder dessen Weg durch die gesprengte Felsenthore der Roffa und Viamala folgen, oder hinübersteigen in die Kastanienwälder und die von Reben umlaubten Thäler des Südens, an deren Schwelle wir schon einmal standen.

16. Savien.

> Ihr Matten lebt wohl,
> Ihr sonnigen Weiden!

Wir haben noch das letzte der Oberländer Thäler zu betrachten, welches von unserm so eben auf dem Valser Berg erreichten Standpunkt, hinter jener langen Bergkette liegt, die von dem nahen Bärenhorn aus bis zur Mündung des Lugnetzer Rheins reicht und uns auf unserer Wanderung durch das Thal fortwährend, ohne erhebliche Seitenthäler auf der Ostseite begleitete. An mehreren Stellen kann dieser steile, von tiefen Tobeln zerrissene Bergwall überstiegen werden, doch fast überall nur mit grosser Anstrengung und zum Theil mit Gefahr; nur aus Vals ist ein leichter Uebergang, der denen anzurathen ist, welche diese wenig besuchte Gegend nur in ihrem oberen, freilich interessantesten Theil besuchen wollen. Der Weg nach Splügen und Rheinwald bleibt dann über einen andern Pass immer noch offen. Vom Valser Bad aus ist es auf jeden Fall eine schöne Excursion.

Man steigt zu dem Ende vom Platz aus durch Wald und über Alpenwiesen den steilen Abhang hinauf; dann führt der Weg im Zickzack an einer Felsenwand in die Höhe, auf die weite, schöne Alp Tomils, deren Hütten hoch auf der Terrasse liegen. Von da aus hat man eine schöne Aussicht auf das so eben verlassene Thal und die Eisgebirge der Rheinwaldgruppe und Contagasketten.

Diese Aussicht so wie auch die auf Savien und die Gebirge, welche dieses umgeben, hat man jedoch besser von dem nahen Weissenstein, den die Lugnetzer Piz Surcombras nennen, und den man von hier aus gelegentlich ersteigen kann, da sein Gipfel. 2949 M., von der Alp wenig entfernt ist. Seine Lage macht diesen Berg zu einem vorzüglichen Aussichtspunkt, und sollte das Valser Bad einst in Aufnahme kommen, so wird er sammt dem nahen und von hier aus auch leicht zu ersteigenden Bärenhorn sogar eine Celebrität werden gleich andern Bergen, deren Nachbarn klug genug gewesen sind, bequeme Wege für zarte Füsse der Damen und mit Schwindel behaftete Köpfe der Herrn zu bahnen. Will man die eine oder die andere dieser Ersteigungen nicht vornehmen, so steigt man von der Alphütte Tomils erst nördlich, dann östlich zur Passhöhe, 2417 M., und kann dann beliebig über die schönen, grünen Alpen zu den letzten Alphütten von Savien hinabsteigen, oder auch botanisirend an der Halde weg bis oberhalb Platz in Savien auf die Alp Camana u. s. w. kommen.

Wir gaben diesen Weg an, weil er mit Obigem im Zusammenhang steht; aber wir haben noch ein Stück der rechten Seite des Vorderrheins nachzuholen, das wir oben nur flüchtig als mit in der Aussicht begriffen berührten, und wollen Savien von dort aus besuchen. Wir versetzen uns also nach Ilanz zurück und zwar auf die Brücke unterhalb der Stelle, wo Vorderrhein und Glenner sich vereinigt haben. Ein kurzer Weg durch Wiesen und Feld führt uns nach Cästris, das in einem Wald von Obstbäumen versteckt liegt, ein grosses schönes Dorf. Auf dem nahen Berge lag einst eine Burg, von der man sonst nichts mehr weiss und an seinem Fuss entspringt eine Quelle, welche in der Stunde 2 Maass Oel liefern soll. Ich kenne diese nicht aus eigner Ansicht, es ist aber zu bemerken, dass auch in der Gegend des nahen Seewis und anderwärts in Bünden Asphalt vorkommt.

Durch schöne Waldungen am nördlichen Fusse des Signinastocks gelangen wir nach Valendas, zu welchem noch eine Menge kleinerer Höfe u. s. w. gehören. Es liegt ebenfalls von Obstbäumen beschattet in einer schönen Umgebung, wo Feld, Wiese und Wald sich anmuthig mischen. Unten fliesst in tiefen Schluchten der Vorderrhein. Nahe beim Dorfe ist ein Hügel mit hohen Lärchen bewachsen und zwischen diesen liegen noch ziemlich ansehnliche Reste des Schlosses Valendas oder Valentin, worauf eine noch nicht lange ausgestorbene, aber heruntergekommene Familie dieses Namens sass.

Bei dieser Burg hielt 1452 das Volk Gericht über den Freiherrn Heinrich Brun von Rhäzüns. Derselbe hatte zu Trons den Bund der Freiheit beschworen, dann aber es mit dem schwarzen Bund gehalten. Dieser war eine Verbindung des Adels gegen die Volksfreiheit. Seine Häupter Graf Werdenberg-Sargans und Graf Rechberg hatten es zunächst auf die Schamser abgesehen die sich Werdenbergs Macht nicht fügen und zum grauen Bund gehören wollten, der ihnen beistand. Der Freiherr von Rhäzüns liess die Junker mit ihren Reisigen durch sein Gebiet, aber deren Kriegszug fiel kläglich aus. Rechberg's Schaaren wurden vernichtet von den Schamsern und Oberländern, er selbst entkam mit Noth und Heinrich von Rhäzüns wurde gefangen. Die siegreichen Bündner führten ihn nach Valendas und verurtheilten ihn als abtrünnig und eidbrüchig zum Tode. Alles war bereit und schon hatte sich der Freiherr vollkommen in sein Schicksal ergeben. Der Scharfrichter war da und sprach ihm Muth ein, „es werde bald vorbei sein; denn sein Schwert sei so scharf, dass es ein Haar in der Luft zerschneide." Der Freiherr hatte aber einen Diener, der war ein kluger, gewandter Mann und dachte seinen Herrn zu retten. Er liess Wein und Speise genug herbeibringen und sprach dann zu den Häuptern des gewaffneten Volkes: „Mein Herr hat übel an euch gehandelt, und sieht selbst ein, dass er den Tod verdient hat. Nun mögte er aber vor seinem Ende noch eine fröhliche Stunde haben mit denen, die einst seine Freunde waren, und hat mir geheissen, dies Mahl anzurichten." Das war dem Volke recht und auch der Freiherr ward herbeigeführt und nahm bleich und traurig zwischen den Zechenden Platz. Der Diener aber ging von Einem zum Andern und erzählte, wie sein Herr durch schlechte Rathgeber und eignen Leichtsinn zum Verrath geführt worden sei und nicht durch Feindschaft gegen das Volk, mit dem er es sonst immer gut gemeint habe. Als nun der Wein anfing, die Gemüther zu erheitern, machten sich einige Stimmen geltend, welche für Begnadigung sprachen. Und wie es mehr geschieht, dass der Mensch durch Erinnerung früherer besserer Zeit von dem Gefühl des Zornes und Hasses zu alter Freundschaft und Liebe zurückkehrt, so vergab das Volk dem Freiherrn und aus dem Blutgericht wurde ein Freudenfest. Bran von Rhäzüns aber gedachte dieser Stunde und hielt fortan gute Treue.

Von der Schlucht auf der Wiese Prada, zwischen der protestantischen und katholischen Partei, mit welcher letzteren die Mannschaft der Waldstädte focht, ist oben die Rede gewesen.

Der Weg von Valendas nach Versam geht grösstentheils durch waldigen Boden. Zunächst kommt man an ein seltsames, in Felsen gesprengtes Thor; dahinter liegt eine waldige Schlucht und jenseits derselben auf einem hohen Vorsprung der verwitterten Dolomitfelsen, der Weiler Carrera; die Höhe ist mit grossen, schönen Lärchen geschmückt. Unten fliesst der Rhein zwischen hohen Wänden eines so leicht verwitternden Dolomites, dass derselbe lange Zeit für Bergschutt angesehen wurde. Der Rhein hat darin Höhlen und Vertiefungen eingefressen, die zum Theil hoch über dem jetzigen Wasserstand liegen. Jenseits ist der Flimser Wald. Auch das Bette des Tobels ist in seinem vordern Theil in diese Felsart eingeschnitten und sieht mit den wenigen Tannen, die auf den Felsenvorsprüngen wachsen, schauderhaft wild aus. Oben verläuft diese Schlucht in Schiefer und ist da nicht minder wild und steil, aber schön bewaldet; sie breitet sich nachher zu schönen, mit

12

Alphütten besetzten Wiesen aus, die zwischen dem Piz Cauma und dem
Scalagrat liegen; ersterer ist hier schrecklich steil und felsig.

Im Walde zwischen Carrera und Versam entspringt nahe am Wege in
den Erlen eine Quelle, die viel eisenhaltigen Tuf absetzt. Es soll ehemals ein
Badhaus da gewesen sein; sonst ist durchaus nichts davon bekannt. Dieser
Wald ist sehr uneben; eine Menge kesselartiger Vertiefungen bilden kleine
schwer zu übersehende Thälchen und enthalten zeitweilich Ansammlungen
von Wasser, ohne jedoch dauernde Seen zu bilden. Sie sehen wie Einsenkungen durch Erdfälle aus.

Aus dem Walde hervortretend sehen wir Versam vor uns; es liegt auf
einer Hochplatte, die schöne Felder und Wiesen trägt, über der tiefen
Schlucht, welche unter dem Namen Versamer Tobel den Ausgang von Savien
bildet, und besteht aus drei Theilen Versam, Areza und Sculms, letzteres auf
der rechten Seite des Tobels, Areza liegt höher, südlich am Berge hinauf.
Versam ist Hauptort mit der Kirche. Es liegt 909 M.; die Lage ist sonnig
und schön, zahlreiche Obstbäume umgeben die Häuser. Die Kirche ist erst
seit der Reformation 1634 erbaut und 1710 erneuert; denn früher gehörte
das Dorf kirchlich zu Bonaduz; drei Glocken der Kirche sind auch neu und
wurden eine zu Felsberg, die zwei andern zu Lindau gegossen. Diese
tragen die Inschrift:

„Wenn ihr höret meinen Ton, Sollt ihr fleissig zur Kirche gon,
Um zu hören Gottes Wort, Hier und auch allerort.

Die Einwohner sind protestantisch und reden deutsch; die 3 Orte haben
376 Seelen; sie beschäftigen sich mit Landbau und Viehzucht; in Areza werden
hölzerne Geschirre und andere Schnitzwaaren verfertigt, eine Industrie, die
als sehr nachahmenswerth hervorzuheben ist, weil sie in Bünden überhaupt
von gar Vielen mit grossem Vortheil betrieben werden könnte, die sich während des langen Winters mit Nichtsthun beschäftigen.

In älterer Zeit gehörte Versam politisch zu Rhäzüns, theilweise auch
wohl zu Trins und Valendas. In Areza standen der Sage nach zwei spurlos
verschwundene Burgen, von denen man jedoch noch die Stellen „am hohen
Bühl" und „am kleinen Gehl" kennt. Die Volkssage erzählt, der letzte Burg-
herr habe folgendes Ende genommen: Er besuchte oft ein Mädchen in Valendas, welches die Geliebte eines dortigen jungen Mannes war. Dieser
warnte den Herrn mehrmals, von seinen Besuchen abzustehen, und da dies
nichts half, lauerte er ihm am Wege beim Kreuzlistall auf, riss ihn vom Pferde
und erschlug ihn, worauf er ihn wieder auf das Ross band und dieses zur
Burg zurückjagte.

Bei Areza finden sich auch Spuren von ehemaligem Bergbau, ein Ort
heisst „an der Schmelze". Woher das Erz gekommen und was es gewesen,

weiss man nicht. Unten im Tobel, eine Strecke ob der Brücke, ist ein alter Stollen in Dolomit gehauen, zu dem man jetzt nicht mehr kommen kann; die Volkssage hat auch diesen Gegenstand ergriffen und poetisch geschmückt: In Arezz lebte ein armer, aber frommer und braver Mann. Dem zeigte der Berggeist einen verborgenen Gang in das Innere des Berges, dort stand in dem Felsengewölbe ein Gefäss mit flüssigem Gold. Der Geist sprach: Da nimm aus diesem Gefäss so viel du willst und so oft du willst, nur hüte dich, es jemals ganz zu leeren. Wenn du aber merkst, dass es mit dir zum Sterben geht, dann kannst du einem frommen, guten Menschen, den du lieb hast, das Geheimniss entdecken; der mag dann thun wie du selbst." Der Mann that, wie der wohlthätige Berggeist gesagt, und wurde glücklich durch das Geschenk, welches er nie missbrauchte; auf dem Sterbebette vertraute er es seiner Tochter unter gleicher Bedingung. Die aber konnte eines Tages der Habsucht nicht widerstehen und leerte das Gold vollständig aus. Da verschwand das Ganze, und der Geist macht sich seitdem mit den Menschen nichts mehr zu schaffen.

Man findet in Versam guten Wein und freundliche Leute und von da aus beginnt die Wanderung nach dem eigentlichen Savien, ehe wir aber den Weg dahin etwa in gleicher Höhe fortsetzen, werfen wir zuvor einen Blick in die Tiefe. Ein ziemlich guter Weg führt in vielen Biegungen durch den Wald hinab, in welchem nach unten hin die Buchen vorzuherrschen anfangen. So gelangen wir an den Rand der eigentlichen Schlucht. Dies ist ein furchtbarer Abgrund mit meist senkrechten Wänden und Felsenabsätzen, auf denen Bäume und Buschwerk über der Tiefe schwanken, im Ganzen von etwa 200 Fuss Tiefe. Eben so breit ist die kühn gebaute Brücke, die über dieser Kluft schwebt und zwei Schieferfelsen zur Grundlage hat. Unten tobt der wüthende Bergstrom, der von dem Ungestüm seiner trüben Fluth den Namen Babiosa erhielt, sonst aber auch Savier Rhein heisst. Nach innen zu ist er von schwarzgrauen Schieferfelsen eingeengt, welchen die zerbröckelnden Massen des weissgrauen Dolomites aufliegen, nach aussen erweitert sich die Schlucht und fällt etwa eine halbe Stunde von der Brücke in den Vorderrhein, dessen wüstes Felsenthal hier mit dem des Versamer Tobels an grausiger Einöde wetteifern kann. Steigt man aber von der Brücke auf der Seite den ebenfalls im Zickzack laufenden Weg hinauf, so kommt man durch schöne Wälder und blühende Wiesen auf die niedrige Passhöhe Crestas, 960 M., die man als das nördliche Ende des Heinzenbergs betrachten kann, und sieht von da hinab auf das Thal, wo bei Reichenau die beiden Rheine sich vereinigen und weiterhin auf die liebliche Thalfläche von Chur und die schönen Bergformen, welche sie begleiten.

Der Weg in's innere Savien geht von Versam aus, an der steilen Bergscite her durch dichten weitausgedehnten Tannenwald, dessen mächtige Stämme noch urwaldartigen Zuschnitt haben und ein sehr geschätztes Bau- und Brennholz liefern. Doch mögen die Savier diesen Reichthum der Natur, den sie noch besitzen, nicht übermässig ausbeuten und sich vor den Scheingründen der von jeher Bünden so schädlichen Holzspekulanten hüten, damit es ihnen nicht gehe wie der Tochter des Mannes von Areza mit dem Goldgefäss des Berggeistes.

Von dem Scalagrat zieht sich eine tiefe Schlucht herab, das Tobel von Acla und jenseits desselben liegt der gleichnamige Weiler. Von da aus steigt der Weg zu dem Bergdorf Tenna hinauf. Es hat noch sehr ansehnliche Waldungen und vortreffliche Weiden, auf 1694 M., auch noch Feldbau und Kirschbäume. Uebrigens liegt der Ort in sehr ungleicher Höhe auf weitem Raum zerstreut und ist eins jener abgeschiedenen lieblich gelegenen Alpendörfer, welches die Phantasie sich unwillkührlich als besonders glücklich vorstellt. Zwischen dem grünen Piz Nollen und dem steileren Unterhorn zieht ein Thälchen hinein, durch welches man in das Innere des Signinastocks und wahrscheinlich auch auf die gabelförmige Spitze des Piz Signina gelangen kann, unter welcher einige kleine Gletscher liegen. Ausser diesem Einschnitt kehren die Berge dieser Gruppe der Nord- und Ostseite meist schroffe Wände zu. Sie sind an ihrer spitzigen, scharf geschnittenen Form, namentlich von Chur aus kenntlich und bilden eine Zierde des Landes.

Wenn man Tenna besucht, so braucht man von diesem aus nicht auf den alten Weg zurückzukommen; sonst geht dieser von Acla aus eine Strecke sehr einsam durch Wald und felsige Abhänge, die sich besonders durch ihre reiche Moosvegetation auszeichnen. Unten in der Tiefe braust die Rabiosa, welche man meist nicht sehen kann, jenseits erhebt sich der Heinzenberg in schroffen, felsigen Abstürzen zu dem schmalen, langen Grat, und man vermuthet nicht hinter dieser wilden Westseite die herrlichen, fruchtbaren Gelände, welche den sanft geneigten Abhang nach Osten decken. Am Ende erhebt sich die schwarze Felsenpyramide des Piz Beverin.

Bald senkt sich indess der Weg der Tiefe zu, das Thal erweitert sich, der Fluss fängt an, in flacherem Bette zu fliessen, eine Menge Höfe und Häuser liegen zu beiden Seiten, man findet wieder Aecker und Gärten, die Alpenwiesen steigen in grüner Fülle an den Bergen hinauf mit kleinen Waldstrecken wechselnd, von Häusern und Hütten belebt, da und dort noch von Felsenpartien unterbrochen; scharfe Gräte und graue Felsenspitzen krönen die Berge, hinter der engen, finsteren Schlucht des Versamer Tobels öffnet sich uns hier ein liebliches Alpenthal, das wenig bekannt und selten besucht, dennoch so viel Schönes und Interessantes enthält, dass sowohl der Freund der Natur im Allgemeinen, als der wissenschaftliche Forscher es nicht unbefriedigt verlassen wird.

Die ganze Länge vom Ausfluss des Versamer Tobels bis zur Passhöhe des Savier Stocks ist etwa 8 Stunden, von Versam bis zur Erweiterung des Thales, wo wir angelangt sind, ist ungefähr 3. Die herrlichen Weiden sind das Hauptsächlichste im Thal, sie gehören zu den reichsten und kräftigsten in Bünden und ernähren treffliche Herden, deren Milchprodukte besonders geschätzt sind.

Die Wohnungen liegen theils in drei Hauptgruppen um die drei Thalkirchen, theils in einer grossen Anzahl von Höfen u. s. w. zerstreut, wie gewöhnlich in Hirtenthälern. Die Einwohner sind alle protestantisch und deutsch, das innere Thal hat 610, Tenna 148, Versam ist hier nicht mitgerechnet. Ueber den Ursprung dieser Bevölkerung gilt dasselbe, was oben über Vals gesagt ist. Wie die Valser sind die Savier ein kräftiger, hoch gewachsener Stamm, fleissig und von guten Anlagen. Die Einfachheit ihres Naturlebens und zugleich die gesunde Beschaffenheit ihres Thales, bezeugt die durchweg sehr lange Lebensdauer. Die Abgelegenheit des Thales bewirkt eine gewisse Unbekanntschaft mit äusseren Verhältnissen. In der Geschichte kommt Savien selten vor, sondern lebte meist in glücklicher Vergessenheit. Im Schamser Krieg erschienen die Männer von Savien als tapfere Bundesgenossen ihrer Nachbarn von Rheinwald und Schams und so bei verschiedenen andern Gelegenheiten. Sie traten schon am Tage von Trons in den oberen Bund. Die Burgen Rosenberg und zur Burg sind verschollen.

Das erste Dorf Neukirch liegt sehr zerstreut im Thale; ein steiler Bergweg führt von da über den Grat des Heinzenberges an einem kleinen See vorbei nach Flerden und Thusis. Bedeutender ist Platz, der Hauptort des Thales mit dessen Hauptkirche, 1297 M. Er ist schön gelegen und hat auf der einen Seite die schönen Alpen von Camana, Gunner etc., die sich bis auf die Gräte des Berges erstrecken, während weiter südlich der Piz Gunnér oder Fez aufsteigt; auf der Ostseite kommt ein wildes Bergwasser aus dem Thal Carnusa und vereinigt sich an der Kirche mit der Rabiosa. Von den hohen Felsenwänden dieses Seitenthals, über welchen sich majestätisch der Piz Beverin erhebt, fällt ein recht sehenswerther Wasserfall und am Eingang von der Kirche aus, steigt in vielfachen Zickzacklinien der Pass Stege zu dem 1846 M. gelegenen Glas und geht dann hinab an dem berüchtigten Lüscher See und Tschappina vorüber in etwa 4 Stunden nach Thusis. Man findet zu Platz Unterkommen in der Postablage und es lohnt sich schon der Mühe, einige Tage auf die botanische und geognostische Untersuchung dieser Gegend zu verwenden.

Durch die mit Höfen und andern Gebäuden reich besetzte Thalschaft kommt man nach Thalkirch, 1690 M., mit der ehrwürdigen, ältesten Kirche des Thales, dessen Sohle hier anlängt, etwas unebener zu werden und sich mit dicken Blöcken eines grünen quarzigen Schiefers zu bedecken, mit dem auch spilitische und dioritische Gesteine vorkommen, deren Stammort noch zu ermitteln ist. Noch eine Strecke behält das Thal ungefähr denselben Charakter, aber auf der Ostseite werden die Berge immer höher und steiler; endlich schliesst es mit einem weiten Thalkessel, in welchem die Cost-nätscher Höfe liegen. Man ist nun zu 1801 M. allmählich angestiegen, der Pflanzenwuchs nimmt den Charakter grosser Höhen an, besonders weil diese Thalecke stark im Schatten liegt. Denn nach W. und S. stehen mächtige Berge mit steilen, oft senkrechten Wänden und Felsenstufen. Da liegen westlich das Bruschhorn 3054 M., das Gelbhorn 3035, das Grauhorn 3002; südlich der Löchliberg 3045 mit noch einer Anzahl anderer Spitzen, die mehr nach innen liegen, endlich das Joch des Savierbergs mit dem 2496 M. hohen Pass, jenreits welches sich dann der eigentliche Savier Stock mit den Bärenhörnern wieder zu 2814 und 2832 M. erhebt. Der Löchliberg mit seinen Nachbarn besteht unten aus schwarzgrauem Schiefer, obenauf aus Jurakalk und Dolomit. Der Felseneircus, welcher den Hintergrund von Costnätsch bildet, hat furchtbar hohe und steile Wände; auf einer der oberen Terrassen liegt ein Gletscher, der sich als breites Eisband auf dem dunklen Gestein hinzieht. Seinen Abfluss bildet ein Bach, welcher wenigstens zur Zeit der Schneeschmelze sehr stark ist und einen mindestens 300 M. hohen Wasserfall bildet, der sich im Sturz zu feinem Staub auflöst und viel Aehn-lichkeit mit dem Berner Staubbach hat; einige kleinere stürzen zur Seite nieder. Ueber dem Gletscher ragen die Dolomitspitzen des Löchlibergs in zerrissenen, verwitterten und schrecklich wilden Formen empor, wie sie jener Felsart eigenthümlich sind. Es bilden diese wüsten Kalkstöcke zwischen Savien, Splügen und dem Schamser Thal Annarosa eine eigne durch ihre ruinenartige Zerfallenheit, unheimliche graue Färbung und bizarre Gestalt ihrer zersplitterten Gipfel ausgezeichnete Berggruppe, auf der Splügner Seite gewöhnlich nur die Kalkberge genannt. Sie sind noch sehr wenig bekannt in ihren inneren Partien.

Aus diesem Thalwinkel gehen mehrere Pfade nach Vals, die uns schon bekannt sind. Der andere Uebergang nach Splügen über den Savierberg steht im Ruf der Gefährlichkeit, jedoch sehr mit Unrecht; denn er gehört zu den leicht gangbaren Wegen. Ich hatte, als ich zum erstenmal jene Gegenden bereiste, ebenfalls viel davon gehört, dass dieser Uebergang mit Gefahr verbunden sei, und da auch nebliges Wetter war, mir einen Führer in Platz mitgenommen. Wir gingen Morgens früh mit dem Tag von dort weg und kamen bald an die Costnätscher Höfe. Mittlerweile hatte sich das Wetter vollständig aufgehellt, die Bergspitzen lagen im sonnigen Licht, nur einige Nebelstreifen flatterten da und dort an den dunklen Felsenwänden.

Nachdem wir in einem der letzten Häuser Milch zum Frühstück bekommen hatten, stiegen wir dicht unter den Felsen, von denen der Wasserfall kommt, die steinigen Halden schief aufwärts und befanden uns sehr bald dicht unter der aus schwarzem Schiefer bestehenden Passhöhe. Noch ehe wir dieselbe erreichten, wollte der Führer sich verabschieden, indem er sagte: Ich habe jetzt nichts weiter zu thun, als da hinüber und auf der andern Seite wieder hinunter zu gehen. Dies war aber nicht unserm Contrakt gemäss und ich nahm ihn mit bis auf das Joch, wo ich mich überzeugte, dass sich die Sache wirklich so verhielt und den guten Mann in Frieden ziehen liess. Ich bo-tanisirte noch einige Zeit auf dem Grat, wo verschiedene, seltene Pflanzen wachsen, und da ich vollkommen Zeit hatte, um mich umzusehen, so ging ich über die Höhen nach Westen und befand mich in Kurzem am Fuss des Bären-horns (Piz Tomil). Es lag etwas frischgefallener Schnee darauf, der mir unbequem war, doch stieg ich ohne grosse Mühe hinauf und hatte dort den unerwarteten Anblick einer der schönsten Aussichten auf Savien, Vals, das Hinterrheinthal und die Rheinwaldgebirge. Alles lag so klar und rein vor mir und das ausgedehnte Panorama entfaltete sich mit so prachtvollen Formen, dass sich dieser Anblick nicht leicht aus meiner Erinnerung verwischen wird. Ich kehrte dann auf die Passhöhe zurück und ging das Thal hinab nach Splügen, indem ich mich anfangs auf der linken, dann auf der rechten Seite des Baches hielt und über die Alpwiesen hinabstieg. Die Abendsonne beleuchtete mit grellem, rothem Licht die Felsengestalten des Löchlibergs und drüben glänzten in sanfterem, rosigem Schein die schneebedeckten, zackigen Hörner der Sureta-stöcke und der hochaufragende Giebel des Tambohorns; unten fielen lange Schatten in das grüne Thal des Hinterrheins, und seine schmucken Dörfer; fast die ganze Bevölkerung war mit Heuen beschäftigt und an dem schönen Abend noch in voller Thätigkeit. Drüben auf den grasigen Halden weideten die braunen Heerden der Kühe und höher hinauf hingen noch an Klippen und steilen Gehängen die Schafe und Ziegen, und suchten das wenige Futter ab, welches aus den kahlen Kalkfelsen sprosst. Es war ein schönes Bild der Alpen in den verschiedenen Formen und Richtungen des allgemeinen Lebens der Natur und der menschlichen Thätigkeit, die sich an ihr entwickelt.

Unsere Wanderung durch das Oberland ist zu Ende. Ich habe versucht, dem Leser das Bild eines schönen Alpenlandes zu zeichnen, und die Ein-drücke wiederzugeben, welche eine grosse Natur auf mich machte. Dass diese Farben schwach und blass sind der Wirklichkeit gegenüber, weiss ich selbst am besten; die Natur will gesehen und nicht gelesen sein. Steige rüstig hinauf durch Feld und Wald über Alpentriften und Felsen und Schnee; von der luftigen Spitze schaue über Berg und Thal, über Gletscher und Firnen; dann hast du die Alpen gesehen, und die Natur im Glanze ihrer erhabensten Schönheit hat dir ihr Angesicht gezeigt.

Anhang.

1. Geognostische Uebersicht.

Der Leser wird im Vorstehenden mehrmals den Angaben von Terrain-
verhältnissen begegnet sein, wo die Naturschilderung oder sonstige Gründe
dies erforderten. Dem Wunsche des Verlegers und allerlei sonstigen kri-
tischen Bemerkungen folgend, bin ich damit sehr sparsam umgegangen, und
behielt mir vor, am Ende des Werkchens in drei Abschnitten, Mineralogie,
Botanik und Zoologie des Oberlandes zu behandeln; damit diejenigen, welche
von diesen Dingen nichts verstehen, nicht durch „gelehrte" Auseinander-
setzungen geärgert würden.

Nun befinde ich mich aber in Verlegenheit, wie ich dieses Vorhaben
ausführen soll? Das Werkchen hat schon den ursprünglich projektirten Um-
fang überschritten und eine gründliche Abhandlung der oben angegebenen
Art ist nicht mit einigen Seiten abzumachen. Im besten Falle kann ich
doch denjenigen, welchen die Elementarkenntnisse abgehen, die man gegenwärtig in jeder bessern Schule lehrt, nicht erst auseinandersetzen, was z. B.
Granit oder Kalkstein ist und wie sich selbiger Granit z. B. von Kalkstein oder
Thonschiefer unterscheidet etc. Den Männern von Fach dagegen wird eine
ganz allgemeine Uebersicht durchaus nicht genügen. Dennoch muss ich mich
zu dieser letztern entschliessen, da mir der Raum nicht Anderes gestattet,
um wenigstens für diejenigen einen allgemeinen Anhaltspunkt und Leitfaden
zu geben, welche ohne gerade Fachstudien zu machen, mit sehenden, d. h.
intelligenten Augen durch die Welt gehen und in den einzelnen Natur-
gegenständen Theile eines grossen Organismus erblicken, würdig der Betrachtung des denkenden Menschen.

Das Bündner Oberland zeigt uns in seinen weit ausgedehnten Gebirgssystemen zwei Hauptformen von Gesteinen: 1) die krystallinisch schiefrigen
oder metamorphischen Bildungen; 2) die einfachen Sedimentgesteine. Die
ersteren zeichnen sich dadurch aus, dass sie aus deutlichen Blättchen oder
eckigen Stücken bestehen, an denen man die Neigung zur Krystallbildung
erkennt, und dass nur wenige und immer dieselben Mineralien in den Ge-
mengen stets wiederkehren; z. B. in Gneiss, die drei Mineralien Quarz, Feldspath und Glimmer; in Glimmerschiefer, Quarz und Glimmer; in Hornblendeschiefer Quarz und Hornblende etc.

Die andern sind entweder chemische Niederschläge aus einer und derselben Substanz im Wasser gebildet, z. B. Kalk und Dolomit, oder sie sind Niederschläge von Schlamm, Geschiebe, Sand etc. Das sind die Schiefer, die Sandsteine, die Conglomerate. Sie werden nach dem Alter ihrer Entstehung in sogenannte Formationen eingetheilt, d. h. in Reihen von über einander geschichteten Steinlagen (Schichten und Bänke), welche in einer und derselben Weltperiode entstanden sind.

Es werden manche Leser die dritte Hauptform der Felsarten vermissen, nämlich die massigen, ungeschichteten (vulkanischen und plutonischen). Solche kommen aber, die wenigen ächten Granite und die Dioritsyenite ausgenommen, in unserm Gebiete gar nicht vor. Das meiste, was man sonst hier Granit nennt, ist eigentlich Gneiss, der sich von Granit, mit dem er dieselben Bestandtheile hat, dadurch unterscheidet, dass er blättriges Gefüge besitzt.

Wenn aber hier keine vulkanischen Kräfte (besser Eruptivkräfte) gewirkt haben, woher sind denn die hohen Berge entstanden, und warum sehen wir die Schichten nicht mehr in der wagrechten Lage, wie sie das Wasser ursprünglich abgelagert hat? Darauf antworten wir:

Die innere Erdwärme, verbunden namentlich mit heissem Wasserdampf, wirkte umgestaltend auf die unteren Sedimentgesteine, wobei auch noch electro-chemische Einflüsse mitgewirkt haben mögen. Diese Gesteine nahmen krystallinisches Gefüge an, aus Sandstein wurde z. B. Gneiss, aus gewöhnlichem Thon und Sandschiefer wurde Glimmerschiefer oder Hornblendeschiefer etc, je nachdem die Grundbestandtheile oder auch die umwandelnden Umstände verschieden waren. Es ist durch die Experimente von Daubré u. a. längst nachgewiesen, dass Glas und andere amorphe Gegenstände, wenn sie krystallinisch werden, einen grösseren Raum einnehmen, als vorher, etwa so wie Eis mehr Raum einnimmt, als das Wasser, woraus es entstanden ist. Dasselbe geschah bei dem Umkrystallisiren der Sandsteine, Schiefer, gewöhnlichen Kalksteinen etc. In jedem einzelnen kleinen Stückchen, z. B. in einer Cubiklinie, macht das gar wenig aus, aber wenn man viele Millionen solcher kleiner Räume zusammen addirt, so entsteht daraus eine Kraft und Raumentwicklung von ungeheurer Ausdehnung. Der Boden hob sich, warf Falten und Einbiegungen und daraus wurden Bergrücken und Thalmulden; erreichte die Spannung die höchste Stärke, so rissen die Rücken auseinander und bildeten die scharfen Gräte, Kanten, Felsenabsätze u. s. w., Einiges sank in die Tiefe zurück, Anderes hob sich steil auf wie Eisschollen bei einem Eisgang, und wenn die Risse sehr tief gingen, so trat auch die noch flüssige Grundmasse heraus und vollendete das Zersprengen und Zerreissen des Bodens, oder auch, es wurden schon erkaltete massige Gesteine keilartig emporgehoben, und schoben die Sedimentgesteine seitwärts auseinander. Man muss

sich nicht vorstellen, dass solche Vorgänge wie auf einen Ruck und plötzlich erdbebenartig hätten erfolgen müssen. Dergleichen ist auch vorgekommen und kommt noch heute in vulkanischen Gegenden vor; die Hebung
langer Ketten, grosser Landstriche aber, ist nicht plötzlich, sondern in sehr
langen Zeiträumen, sehr allmählig und erst nach langer Zeit bemerkbar erfolgt, so wie gegenwärtig nachweisbar die Küste von Schweden im Steigen
begriffen ist. Daher konnten die Gesteinslager und Schichten alle die wunder-
lichen Biegungen annehmen, die wir an ihnen bemerken; wären sie plötzlich
gestiegen, so hätten sie nur geknickt und zerbrochen werden können.

Wir nennen dieses die metamorphische Erhebung, im Gegensatz zu der
eruptiven, durch plötzliche Ausbrüche plutonischer oder vulcanischer, lava-
artiger Massen und damit verbundene Gasexplosionen etc. erfolgten. Das
Bündner Oberland zeigt uns, wie oben bemerkt, von der letzteren nur sehr
vereinzeltes Auftreten, der ersteren verdankt es die Form seiner Gebirge,
die also vorzugsweise metamorphisch ist.

Hierzu kam im Laufe der Zeit die zerstörende Kraft der Athmosphäre
und die bald schnell, bald langsam auswaschende Kraft des Wassers, das
anderwärts den oben mitgenommenen Schutt wieder niederschlug, die Erosion
und Alluvion, welche zusammen die Thalbildung vollendeten, so wie die gewaltige Wirkung der in der Eiszeit viel weiter ausgedehnten Gletscher.

Wir mussten die gestaltenden Kräfte kennen lernen, um diesen Felsen-
bau zu verstehen. Es bleibt uns, ehe wir in die Einzelheiten gehen, nur
noch etwas Allgemeines über Streichen und Fallen, so wie über die Forma-
tionsglieder zu sagen, womit wir zu thun haben werden.

Die Schichten des Oberlandes streichen im Allgemeinen von SW. — NO.
hora 9 und fallen südöstlich jedoch mit Undulationen im Streichen und Fallen,
so wie mit oft auffallenden Lokalbiegungen. Das Adulagebirg aber streicht
SN. h. 12 und fällt östlich. Wo beide Linien zusammentreffen, wie am Lukmanier, der Greina, und dem hintern Lugnetz, da sind Streichen und Fallen
sehr unregelmässig geworden, weil sich zwei Hebungswellen kreuzen. In
dieser einfachen Thatsache liegt der Schlüssel zur Erklärung vieler Unregel-
mässigkeiten.

Die Formationen betreffend, so ist als die tiefste ein Granit anzusprechen,
welcher nach oben in Gneiss übergeht, und den wir nach diesen Modifica-
tionen als Gneissgranit und Granitgneiss bezeichnet haben.

Es folgen nun die gewöhnlichen Gneisse, Hornblendeschiefer, Glimmerschiefer, Chloritschiefer, ältere Talkschiefer etc., wir nennen dies alles zusammen krystallinische Schiefer. Es sind metamorphische Gesteine, welche
wahrscheinlich aus dem sogenannten Uebergangsgebirg (Silurisch, Devonisch)
vielleicht auch aus der Steinkohlenbildung entstanden sind, worin eben der

Grund liegt, dass diese Felsarten als solche nicht vorkommen. Doch sind am Tödi Spuren des Anthracitschiefers gefunden worden. Die Zechsteinformation fehlt aus eben dem Grund, wenn sie überhaupt jemals hier vorkam.

Es folgt Verrucano. Ein sehr vieldeutiger Namen. Man verstand darunter ursprünglich gewisse rothe Conglomerate, welche dem Rothliegenden der Zechsteinformation gleichen und vielleicht auch dahin gehören· Anderer Verrucano repräsentirt unzweifelhaft den bunten Sandstein; man hat aber diesen Namen auch auf eine Menge Schiefer, Quarzite, Conglomerate etc. ausgedehnt, welche bestimmt tiefer liegen und zu Zechstein und Kohle, zum Theil auch noch tiefer hinunter gehören mögen.

Muschelkalk und Keuper sind im Oberland nirgends nachgewiesen, doch kommen Kalklager zwischen Verrucano und Unterjura vor, welche die obere Trias und den unteren Lias repräsentiren. Es ist der sogenannte Röthikalk.

Lias. Dahin gehören die rothen Kalke, welche eben dem Röthikalk ihren Namen verschafft haben und zum Theil die darauf liegenden schiefrigen Bildungen. Hier fangen an sparsame Versteinerungen vorzukommen.

Jurakalk ist auf der linken Seite des Rheines sehr gut entwickelt.

a. Unterjura kommt in Form von verschieden gefärbten bunten Schiefern vor, welche Belemniten, Ammoniten, Austern etc. enthalten. Sie zeichnen sich durch Eisengehalt aus.

b. Oberländer Bündner Schiefer. Gehört eben dahin und nachweislich gehen die bunten Schiefer in denselben über. Er ist grau, enthält nur höchst selten Fossilien und bildet die Hauptformation auf der rechten Thalseite bis in's vordere Tavetsch.

c. Mittel- und Oberjura bildet grosse Gebirgsmassen und namentlich einige der höchsten Spitzen der linken Thalseite. Besonders entwickelt ist der sogenannte Hochgebirgsdolomit, welcher zur Oxfordgruppe gehört.

Die Kreidebildungen. Sie kommen am Calanda alle vor, deutlich entwickelt gewöhnlich nur die Unterkreide (Neuenburger Formation, Néocomien). Es erscheinen diese Bildungen in Form von rostgrauen und weisslichen Schichten, hie und da auch mit Versteinerungen bis zum Tödi. Auf der rechten Rheinseite fehlen sie ganz, so auch auf den linken jenseits Val Barkuns.

Eocenbildungen. Untertertiär, Flysch und Nummuliten. Mit der obern Kreide am nordöstlichen Ende des Calands; mächtig entwickelt am Sardonagebirg und dann ungefähr so weit als die Kreide, dieser aufsitzend. Charakteristische Versteinerungen sind die Nummuliten, kleine scheibenförmige, spiralförmig gezeichnete Körper, die aber bei weitem nicht in allen Gliedern der Formation vorkommen. Man hat seiner Zeit auch sämmtliche Bündner Schiefer dahin ziehen wollen. Es bestehen diese Gebilde aus kalkigsandigem Gestein und Schiefer. Die oben aufsitzenden grossen Schieferbildungen nennt man Flysch. Höhere Formationen kommen in ganz Bünden nicht vor, mit Ausnahme der Diluvial- und Alluvialbildungen. Zu ersteren sind auch die Schuttablagerungen der alten Gletscher zu rechnen.

Wir nehmen nun grösserer Deutlichkeit wegen, denselben Weg wie in der Wanderung durch das Gebiet, indem wir da, wo dort die Verhältnisse genauer erörtert sind, uns einfach darauf beziehen und das dort Gesagte nicht wiederholen.

Das rechte Rheinufer besteht von Chur bis in's Domleschg nur aus grauem Bündner Schiefer, der in sehr verwickelten Biegungen nach SO. fällt und vermöge deren oft 5—6 doppelt liegt, woher seine scheinbar ungeheure Mächtigkeit kommt. Er bildet steile Abhänge auf den Nordseiten, sanfte Abdachungen auf der entgegengesetzten. Seine Verwitterung erzeugt einen sehr fruchtbaren Lehmboden, daher trägt er die besten Alpen und die ergiebigsten Aecker im Land. Thon-Kalk-Sandschiefer wechseln.

Der Calanda besteht von unten nach oben aus folgenden Formationsgliedern, wobei wir von dem Abhang gegen Tamins bis nach Ragaz und Pfäfers fortschreiten. 1) Verrucano. 2) Rauhwacke und Kalk, dessen unterer Theil die Trias, der obere sogenannte Röthikalk den untern Lias vertritt. 3) Rothe, gelbe, grüne, graue, braune Schiefer mit Schwefelkies, Magneteisen und Gold. Sie stellen Unterjura und obern Lias vor. 4) Kalkschiefer mit Belemnites hastatus. Gehört zum unteren Oxford=Callovien. 5) Hochgebirgsdolomit. Bildet mächtige Felsenwände, unter andern den Felsberger Bergsturz. 6) Oberjurakalk, hellgraue, dunkle geflammte Kalksteine. Untervazer Marmor etc. 7) Neuenburger Kreide mit Ostrea macroptera etc. Daraus besteht das Felsberger Horn, der vordere Theil des Weihersattels und die Felswand ob Haldenstein. 8) Obere Kreidebildungen, Schrattenkalk, Gault, Sewerkalk sind schwächer entwickelt, jedoch alle nachweisbar zwischen Untervaz und Mastrils. 9) Nummulitengebilde und Flysch von da bis an's Ende der Kette. Typisch für diese Formation ist der Weg vom Hof Ragaz bis Klosters Pfäfers, und der Eingang in die Quellenschlucht bei Bad Pfäfers.

Diese Formationsreihe wiederholt sich mit verschiedenen Abweichungen und in verschiedener Mächtigkeit im Sardonagebirg, Val Bargis, Flimser Stein, Hausstock, Vorab, Panixer, Kistenpass, Brigelser Horn, Tödi etc. Die Spitze des letztern scheint nur aus Jurakalk zu bestehen, dagegen kommen die Nummuliten bis jenseits Brigels vor. Auf dem Hochgebirg schliesst diese Reihe mit den Russeinthälern, im Thale aber läuft ein Streif Schiefer (Unterjura) bis nach Tavetsch und bei Disentis hängt noch ein Lappen Kalk (Röthikalk) auf dem krystallinischen Gestein. Die Grundlage von dem allen ist Verrucano, der unter andern bei Ilanz, linke Thalseite, sehr gut ausgebildet

ist. Er wird nach unten krystallinisch und geht in ein Glimmerschiefer-
artiges Gestein (Casannaschiefer) und endlich in Gneiss über.

Auf der Strasse treffen wir bei Tamins Dolomit, hinter dem Dorfe Verrucano, jenseits des Tobels Röthikalk, hierauf Unterjura bis jenseits Trins,
dann bis zu den Mühlen Hochgebirgsdolomit, an den Mühlen selbst Callovien
und wieder Hochgebirgsdolomit. Bei Flims Schutt, darunter Callovien und
Unterjura, an den Waldhäusern und bis hinter Laax ob Sagens Schutt, zuletzt
Dolomitschutt; hierauf Verrucano bis nach Sumvix, worauf ein grünlich graues
Gestein folgt, welches viel Hornblende enthält und nichts Anderes ist als
umgewandelter Verrucano. Bei Dissentis liegt Schutt und Schiefer; auf der
Formationsgrenze gegen das krystallinische Gestein kommen verschiedene
Kalklappen vor. Die Formation von Pontaiglias bei Trons, welche diese
ziemlich reguläre Gesteinsfolge durch Auftreten von Granit und Diorit unter-
bricht, ist oben erwähnt; auch auf der Sandalp kommt krystallinisches Gestein vor, so dass also offenbar die Grundlage des Tödi allseitig aus solchem
besteht. Daraus ergibt sich dann, dass der rothe Kalk der Röthi Unterlias
(Adnether Kalk) ist und die streifigen Felsen in der Russeinalp die schwachen
Repräsentanten der Triss und die verschiedenen Jurabildungen darstellen,
wie wir sie vom Calanda her kennen.

Dass auf Sardona, am Martinsloch und Hausstock ein dem Verrucano
ähnliches Gestein auf dem Nummulitengestein liegt, ist oben bemerkt.

In Tavetsch setzen die schiefrigen Gesteine (Unterjura) bis wenigstens
Sedrun fort und scheinen unter dem Schutt des Thals noch weiter zu gehen,
werden aber nachgerade durch Metamorphismus unkenntlich. So gehört der
Sedruner Chloritschiefer wahrscheinlich auch noch dazu, wozu sich eine sehr
deutlich entwickelte Analogie an dem Gipfel des Piz Doan in Bergell zeigt.

Oberalpstock, Crispaltkette, Badus, die Berge von Muigel, Curnära, Nalps
sind krystallinisches Gestein mit vorherrschendem Gneiss, am Eingang von
Cornära, Nalps und Medels herrschen aber halb krystallinisch gewordene
Schiefergesteine, welche vor letzterem in Luvezstein übergehen, der mit
Vortheil ausgebeutet wird. Auf der Oberalp scheinen diese Schiefer abgeworfen zu sein, sie treten aber in Ursera und auf der Furka wieder auf
und streichen in's Rhonethal hinab. Doch hängen sie hier nur als einzelne
Lappen auf dem krystallinischen Gestein, das sich an der Westseite des Oberalpstocks und hinter dem Crispalt zu dem Granitgneiss entwickelt, welcher
dann über Ursera an der Teufelsbrücke etc. gegen den Galenstock streicht.

Auf dem rechten Rheinufer herrschen die grauen Bündner Schiefer vor
und dringen auch tief in die Seitenthäler ein; der Jurakalk springt erst weit
unten über, die Kreide- und Nummulitenbildungen fehlen hier ganz. Wir
folgen auch hier dem früher eingehaltenen Gang.

Der Bau von Medels ist oben erörtert und braucht daher nicht wiederholt zu werden. Der Granitgneiss, der in Cristallina und überhaupt in der Mitte von Medels auftritt, streicht dann etwa in hor 8 durch die Mittelrheinstöcke und dem vorigen Zug parallel über den St. Gotthard. Die Schiefer-, Kalk- und Gypsbildungen des Scopi- und Lukmanierpasses streichen ungefähr ebenso westlich über Airolo und die Quellen des Tessin nach Wallis, östlich immer breiter werdend über die Greina und den Disrutpass nach Lugnez. Val Cadelim liegt noch ganz in den krystallinischen Bildungen. Jene Schiefer, Kalke und Dolomite des Lukmaniers sind also die Ausfüllung einer muldenförmigen Vertiefung, welche die Schieferbildungen des Wallis mit denen von Graubünden verbindet. Dass die, welche durch das Vorderrheinthal etc. gegen die Furka streichen, eine ganz analoge Bildung sind, ist leicht einzusehen. Ein breiter Rücken von krystallinischem Gestein schiebt sich zwischen beide, verspitzt sich nach und nach und endigt am Piz Miezdi und Cavel, so dass er die Thalsohle von Lugnez nicht erreicht. Es soll sich irgendwo in Medels ehemals silberhaltiger Bleiglanz gefunden haben; die Stelle ist uns aber nicht bekannt, so wie auch nicht das Muttergestein. Gegenüber Disentis steigen die Schiefer noch hoch vor den kristallischen Gesteinen des Medelser Gletschers auf; eine Linie von Curaglia nach dem Tenniger Bad, das noch in Schiefer liegt, bezeichnet ungefähr den Verlauf der Grenze, auf welcher die gewöhnlichen Mittelbildungen sowie etliche Kalkstreifen liegen.

Der Eingang des Sumvixer Thales besteht folglich auch aus Schiefern und jenseits auf der Alp Nadils treten auch wieder die Mittelbildungen und der Kalkstreif (Röthikalk) auf. Was von diesen nach dem grauen Schiefer hin liegt, gehört zu Lias und Jura, was dagegen nach dem Gneiss zu liegt, ist zur Trias etc. zu ziehen. Man ist oft in Verlegenheit, ob man ein Gestein Verrucano oder Gneiss nennen soll, je nach der mehr oder weniger fortgeschritteten Umwandlung. Talkschiefer, talkige gelbe Kalkschiefer und Rauhwacke liegen dann gewöhnlich unter dem Röthikalk. Wo die Formationen an einander grenzen, sind oft die Fundorte von allerlei Erzen, namentlich von Bleiglanz, Fahlerz, Blende. etc.

Die Grenze des krystallinischen Gesteins, ohne deutlich entwickelten Verrucano, ist nicht weit ob dem Tenniger Bad. Die Felsen, über welche die Wasserfälle von Frontscha kommen, sind Gneiss, der wie überall mit Glimmerschiefer wechselt, auch eine starke Bank Hornblendegestein liegt schon vorher dazwischen. Oben auf der Höhe angelangt, befindet man sich bald auf den Schiefern, deren Anwesenheit der Greina und Disrutpass ihr Dasein verdanken; Kalk und Rauhwacke kommt mit ihnen vor, aber schon der Hintergrund des Monterasscathals ist Gneiss, so wie die südlichen Hörner der Contagasgruppe, die auf der Grenze von Vrin stehen, während der hohe

Piz Terri noch dem Schieferstreif angehört. Jene zuletzt genannten krystallinischen Partien sind Anhängsel des Rheinwaldgebirgs, das grösstentheils aus solchem Gestein besteht.

Bei Ringgenberg, Trons gegenüber, tritt der auf der linken Seite des Rheins vorherrschende Verrucano auf die rechte über und bildet die von da bis nahe vor Ilanz fortlaufende Terrasse, die sich bei Meierhof in Obersaxen zu einer zweiten aus demselben Gestein bestehenden erhebt. Am besten ist diese Formation eben da, und dann bei Ilanz, Schnaus gegenüber entwickelt. Hier folgen die Gesteine von unten auf wie folgt:

1. Verrucano in verschiedenen Abänderungen. 2. Kalk mit viel Quarz und mit Talk auf den Schichtenflächen. 3. Gelbe Rauhwacke. 4. Gelber Kalk. 5. Dolomit. 6. Quarziger Talkschiefer und Sandstein. 7. Gelblich weisser Talkschiefer. 8. Rother und grauer Thonschiefer. 9. Rothe, quarzige Schiefer. 10. Chloritische Schiefer mit Magneteisen, Fahlerz, Malachit. 11. Verschieden gefärbte Schiefer, die nachgerade übergehen 12. in grauen Bündner Schiefer bis zur Spitze des Piz Mundaun. Aus Obigem geht eben hervor, dass die bunten Unterjuraschiefer, die auf den Kalkbildungen liegen, in den Bündner Schiefer übergehen, der daher zu dieser Formation zu ziehen ist, besonders da weiterhin Jurakalk darauf liegt. Auf der linken Rheinseite hat hieran noch Niemand gezweifelt. Mit einigen Modifikationen ist dies der Bau der Terrasse von Obersaxen und überhaupt aller Stellen in jener Gegend, wo die Durchschnitte tief genug gehen, um bis auf den Verrucano oder Gneiss zu kommen. Gegen den Glenner sinken die untern Formationen unter die Thalsohle, die bunten Schiefer aber stehen hier und am Eingang von Lugnetz an.

Am Frauenthor ist der Schiefer grau, seideglänzend, aber gelber und rother liegt darunter; bei Cumbels und Morissen ebenso; unten bei Bad Peiden stehen mächtige Gypsstöcke in der Nähe der Sauerquellen an, und diese Gypsformation scheint sich auch weiter nach beiden Seiten fortzusetzen. Die Signinastöcke bestehen aus grauem Schiefer, doch erscheinen am Piz Fez grüne Gesteine; von diesem aus fallen die Schichten nach N., während sie von jenseits südöstlich ihnen entgegen fallen, wesshalb gerade die höchsten Punkte dieses Bergstockes eine Mulde bilden. Aus grünen Schiefern besteht der grösste Theil der Savier Kette vom Piz Fez an. Sonst ist das ganze vordere und mittlere Lugnetz grauer Bündner Schiefer, aber von Vrin aus folgt der Grenze der krystallinischen Felsarten eine breite Zone grüner Schiefer, welche von da nach Camps in Vals übersetzt, sich dann verschmälert und auf der rechten Seite des Peilthals hinauf über den Valser Berg bis Hinterrhein und Nufenen läuft. Diese grünen Schiefer werden hier von Kalkschichten begleitet, welche oft in weissen Marmor übergehen. Sie streichen vorzugsweise an den Grenzen der krystallinischen

Felsarten her und stellen das mehr erwähnte Kalkband vor, welches wir im Rheinthal als Röthikalk bezeichneten. Auf der Fanellakette und in Zavreila hängen sogar solche Kalk- und Schieferlappen auf dem Gneiss oder sind in ihn eingelagert, wie dies auch anderwärts vorkommt. Auf der rechten Seite von Vals bestehen die Berge zum Theil auch aus grünem Schiefer, der wir in Savien wieder finden werden. Der Hintergrund der Valser Thäler besteht sonst aus Glimmerschiefer, Gneiss und andern krystallinischen Felsarten. Aus solchen ist auch die Centralmasse der Rheinwaldgebirge gebildet und sie erstrecken sich auch noch bis an die Grenzen von Vrin wo der Contagasstock und zum Theil auch noch der Piz Aul daraus besteht; sie sind aber hier oft von grünen Schiefern bedeckt, welche Farbe und Härte eben der Nähe der grossen, metamorphischen Centralmassen verdanken.

Vom Ausfluss des Glenner bis Carrera besteht der ganze Nordabhang des Signinagebirgs aus grauem Bündner Schiefer. Es sollen sich oberhalb Valendas Gypsstöcke darin befinden, die ich nicht selbst kenne. Schon unterhalb Valendas erscheint unten am Rhein Hochgebirgsdolomit, zieht sich dann tief in das Tobel von Carrera hinein und von da dem Rhein parallel bis nach Versam, das jedoch wieder auf Schiefer liegt. Zwischen letzteren und dem Dolomit ist durch grosse Schuttmassen die Gesteinsgrenze verdeckt, es ist aber der Dolomit dem Schiefer auf- oder vielmehr angelagert und verwittert so leicht, dass er Schuttmassen ähnlich sieht; doch hat er regelmässige Schichtung und kann folglich kein Schutt sein. Der vordere Theil des Versamer Tobels ist auch darin eingeschnitten und hier korrespondiren die Schichten mit denen der gleichen Felsart auf der andern Seite. Weiter hinauf im Tobel liegt der Dolomit deutlich auf den Schiefern und verschwindet nach einigen Wölbungen und Mulden. Im tiefsten Grund des Tobels liegt gelber Schiefer, weiter oben ist er grau. Dieselben Gesteine mit derselben Lagerung finden wir auf der ganzen Strecke zwischen hier und Reichenau, unterhalb Trins kommt auch wieder Verrucano zum Vorschein, und die Formationen setzen dann ungefähr in der Ordnung wie am Calanda nach den Trinser Gebirgen über, so dass also hier wie bei Schnaus eine direkte Verbindung der beiden Rheinufer existirt. Der Umstand, dass der Hochgebirgsdolomit dem Bündner Schiefer aufliegt, bezeichnet letzteren als Unterjura und zum Theil wohl als obern Lias.

Folgen wir nun dem Savier Thal aufwärts, so steht nachdem bei Sculms die Kalkdecke abgeworfen ist, mit grosser Einförmigkeit eben dieser Schiefer zu beiden Seiten an. Der ganze Heinzenberg ist daraus zusammengesetzt, so wie auch der Piz Beverin. Aber gleich hinter diesem beginnt Kalk und Dolomit in stark gebogenen Massen sich aufzulegen und erlangt zwischen dem hinteren Savien und dem Hinterrhein eine ungewöhnliche

Mächtigkeit. Wir haben oben gesehen, welche wilde Formen diese Gesteine hier annehmen. Sie liegen vom Beverin bis zum Savier Pass nach Splügen auf Bündner Schiefer. Aus solchem besteht auch die Passhöhe und das Bärenhorn (Piz Tomil), so wie der ganze jenseitige Abhang bis Splügen hinab, wo er anfängt, metamorphische Formen anzunehmen.

Solche finden sich dann auch in dem hintern Thalkessel von Savien. Wir haben schon gesehen, dass der grüne Schiefer von Vals herüberstreicht. Aus ihm besteht hier grösstentheils der Grat zwischen den beiden Thälern und bei Thalkirch finden wir ihn auch in der Savier Thalsohle. Hier nun müssen die Spilitischen Gesteine und ein schöner Dioritporphyr gesucht werden, die als Geschiebe in der Rabiosa vorkommen, und deren Stammort noch nicht ermittelt ist.

Es wäre nun wohl am Platz, die seltneren Mineralien anzugeben und ihre Fundorte genau zu bezeichnen, doch ist dies an den betreffenden Orten schon grösstentheils geschehen, auch entbehren manche ältere Angaben so sehr der Bistimmtheit und Sicherheit, dass ich sie nicht wiederholen, doch auch nicht verwerfen will. Als besonders beachtenswerthe Fundorte sind zu bezeichnen: der Calanda, namentlich die Gegend ob Felsberg, das Bergwerk „goldne Sonne“ etc. und auch die jenseits gelegenen Abhänge bei Vättis; das Sardonagebirg, der Flimser Stein und der Bündner Berg; Ruis, Brigels und die benachbarten Pässe, Panixer- und Kistenpass; Obersaxen, Trons und Pontaiglias; Sumvix; die Russeinthäler; Disentis und seine Umgebung; ganz Tavetsch; Medels, besonders Val cristallina; das Sumvixer Thal; die Greina; Alp Nadils; Porclas; die Tobel am Signinastock; das hintere Vrin und Vals; die hinteren Partien von Savien.

Es finden sich an diesen verschiedenen Stellen: Bergkrystalle ziemlich überall, zum Theil von seltener Schönheit; Kalkspath in sehr interessanten Krystallformen überall namentlich in ausgezeichneten Scalenoedern bei Porclas, Seewis, Sumvix; Sphen bei Sumvix, Russein, Disentis, Tavetsch; Granaten bei Disentis, Tavetsch; Axinit dessgleichen und bei Medels; Cyanit und Staurolith eben da; Anatas und Rutil, Epidot, Asbest, Turmalin bei Disentis, Trons, Sumvix, Tavetsch. Gold am Calanda; Magneteisen fast überall, besonders schön in Tavetsch; Eisensand in Tavetsch; Schwefelkies zum Theil in sehr schönen Kristallen überall. Kupfererze, Bleiglanz, Blende, Roth- und Brauneisenstein an den oben angegebenen alten Gruben.

2. Botanische Uebersicht.

In einem so ausgedehnten Gebiet, auf so verschiedenartigem Boden, auf so verschiedenen Expositionen und bei so bedeutendem Unterschied der Höhe muss nothwendig auch eine sehr reiche Flora vorkommen. Diese ist aber leider noch lange nicht so erforscht, als sie es zu sein verdiente. Denn während schon Wahlenberg, Scheuchzer u. s. w., so wie mehrere ältere Bündner Botaniker dort botanisirten, ist die Gegend in neuerer Zeit gegen andere Landestheile vernachlässigt worden. Ich war bei mehreren Reisen dorthin meist durch die Zeit beschränkt und von geognostischen Untersuchungen so vollständig in Anspruch genommen, dass ich wenig Anderes unternehmen konnte, doch habe ich so ziemlich einen Ueberblick gewonnen. Von den Untersuchungen eines jüngeren Botanikers, der verschiedene Thalschaften genau erforscht haben soll, ist bis jetzt nichts veröffentlicht. Es ist daher das Oberland, namentlich in den Seitenthälern, solchen die botanische Alpenstudien machen wollen, sehr zu empfehlen, besonders was Cryptogamie betrifft.

Wer, aus den Tiefländern kommend, zuerst die Alpen betritt, findet sich in eine Welt von neuen Pflanzenformen versetzt, und kann während der ersten Tage nicht genug sammeln und einlegen. Hat er aber einige Tage in einer gewissen Höhe gesammelt, so findet er, dass dieselben Sachen sich vielfach wiederholen, im Grunde des Thales sowohl, als an den Halden und Abhängen desselben und in den Wäldern, welche diese weiter hinauf bedecken. Er steigt höher auf die Alpentriften, welche über der Waldgrenze liegen; neben den schon bekannten begrüssen ihn neue Pflanzen, die er mit derselben Vorliebe behandelt, bis er auch hier findet, dass sich das Meiste oft wiederholt. Höher und höher führen ihn seine Forschungen an den Fuss der Gletscher, zwischen die Schneefelder der höchsten Joche, wo nur an sonnigen Wänden und auf hervorragenden Blöcken noch organisches Leben gefunden wird; es sind neue Formen, die ihm begegnen, doch auch sie wiederholen sich in gleicher Höhe und unter gleichen Verhältnissen. Aber in allen diesen Regionen finden sich da und dort unter alten Bekanntschaften solche Pflanzen, welche zu ihrem Gedeihen ganz besonderer Verhältnisse bedürfen und eben darum selten sind. Hierzu trägt unter anderm auch viel die Lage des Standortes, die sogenannte Exposition bei. Sommer- und Winterseite, flacher Boden und steile Felswände, Geröll oder Grasboden haben entschieden Einfluss auf das Vorkommen vieler Pflanzen. Neben der Höhe und Exposition ist für das Vorkommen der Pflanzen nicht blos in den Alpen, sondern überall eine Hauptbedingung der Boden, auf welchem sie wachsen. Manche zwar kommen in jedem Boden fort, andere aber sind an gewisse Bodenarten förmlich gebunden, und unter diesen gibt es wieder solche, denen es genug ist, wenn das fragliche Bodenelement in irgend einer Mischung anwesend ist, während es andere, jedoch viel wenigere gibt, die bei Anwesenheit gewisser Bodenbestandtheile gar nicht gedeihen wollen. Für unsern Zweck genügt es, die Pflanzen in dieser Beziehung in folgende Abtheilungen zu bringen:

1. **Kieselpflanzen.** Sie finden sich auf kieselhaltigen, namentlich Quarz und Feldspath führenden Felsarten, Granit, Syenit, Diorit, Gneiss, Glimmerschiefer, Chlorit und Talkschiefer, Verrucano, so wie auf den kieselhaltigen Abänderungen des Bündner Schiefers und Nummulitengesteins. Die Felsarten, die sich im Oberland nicht finden, zählen wir hier natürlich auch nicht mit auf.

2. **Kalkpflanzen.** Auf Kalk, Dolomit, den Kalkschiefern der Unterjuraformation und des Bündner Schiefers, so wie auf den Kalkbildungen der Nummuliten. Da aber Kalk in fast allen oben genannten kieselhaltigen Gesteinen als zufälliger Gemengtheil vorkommt, so findet man oft Kalkpflanzen an Orten, wo man sie nicht vermuthet. Das Umgekehrte findet auch statt. Neben wirklicher Einmischung von Kalk in quarzigem Gestein und von Kiesel in Kalkbildungen, kommt aber auch der Fall vor, dass durch Wasser, Gletscher etc., auf dem Untergrund ein ganz verschiedener Obergrund abgelagert ist, in welchem die Pflanzen zunächst wurzeln, und wovon ihr Bestehen vorzugsweise abhängt.

3. **Thonpflanzen.** Es gibt deren nicht viele. Sie finden sich auf den thonigen Schieferbildungen des Unterjura und der Nummuliten etc., so wie auf thonigen Anschwemmungen.

4. **Unstete Pflanzen.** Solche, die auf jedem Boden wachsen. Da der Bündner Schiefer fast alle Elemente, die gewöhnlich Pflanzenboden bilden, in sich enthält, so ist er den letzteren besonders günstig, trägt aber auch die meisten Kiesel-, Kalk- und Thonpflanzen.

5. **Schuttpflanzen.** Dahin sind neben den gewöhnlich auf Bauschutt, Felsschutt, Dünger etc. vorkommenden, vorzugsweise in unserem Gebiet eine Menge Pflanzen zu rechnen, die sich um die Sennhütten ansiedeln und die wir hier anführen, um sie später nicht zu wiederholen. Aconitum napellus und paniculatum, Rumex alpinus, Senecio cordifolius, ovatus, Gagea Liottardi, hier und da auch minima, so wie einige aus der Tiefebene bis zu den höchsten Alpenweiden reichende, durch das Vieh verschleppte Pflanzen: Chenopodium bonus Henricus, Ch. rubrum, viride, Atriplex hastata, Euphorbia cyparissias, Urtica urens, dioica, Capsella bursa pastoris, Poa annua etc.

Der Höhe nach theilen wir, wie dies gewöhnlich geschieht, unser Gebiet in folgende Regionen: 1. Thalland. 2. Berg- und subalpines Land.

3. Alpenboden. 4. Schnee- und Gletscherregion. Da es unmöglich ist, ein vollständiges Pflanzenverzeichniss in diesem Werkchen zu geben, so wollen wir die jedem Gebiet gänz besonders charakteristischen Pflanzen hervorheben und namhaft machen und dann einige besonders reichhaltige Punkte speziell behandeln, wo dann natürlich die in der ganzen Region sich wiederholenden Gewächse nicht noch einmal genannt werden.

Es versteht sich von selbst, dass die Grenzen nicht mit dem Lineal gezogen sind, dass je nach allerlei örtlichen Einflüssen an einem Ort, Pflanzen der wärmeren Region höher hinauf, an andern die der kälteren tiefer hinabgehen, wie das oben für die Culturpflanzen auch schon bemerkt ist.

Das Thalland. Darunter begreifen wir die ganze Thalsohle und die sie zunächst begrenzenden Berghalden von Reichenau bis Disentis 586 M. = 1953 Schweizerfuss bis 1150 M. = 3830 Schweizerfuss, so weit Laubholz und Obstbäume vorkommen, von welchen letzteren der Kirschbaum am höchsten geht. Man könnte zwar diese Region wieder in zwei theilen, wovon die untere (Region des unteren Rheinthals) durch den Weinstock, Mais, Pfirsiche, Aprikose, die Stieleiche (Quercus pedunculata) charakterisirt ist. Da indess diese gerade mit dem Anfang unseres eigentlichen Gebietes bei Reichenau schliesst, und höchstens einige begünstigte Stellen in der Gruob etc. noch dahin gezählt werden könnten, so fassen wir sie mit der montanen Region zusammen. In diese Gegend fallen die meisten cultivirten Strecken des Oberlandes, während darüber hin nur spärlicher Feldbau getroffen wird. Bis Disentis kommen alle unsere Getreidearten, mit Ausnahme des Mais, so wie Pflaumen, Zwetschgen und Birnen fort. Das Laubholz der Wälder ist leider verschwunden, doch zeigen noch Reste von Eichen, Buchen, Ahorn, Eschen u. s. w., dass dies nicht durch Ungunst der Natur, sondern desshalb geschehen ist, weil man diese Holzarten den Nadelhölzern vorzog und sie desshalb auch zuerst angriff und verbrauchte. Die vorherrschende Waldvegetation besteht jetzt aus Föhren, Weisstannen, Rothtannen, und Lärchen. Von der Föhre (Pinus sylvestris) die übrigens nur die untern Partien einnimmt, kommen mehrere interessante Abänderungen vor. Weisserlen, Pappeln, Aspen und die gewöhnlichen Weiden wachsen an den Ufern. Die Flora von Wiesen, Feld und Wald hat noch viel Aehnliches mit derjenigen der untern Schweiz und des südlichen und mittlern Deutschlands. Reisende Botaniker sind besonders auf warme Felswände und Berghalden, so wie auf die Geschiebe der Flüsse aufmerksam zu machen. Man findet hier unter andern: Ranunculus aconitifolius L., Anemone pulsatilla L. und montana Hopp., Thesium montanum und rostratum, Stipa pennata L., Astragalus monspessulanus L., Potentilla caulescens L., Cotoneaster vulgaris Lindl. und C. tomentosa Ldl., Aronia rotundifolia Pers., Laserpitium latifolium und Siler L., Aster alpinus L., Lasiagr. Calamagrostis Link., Calamagrostis Halleriana DC., Spiraea Aruncus L., Vicia sylvatica L., Pyrola uniflora L., Lonicera alpigena, nigra L., Valeriana tripteris und montana L., Petasites albus Grtn., Digitalis parviflora, Veronica urticaefolia, Saxifraga Aizoon L., Carex alba L., Oxytropis campestris und pilosa DC., Hippophae rhamnoides L., Salix daphnoides Vill., incana Sch. nigricans Whlb., Primula auricula L., farinosa L., acaulis L., Bellidiastrum Micheli Cav., Gentiana verna L., Leontodon incanus, Lilium bulbiferum und Martagon L., Hypnum molluscum, uncinatum Hdw., Halleri L., Distichium capillaceum, Hypnum commutatum, Mnium undulatum Hdw., cuspidatum Hdw., Bryum versicolor ABr., Cladonia neglecta F., Biatora lurida Fr., vesicularis Hoffm., candida Web., die Peltigeren, Imbricaria, Lecanora fulgens, Sw., lentigera W., Collema Hildenbrandi Gar. etc. Man sieht, dass hierunter sich verschiedene Pflanzen befinden, die aus höheren Gegenden herabsteigen.

Die subalpine Region begreift die Gegenden von der Grenze des Kirschbaums und der Buche bis dahin, wo die Rothtannen zu verkümmern anfangen also etwa von 1200 bis 15-1600 Meter 3000—5—6000 Schwzf. je nach der Exposition. Beide Grenzen lassen sich hier nicht recht fest bestimmen. Sie begreift den grössten Theil der Waldregion und die sogenannten Maiensässe so weit diese nicht noch zur vorigen gehören. Die Wälder bestehen aus Weiss- und Rothtannen, welche letztere bei weitem vorherrschen und Lärchen, dazwischen auch noch Laubbäume, Vogel- und Mehlbeeren, Aspen, Ahorne Birken. Sonst treffen wir hier unter andern folgende charakteristische Pflanzen: Ranunculus montanus L., Trollius europaeus L., Actaea spicata L., Polygala chamaebuxus L., Rubus saxatilis L., Oxytropis montana DC., Rosa alpina L., Ribes petraeum L., Epilobium origanifolium Lam., alpestre, Saxifraga stellaris L., cuneifolia L., aizoon L., autumnalis L., Thesium alpinum L., Primula auricula L., Mulgedium alpinum DC., Polygonum bistorta L., Dryas octopetala L., Salix arbuscula L., Petasites albus Gärtn, Aconitum lycoctonum L., Veratrum album L., Crepis aurea Cass, Andraea rupestris, Dicranum montanum Hdw., Meesia uliginosa Hdw., Bartramea Halleriana und Oederi Sw., Barbula tortuosa Will., Orthotrichum alpestre Hsch., cupulatum Hffm., Neckera crispa, Hypnum crista castrensis L., revolvens Sw., fluitans L., philippianum Müll., rufescens Dicks, commutatum Hdw., filicinum L., stellatum Schreb, Mnium spinosum Schw., serratum Brid, Timmia megapolitana Hdw., Bryum pallens Sw., capillare Hedw., elongatum Dicks, nutans, Jungermannia barbata, Preissia commutata N., Fegatella conica Radd., die meisten Cladonia, Biatora icmadophila Fr., Usnea barbata Fr., Evernia divaricata Ach., Solorina saccata Ach., Nephroma resupinatum L., Amphiloma hypnorum Wahl. etc.

Je nach der Lage auf 15—1600 M. beginnt die Region der Alpenweiden. Sie begreift noch die letzten Striche der Waldregion, wo die Rothtannen und

Lärchen anfangen zu verschwinden und der Arve, Pinus Cembra aud Leg-
föhre, Pinus Mughus, Platz machen. Das Laubholz ist nur noch durch Birken,
Alnus viridis, und die Alprosensträucher vertreten. Dagegen breitet sich
ein grüner frischer Wiesenteppich überall aus, wo nicht Felsen und Stein-
gerölle das Wachsen der Pflanzen unmöglich machen, aber auch diese decken
sich durch Hülfe der Flechten und Moose allmählich mit hinreichender Dammerde, um höhere Gewächse ernähren zu können. Diese Dammerde der Alpen
ist sehr humusreich, von dunkler Farbe und besitzt in hohem Grade die
Fähigkeit, Feuchtigkeit anzuziehen und festzuhalten, wesshalb man sie auch
selten ganz trocken findet. Sobald der Schnee schmilzt, beginnt das schnelle
Wachsen einer dichten Rasendecke, die fast ganz aus perennirenden Pflanzen
besteht, und sich theilweise schon unter dem Schnee vorgebildet hat; sie
schmückt sich unglaublich schnell mit Blumen, die manchmal schon aus dem
schmelzenden Schnee hervorsprossen und nimmt nach und nach ein so buntes
Kleid an, dass oft unter den verschiedenfarbigen Blüthen der Rasen verschwindet. Diese Pflanzen sind fast alle niedrig von beinahe gleicher Höhe,
aber ihre Blüthen sind auffallend gross für die kleinen Gewächse, an Farbenpracht wetteifern sie mit Erzeugnissen der tropischen Natur, aber die
grellen Gegensätze, welche diese bezeichnen, treten hier nicht auf, alles
verwebt sich harmonischer untereinander. Das herrliche Blau der Gentianen,
das Violet der Alpenveilchen und Soldanellen, das zarte Roth der Primeln,
das Gelb der Potentillen und Ranunkeln, das Weiss der Androsace und der
Anemonen, weissen Ranunkeln u. s. w., verschmilzt sich zu einem ent-
zückenden Ganzen und darüber erhebt wie eine Königin des bunten Reiches
die Alpenrose ihre immergrünen Zweige um die purpurrothen und gold ·
schimmernden Blüthenbüschel; von den Felsen nicken blühende Pflanzen
herab, die grüne Moosdecke am Ufer der Quelle schmückt sich mit Blumen
und wo nichts anderes mehr gedeiht, umkleiden seltene Moose und Flechten
das Gestein. Es hat diese Alpenflora einen zauberischen Reiz für jeden,
der das Schöne in der Natur finden und fassen mag, und gern mag Mancher
unter diesen Blüthen hingehen, nur um sie anzuschauen, die ihn „wie mit
Kinderaugen" anlachen, und nach Gattung und Art wirklich verschiedene
Physiognomien zeigen, während auf der andern Seite die Unersättlichkeit
begreiflich wird, womit andere damit ihre Botanisirbüchsen füllen, nachdem
sie schon lange genug davon im Herbarium haben. Aus der grossen Masse
heben wir nur folgende hervor:

Anemone alpina, sulphurea, vernalis L., Ranunculus alpestris L., Cardamine alpina L., Biscutella laevigata L , Helianthemum oelandicum Gd.
Silene acaulis L., Alsine verna Bartl, Silene rupestris L., Viola calcarata L.,
die meisten Saxifragen, Trifolium badium L., alpinum L., Dryas octope-

tata L., Potentilla Halleri Ser., Geum montanum L., Alchemilla alpina L.,
die Phaca und Oxytropis, Hedysnrum obscurum L., Menm mutellina L.,
Gaya simplex L., Jmperatoria Ostruthium L., Sedum atratum L., annaum L.,
Sempervivum montanum, arachnoideum L., Adenostyles und Homogyne
alpina, Petasites niveus Cass, Erigeron alpinum L., Achillea atrata, moschata L., macrophylla L., nana u. s. w., Chrisanthemum alpinum Willd,
Gnaphalium leontopodium L., Aronicum scorpioides D. C, Senecio Doroni-
cum L., Carduus personata L., Cirsium spinosissinum Scop, Hypochaeris helvetica Jqn, Hieracium aurantiacum L., Campanula barbata L., Phyteuma he-
misphaericum L., Arbutus alpina L., die Rhdodendron, Azalea procumbens
L, die Gentianen, Linaria alpina D. C., die Pedicularis, Bartsia alpina L.,
Veronica alpina, sphylla, bellidioides L., Ajuga pyramidalis L., Calamintha
alpina Link. Soldanella alpina L., pusilla Bg., Primula integrifolia L., latifolia Lpr., villosa Jacq., auricula L., Androsace chamaejasme, obtusifolia
Plantago alpina L., Polygonum viviparum L., Daphne striata R., Empe-
trum nigrum L., Alnus viridis L., Salix reticulata, herbacea, retusa, Para-
disea Liliastrum Lloydia serotina Sal, Carex sempervirens Vill, firma Host,
Scopolii Gaud., frigida All., atrata, nigra. Phleum alpinum L., Festuca pumila
Vill., Halleri All., Scheuchzeri Gaud., Poa alpina L., Avena versicolor Vill.,
Agrostis rupestris und alpina Sc., Cystopteris alpina Lk., Selaginella spinu-
losa, Lycopodium alpinum L., Angströmia virens Mll., Trichostomum latifolium
Schw., Orthotrichum Sturmii Hsch., Catoscopium nigritum Brid., Grimmia pa-
tens B. S., elatior B. S., funalis B. S., lanuginosa Müll., Amblyodon dealbatus
PB,, Splachnum sphaericum L., Polytrichum alpinum L., Bryum Düvalii Voit,
algovicum S., cirrhatum Hopp, pallescens Sch., Hypnum fluitans L., plicatum
Sch., Cladonia gracilis L., amaurocraea Flk., Stereocaulon alpinum Laur., die
Gyrophoren, Biatora atrorufa Dcks., atrofusca Fw., Wulfenii Hepp, Evernia
vulpina L., Ramalina tinctoria Web., Cetraria islandica L., Imbricaria lah-
lnnensis L., stygia, diffusa W., Sticta linita Ach., Lecanora cenisia, badia
Pers., hypnorum Wulf., Turneri Fw., ventosa Sch., Placodium aurellum Hffm.,
Psora turfacea Wahl., Endocarpon intestiniforme, — Jungermannia jalacea,
saxicola, alpestris, Scapania undulata N. etc.

Aber hoch über die grüne, mit Blüthen durchwirkte Decke der Alpentriften steigen die Gräte und Hörner des Hochgebirgs zur letzten, der Schneeregion auf. Als kahle Felsenmassen stehen sie empor, Schuttbalden füllen
die Schluchten, umlagern den Fuss; Schnee- und Gletschereis deckt ihren
Scheitel und senkt sich von da oft tief herab bis in die alpine und subalpine
Region. Immer spärlicher wird hier der Pflanzenwuchs an Arten wie an
Individuen, immer mehr machen ihm Eis und Schnee den Boden streitig,
bis endlich die letzten Gewächse auf Felsenköpfen erscheinen, die von der

Sonne erwärmt aus dem Schnee hervorragen. Da finden sich noch einige
phanerogamische Pflanzen auf Höhen von 11000 Fuss. Moose gehen noch
höher und am höchsten die Flechten, deren einige durch alle Regionen vorkommen, z. B. Biatora decipiens und Lecidea geographica, erstere dem Kalk,
letztere dem quarzigen Gestein eigen. Wir können den Anfang der Schneeregion auf etwa 2500 M. setzen, doch geht die alpine allmählich in sie über;
wo Gletscher tief herunter gehen, ziehen sich die nivalen Pflanzen mit herab;
andere lieben die äussersten Spitzen, wo Sturm und treibende Wolken sie
umspielen oder schmiegen sich auf den schmalen Felsvorsprüngen an die
Wände der Klippen an, noch andere bewohnen den lockeren Felsschutt, die
Ufer der Gletscherwasser und der eisigen Seen. Man hat sich oft sentimental
bedauernd über diese Art der Existenz ausgesprochen, wenn aber jenes
Pflänzchen dort auf der Felsenkante reden könnte, so würde es sagen:
Was bedauert ihr mich, mir ist wohl hier oben in der dünnen, klaren Luft
und im hellen Lichte. Meine Wurzeln senke ich tief in die Felsenritzen,
meinen zähen Wuchs knickt kein Sturm, mich tränken die Wolken, wenn
sie vorüberziehend mich küssen, die Sonne lacht mir von allen Wesen zuerst,
und im Winter deckt mich ein dichtes Schneekleid, bis mit warmem Hauche
die Mutter mich weckt, deren Sorge mich länger ruhen lässt als die andern;
was bedarf ich weiter?! Wir führen auch hier diejenigen Pflanzen zunächst
an, die sich an ähnlichen Standorten gewöhnlich wieder finden.

Ranunculus glacialis L.. Traunfellneri Hpp., Arabis coerulea HK., pumila
Jacq., Cardamine alpina, resedifolia L., Thlaspi rotundifolium Gd., Hutchinsia
alpina, brevicaulis Hpp., Cherleria sedoides L., Moehringia polygonoides MK.,
Arenaria biflora L., Cerastium alpinum, latifolium L., Geum reptans L., Sib-
baldia procumbens L., Alchemilla pentaphylla L., Saxifraga bryoides, Seguieri,
androsacea, stenopetala, exarata, Gnaphalium supinium und pusillum DC., Aronicum Clusii K., Gentiana bavarica L., glacialis Th., Oxyria digyna C., Rumex
nivalis Hgtschw., Androsace helvetica Gaud., glacialis Hpp., Eritrichium nanum
Schr., Primula latifolia, Juncus trifidus L.. Jaquini, triglumis, Luzula spadicea
DC., und lutea DC., Poa minor Gaud., Avena subspicata Cl., Artemisia spicata,
mutellina, Sesleria disticha, Zygodon torquatus, Mougeotii, Coscinodon cribr-
osus Spr., Gümbelia alpestris Hamp., Grimmia incurva Sch., spiralis Hook., ob-
tusa Schw., Hypnum glaciale Sch., molle Dicks., filamentosum Bert., Bryum
cucullatum Schw., Ludwigii Spr., Blindia acuta B. Sch., Polytrichum septentrionale Sw., Jungermannia glacialis, Cladonia vermicularis Rbb., Stereocaulon
alpinum Laur., Gyrophora anthracina Wulf, hyperborea Schr., Lecidea ar-
meniaca Sch., Bryopogon ochroleucus Ehrh., Cornicularia tristis Wb., Cetraria
cucullata Bell., nivalis L., juniperina L., Solorina crocea L., Imbricaria stygia
lanata K., Myriospora flava Hpp., Sphaerophorus fragilis Sw.

Wir lassen nur noch einige spezielle Angaben folgen:

Felsberg und Calanda. Ranunculus Traunfellneri auf der Calanda-spitze, eben da Androsace helvetica, Gentiana glacialis Th., Saxifraga caesia L.

An den Abhängen und im Grund: Aster alpinus L., Hieracium Jaquini DC, Rhamnus saxatilis L., Daphne alpina L., Lilium bulbiferum L., Saxifraga mutata L., Stipa pennata L., Viola mirabilis L., pinnata L., Orchis pyramidalis L., Coronilla montana L., Galium rubrum L., Corydalis fabacea L., Rhamnus pumila L., Gagea minima Sch., Limodorum abortivum Sw., Anacamptis pyramidalis Rich, Asplenium adianthum nigrum L., Gümbelia orbicularis Hpp., fontinaloides Müll., Encalypta streptocarpa H., Biatora toniniana Grv., Lecanora gypsacea, lentigera, fulgens, Biatora Regeliana Hpp.

Reichenau, Bonaduz und Ems. Tommasinia verticillata Koch, Oxytropis pilosa DC., Ononis rotundifolia L., Anemone montana Hopp., Leontodon incanus L. Seseli coloratum, Euphrasia lutea L., Astragalus monspessulanus L., Thesium rostratum, Orobanche Teucrii Sch., Echinospermum deflexum, Crataegus scandica Fr., Buxbaumia indusiata Brid., Cladonia cariosa, ochrochlora Flk., Biatora Laureri Hepp., Lecanora rubra Sch., Funaria Mühlenbergii, Timmia megapolitana.

Flims und Umgegend. Besonders auf dem Stein und nach dem Martinsloch. Primula auricula L., Daphne striata K., Salix hastata W., reticulata L., retusa L., Pinus sylvestris intermedia, Ranunculus glacialis, Androsace glacialis Hppe., Gentiana utriculosa L., Saxifraga biflora All., Arabis coerulea, Arbutus alpina L., Draba tomentosa Wbg, frigida Saut, Potentilla frigida Vill., Campanula thyrsoidea L., Thlaspi rotundifolium, Dianthus glacialis, Rumex nivalis Heg., Campanula cenisia L., Potamogeton lucens L., Orchis Traunsteineri Saut, Epipogium Gmelini Rich, Bartramia calcarea Br., Encalypta commutata Nees, apophysata Nees, Gumbelia aquatica Müll., Tetraplodon urceolatus B. Sch., Hypnum elodes Spr., (im See).

Ilanz und Piz Mundaun. Phyteuma Scheuchzeri D. C., Dentaria digitata, Circaea intermedia Ehr. und C. alpina L., Campanula latifolia L., Gentiana acaulis L., campestris L., obtusifolia W., Campanula barbata L., die Alpenweiden; Saxifraga obtusifolia L., androsacea L, Aizoon Jqn., Ranunculus alpestris L., Hutchinsia alpina R. Br., Meum mutellina L., Gaya simplex Gaud, Pedicularis verticillata L., Geum montanum L., Daphne striata L., Rhododendron ferrugineum, hirsutum, intermedium, Azalea procumbens L., Empetrum nigrum L., Dryas octopetala L., Euphrasia minima Schl., Androsace chamaejasme und sonst fast alle oben als alpine angegebenen Pflanzen auf dem Wege von Ilanz bis zur Mundaunspitze; auf dem Wege nach Obersaxen hinab noch Sedum villosum L. Auch die gewöhnlichen alpinen Moose und Flechten finden sich auf diesem Wege, unten im Walde bei Luvis noch Bryum roseum, Mnium serratum, spinosum, cuspidatum, undulatum.

Brigels, Waltensburg, Panixer Pass, Kistenpass. Dianthus deltoides L., Trifolium rubens L., Euphrasia lutea L., Saxifraga biflora All, stenopetala Gaud, planifolia Lpr, Gnaphalium leontopodium L., Saussurea alpina D. C., discolor D. C., Thlaspi rotundifolium Gaud, Potentilla minima Hall, frigida Vill, Chrysanthemum Halleri Sut, Phyteuma pauciflorum L., Campanula cenisia L., Androsace helvetica, glacialis, Heerii, Rumex nivalis Hg., Carex bicolor All., Avena subspicata Cluirv, Tetraplodon urceolatus B. S. etc.

Trons. Potentilla rupestris L., Polypodium rhaeticum D. C., Epilobium Fleischeri Hst., Herniaria glabra L., Gypsophila muralis L. Die Saxifragen, Gentianen und überhaupt fast die ganze alpine und Gletscherflora auf Alp Ponteglias und an den Gletschern.

Alp Russein. Sehr guter Standort, wo sich fast alle alpine und Gletscherpflanzen finden, als besonders zu bemerken Aquilegia alpina L.

Disentis und Berge der Umgegend. Agrimonia odorata Mill, Angelica archangelica L., Sempervivum arachnoideum L., Alsine rubra Wlbg., Phleum Boehmeri Web, Androsace glacialis, Ranunculus glacialis L., Sesleria disticha Pers. Geum reptans L., Potentilla frigida, Gentiana bavarica v imbricata Schl., Gümbelia alpestris Hampe, Imbricaria stygia lanata K., Gyrophora anthracina, Cetraria tristis etc., überhaupt der grösste Theil der alpinen und nivalen Flora, die subalpine im Thal.

Tavetsch und seine Umgebung. Die Thalsohle ist theils subalpin, theils alpin, auf den Thalwänden und Höhen kommt man in die alpine und nivale Region, und findet dort so ziemlich alles, was diese hervorbringt. Draba frigida Saut, Bupleurum stellatum L., Gentiana purpurea L., punctata L., Salix Hegetschweileri, Listera cordata. R. Br., Linnaea borealis Gron, Arabis bellidifolia L., Pedicularis rostrata L., recutita, tuberosa L., Draba anglica Huds, Dianthus carthusianorum L., Arenaria ciliata L., biflora L., Alchemilla pentaphylla L., Oxytropis uralensis D. C., Achillea macrophylla L., atrata, moschata L., Gnaphalium norwegicum Gunn, Gentiana nivalis etc., Pinus Cembra L., Luzula flavescens, spicata, spadicea, lutea D. C., Iuncus trifidus L., Scirpus caespitosus L., Carex curvula u. s. w. Allosorus crispus Bernh. Selaginella spinulosa A. Br., Dicranum longifolium L., Trematodon brevicollis Hsch, die Sphagnen, Bryen, Polytrichen, Hypnen etc. der Alpen, so wie deren Flechten, die aber alle noch einer genaueren Untersuchung bedürfen, denn Cryptogamen sind dort bisher nur gelegentlich gesammelt worden.

Medels und Lukmanier. Linnaea borealis Gron., Phaca frigida L., Gentiana purpurea L., Rosa rubrifolia Jacq., Alnus Brembana Rota, Juniperus sabina L., Betula carpathica Willd., Astrantia minor L, Saussurea alpina D. C., Phyteuma pauciflorum Rb., Pedicularis rostrata L. u. a. Daphne striata Tral,

Juncus Jaquini L., triglumis L., filiformis L., Carex curta brunnescens Gd., stellulata Gaud, etc., Polypodium dryopteris L., Asplenium septentrionale L., viride var. alpestre, Polytrichum alpinum L., septentrionale Sw. Bryum cucullatum, Jungermania glacialis, Bryum longicollum, Cladonia amaurocraea etc., Blindia acuta Br. Sch.

Scopi. Thlaspi rotundifolium Gd., Rumex nivalis Hg. Soyeria hyoseridifolia Kch, Achillea atrata, nana L., Arabis coerulea HK., Gentiana brachyphylla L., Eritrichium nanum Schr., Elyna spicata Schr., Gümbelia alpestris Hp., Grimmia spiralis Hook, Gyrophora anthracina Wulf.

Scaradra. Rhodiola rosea L. Armeria alpina Wild.

Sumvixer Thal und Greina. Eine ähnliche Flora wie in Medels.

Lugnez, Vrin, Vals. Arabis turrita L., Saxifraga controversa Stb. auf dem Pass nach Savien; Lonicera coerulea L., Juncus castaneus Sm., Alp Lumbrein; Carex frigida All, Elyna caricina M. K., Arabis coerulea H K., Saussurea alpina und discolor D. C. Pedicularis recutita, incarnata, atrorubens Schl., Horminum pyrenaicum L., Rumex nivalis Hg., Allium victoriale L., Potentilla frigida Vill., Saxifraga Rudolphiana Hsch., Dicranum strumiferum Ehrh. Das vordere Thalland von Lugnez gehört zur subalpinen Region, steigt aber allmählich an, so dass man im Hintergrund der Thäler zu der Gletscherflora gelangt. Letztere steht grösstentheils auf dem Gneissgebirg, während der grösste Theil der Thalschaft die auf Schiefer vorkommenden Pflanzen nährt.

Savien hat eine ähnliche Flora, liegt aber fast ganz in Schiefer und ist weniger ausgedehnt. Die besten Fundorte sind der Thalkessel im Hintergrund, das Joch zwischen diesem und Splügen und der Grat, der es von Lugnez und Vals scheidet. Auch hier steigt man von der subalpinen zur nivalen Flora auf. Bei Valendas steht im Walde am Weg Equisetum fluviatile, bei Versam Circaea intermedia, auf der Passhöhe nach Bonaduz Timmia austriaca.

---

3. Das Thierreich.

Wenn wir eingestehen müssen, dass die botanische Erforschung des Oberlandes noch sehr viel zu wünschen übrig lässt, da sich wissenschaftliche Reisende fast immer den bisher bevorzugten Theilen des Kantons zuwenden, so ist dies noch mehr der Fall mit dem Thierreich. Was hier vorliegt, sind ausser gründlichen Forschungen von Professor Oswald Heer, die sich aber vorzugsweise auf die Grenzgebiete gegen Glarus beziehen, nur gelegentlich gemachte Beobachtungen. Auch die einheimischen Naturforscher haben sich meist andern Gegenden zugewandt und im Oberlande selbst ist mir Niemand

bekannt, der sich mit zoologischen Forschungen beschäftigt hätte. Ich war
seither mit andern Seiten der Bündner Naturgeschichte so beschäftigt, dass
es mir unmöglich war, mich dieser Seite mit der gewünschten Musse zuzu-
wenden, als auch nur das zusammengebrachte Material gehörig zu benutzen,
was später geschehen wird, und die vorhandenen fragmentarischen Angaben
zusammenzubringen, war mir auch nicht möglich; sie würden ohnedies
kein harmonisches Ganzes bilden. Ich sehe mich daher genöthigt nur ganz
allgemeine Angaben hier mitzutheilen, mit dem Wunsche, dass irgendwie einheimische Kräfte sich in jener Gegend mit zoologischen Forschungen, besonders mit Entomologie beschäftigen mögen, etwa in der Art, wie seiner Zeit
die Mitarbeiter der Alpina und noch späterhin Maj. Am Stein es im Norden
des Kantons gethan. Es liegt hier sehr viel Arbeit vor: das Einsammeln
der Exemplare mit genauer Angabe des Fundorts, namentlich auch in Bezug
auf Höhenverhältnisse, die Beobachtungen über Leben und Treiben, Ver-
wandlung u. s. w. der Thierchen, endlich deren Einfluss auf Feldbau, Forstwirthschaft u. s. w. — alles Gegenstände von vielem Interesse, wofür in
Bünden noch wenig geschehen ist. Es muss hierbei noch bemerkt werden,
dass das blosse Anspiessen etc. von Insekten ohne Angabe des Fundorts
u. s. w., überhaupt ohne wissenschaftlichen Zweck, von Schreiber dieses,
obgleich derselbe nicht zu denen gehört, die viel in Empfindsamkeit und
andern Sentiments machen, — als eine unnütze Thierquälerei angesehen
wird.

Die Säugethiere sind bald aufgezählt, aber dennoch nicht genügend erforscht, was die kleinern Thiere der lichtscheuen Ordnungen, Fledermäuse,
Insektenfresser und Mäuse betrifft. Von den merkwürdigsten Bewohnern
der Alpen aus der Säugethierklasse ist oben schon verschiedentlich gesprochen.
Die Gemse ist noch ziemlich häufig, nimmt jedoch auf bedenkliche Weise ab,
und es ist gut, dass sie in der letzten Zeit durch Gesetze geschützt wurde,
weil sonst ihre Ausrottung unfehlbar in kürzerer oder längerer Zeit erfolgen
müsste; denn die bessern Waffen der Schützen und das allgemein verbreitete
Fernrohr, machen diese Jagd jetzt leichter und für die Thiere weit verderblicher als sonst. Im Interesse der Alpenbewohner liegt es, dieses schöne
Wild zu erhalten, was auch von allen wirklichen Gemsenjägern anerkannt
wird. Der sonst sehr häufige Steinbock ist schon seit mehr als einem Jahrhundert aus den Oberländer Gebirgen verschwunden, und vergeblich würde
man sich bemühen, ihn wieder einheimisch zu machen. Noch viel länger
her ist es, dass der Hirsch und das Reh aufgehört haben, zu den einheimischen Thieren zu gehören, aber merkwürdiger Weise sind von beiden
noch in neuester Zeit einzelne Exemplare im Oberland angetroffen worden,
die nirgends anders her als aus dem Lichtensteinischen das Rheinthal herauf

gekommen sein können. Der wilde Eber, auch ehemals einheimisch, ist längst verschwunden, dagegen will man in einer kleinen zahmen Raçe, die neben andern im Oberland, besonders in den Seitenthälern, gehalten wird, die Abkömmlinge des Torfschweines erkennen, dessen vorhistorische Reste sich in den Pfahlbauten gefunden haben. Bär und Luchs sind selten geworden, finden sich aber noch einheimisch in entlegenen Wäldern und Felsklüften der Seitenthäler. Auch die eigentliche Wildkatze, nicht zu verwechseln mit der verwilderten Hauskatze, von der sie specifisch verschieden ist, kommt nicht mehr vor, oder ist doch höchst selten geworden. Von Wölfen hat man lange nichts gehört; ehemals gab es deren viele, und noch jetzt finden sich welche in den Tessiner Gebirgen; es ist aber der Wolf auch eigentlich kein alpines Thier, sein liebster Wohnort sind niedrige aber felsige Gebirge, wo es im Winter nicht allzu kalt wird und selbst von da kommt er gerne in die Ebene herab, sobald oben Schnee fällt. Daher hält er sich am Südabhang der Alpen, während man ihn auf der Nordseite ausrotten konnte. Dagegen hat sich Reinecke Fuchs, trotz aller Verfolgungen, im ganzen Lande zu erhalten gewusst. Dächse kommen einzeln vor, häufiger die beiden Marderarten, der Iltis, das Hermelin (Mustela Erminea), mit eben so schönem weissem Pelz als das nordische, das kleine Wiesel und der sehr unbeliebte Fischotter, der die ohnedies immer seltner werdenden Fische in manchen Waldwassern fast ausrottet. Ein sehr harmloses Leben führt dagegen der Alpenhase, Lepus variabilis, im Sommer grau, im Winter schneeweiss, auf den Alpenweiden und an der Grenze der Waldregion. Unten im Thale gibt es auch gewöhnliche Feldhasen, und wo beide Arten zusammentreffen, da entsteht oft eine sonderbare Bastardform zwischen beiden, die sich nicht weiter fortzupflanzen scheint. Häufiger als jetzt waren sonst die Murmelthiere, ein munteres, drolliges Geschlecht, dessen Treiben man nie ohne grosse Ergötzung zusieht, wenn man im Stande ist, die Thierchen in der Nähe zu beobachten. Auch ihre Zahl ist durch unbarmherziges Jagen und besonders durch das Ausgraben im Herbst so heruntergekommen, dass sie in manchen Thälern ganz verschwunden sind. Von Mäusen kommen die gewöhnlichen Arten vor, die Hausratte, Mus rattus, jedoch nicht überall, die Wanderratte findet sich überhaupt nirgends in Graubünden, die Wasserratte, Hypudaeus amphibius, ist mir noch nirgends vorgekommen. Dagegen erstaunt man, auf Höhen von nahe an 3000 M. auf dem Boden unter dem frisch geschmolzenen Schnee labyrynthische Gänge zu finden, die offenbar von Mäusen herrühren, welche hier unter der schützenden Decke von Alpenkräutern und deren Samen und Wurzeln ohne Winterschlaf leben. Verfolgt man die Gänge, so kommt man zu einem runden Nestchen aus zerkauten Grashalmen, welches der Wohnsitz der Maus während des Winters war. Es ist dies die Schneemaus, Hypudaeus nivalis; es scheint aber noch einige verwandte Arten zu geben, die noch nicht hinreichend untersucht sind. In Tavetsch und den Seitenthälern findet man auch die Alpenspitzmaus Sorex alpinus.

Sehr zahlreich sind die Vogelarten und zwar sowohl einheimische als Zugvögel, welche über die Pässe ihren Weg nach Süden nehmen. Leider aber vermindert sich die Individuenzahl der einheimischen Vögel von Jahr zu Jahr. Bekanntlich nehmen die Buben überall Nester aus und machen ihre ersten Jagdversuche an Vögeln und zwar an Grasmücken, Finken u. dgl., weil diese weder sehr scheu noch sehr pfiffig sind und daher leicht dem jugendlichen Blutdurst zum Opfer fallen. In der Nähe der Städte gehen die Sonntagsjäger auch wie die Neuntödter von dem Grundsatz aus, man müsse, wenn man einmal auf die Jagd gehe, doch etwas umgebracht haben. Dies alles ist im Oberland weniger der Fall, als an vielen andern Orten, und doch vermindern sich die Vögel, besonders die kleinen Insektenfresser und Raupen, Käfer etc. nehmen in eben dem Masse zu. Der Hauptgrund liegt unstreitig darin, dass diese Thierchen auf der Italienischen Seite der Alpen auf alle mögliche Weise weggefangen werden, wenn ihr Zug sie durch diese verderbliche Gegend führt. Ich glaube aber noch einen Grund in der Verminderung des Laubholzes zu finden. Es gibt eine Menge Vögel, die vorzugsweise auf diesem ihre Nahrung, die Insekten suchen, andern bieten alte Laubholzbäume die Astlöcher, welche ihnen zum Nisten absolut nöthig sind, und die sich an Tannen bekanntlich fast gar nicht finden, wieder andere nisten auf alten Bäumen und jungem Gebüsch, und nehmen sehr ungern und theilweise gar nicht mit Nadelholz vorlieb. Es ist sehr merkwürdig, dass sich einige Meisenarten in Ermangelung von Baumlöchern entschlossen haben, in Erdlöchern zu nisten, was ich ausserdem noch niemals gefunden habe — aber nicht alle Vögel besitzen dieses Accommodationsvermögen, welches gewiss eine von dem beliebten „Instinkt", wie man die geistigen Fähigkeiten der Thiere zu tituliren beliebt, ganz verschiedene Ueberlegung beurkundet. Mit dem Fällen der alten Buchen- und Eichenwälder verlassen daher die meisten das Land, das ihnen kein Obdach für ihre Jungen mehr bietet. Das freilich für ökonomische Zwecke unvermeidliche Zerstören von Hecken und Gebüschen in den Feldern, trägt aus demselben Grunde auch zur Verminderung der kleinen Vögel bei.

Ein vollständiges Verzeichziss sämmtlicher Oberländer Vögel mit Angabe derer, welche dort brüten, und mit Einschluss der Zugvögel existirt bis jetzt nicht und wäre eine verdienstliche Arbeit, selbst wenn es sich auf einzelne Ort- und Thalschaften beschränkte. Wir beschränken uns hier auf Angabe einiger den Alpen eigenthümlicher Arten, deren Beobachtung namentlich den Fremden interessiren wird. Die Raubvögel sind stark vertreten und zwar in den grössten wie in den kleinsten Arten. Der gewaltige Lämmer-

geier (Gypaetos barbatus) bewohnt nur die einsamsten Hochgebirge; näher
an den Wohnungen der Menschen horstet als fast eben so gefährlicher Nachbar
der Steinadler Aquila fulva, auf den Absätzen senkrechter, besonders über-
hängender Felsen. Eben da trifft man nicht selten den niedlichen Zwerg-
falken Falco Aesalon, dessen Muth und Raubsucht im komischen Gegensatz
zu seiner kleinen Person stehen; ausserdem fast alle europäischen Falkenarten,
theils einheimische, theils auf der Wanderung. Von den Eulen nennen wir
nur den Uhu, den kleinen Zwergkauz (Strix pygmaea oder passerina) und
erlauben uns, für diese etwa mit Ausnahme des Uhu sehr nützliche Vogelfamilie,
die unzählige Mäuse und Käfer vertilgt, ein gutes Wort einzulegen; ihre
Verfolgung rührt hauptsächlich von abergläubischem Blödsinn her. Unter den
Klettervögeln fällt Jedem bald der grosse Schwarzspecht auf, so wie der
dreizehige Buntspecht, Picus tridactylus. Um die Felsenköpfe und Wände
des Gebirgs wiegen sich leichten Fluges gesellig die Alpendohlen, Corvus
pyrrhocorax und die seltnere C. graculus, erstere mit gelbem, letztere mit
blutrothem Schnabel. Verlassen sie ihre luftige Heimath, so bedeutet dies
Sturm und Schnee. Von den Drosseln nistet hier Turdus torquatus, vielleicht
auch zuweilen pilaris; einzeln an den warmen Wänden des Calanda, Flimser
Steins u. s. w singt zuweilen ihr melodisches Lied die Steindrossel, auch die
Blaudrossel hat man schon bemerkt. Auf den höchsten Alpenweiden noch
begegnen wir einigen lieblichen Sängern, dem Alpenflühvogel Accentor alpinus, dem Alpenpieper Anthus aquaticus, Schneefink Fringilla nivalis und
Citronenfink Fringilla citrinella. Plectrophanes nivalis, der Schneesporner,
kommt häufig vor und brütet auch an den Grenzen der Schneeregion. Merkwürdiger Weise treibt sich hier auch der im Tiefland eben so häufige Stein-
schmätzer Saxicola Oenanthe herum, und auch die Rothschwänzchen gehen
bis zu den höchsten Alphütten. Eine Zierde sonniger Kalkfelsen ist der schöne
Mauerläufer Tichodroma phoenicoptera, mit der schönen flötenden Stimme, die
sich aber nicht zum Gesang erhebt, mit ihm gewöhnlich in Gesellschaft um-
flattert die Alpen die Felsenschwalbe und seltner der Alpensegler (Cypselus
alpinus).

Aber verborgen in der Waldregion, vom Jäger eifrig gesucht und selten
erlegt nisten die scheuen Waldhühner, der Auerhahn, der Birkhahn, von
welchen auch die seltne Mittelform Tetrao medius bisweilen vorkommt, das
Haselhuhn und auf den Alpenweiden das Schnee- oder Weisshahn Tetrao
lagopus und die flüchtige Pernise Perdix saxatilis. Sumpf- und Wasservögel
haben wenig charakteristische Arten aufzuweisen, weil eben ihr Element fehlt,
aber auf dem Zug sind die zahlreichen, fremden Arten eine willkommene Beute
des Jägers an den Ufern des Rheins und seiner Nebenflüsse.

Die Amphibien sind, wie überall in den Alpen, sehr wenig zahlreich, und da allerlei Vorurtheile gegen sie herrschen, auch sehr wenig beobachtet. Von Eidechsen kommen vor: Lacerta agilis im Thalgrund, montana und pyrrhogastra auch in der subalpinen und alpinen Region, nigra bis zur nivalen, wo sich übrigens die beiden letzteren finden. Schlangen im Thalgrund Coluber natrix, selten, häufiger Coluber laevis, die bis auf höhere Alpen hinauf geht, beide unschädlich, wie auch die im Thalgrund sehr häufige Blindschleiche. Vipera chersea = berus ist wie es scheint nicht häufig, ich habe sie auch nie selbst dort gesehen, und ein Biss an Menschen ist mir nicht bekannt, während ich im Engadin u. s. w. diese gefährliche Giftschlange oft sah und mehrmals fing, so wie man dort auch oft von Unglücksfällen hört, welche durch ihre Bisse veranlasst sind. Frösche kommen bis in die Gletscherbäche höherer Alpen vor und man findet ihre Larven da im Juli und August. Sie sollen sogar ohne Schaden in das Eis einfrieren können, und mehrere Jahre zu ihrer Entwicklung brauchen. Man findet rana esculenta, die nicht in die nivale Region gehört, und temporaria, letztere auch in einer eigenen etwas dunkel gefärbten Abänderung mit gelbem Bauch, die man Rana alpina genannt hat. So hat man auch von der gewöhnlichen Kröte eine kleine auf den Alpen lebende Form als Bufo alpinus geschieden. Diese Thiere verdienen noch genauere Beobachtung der vorkommenden Arten. Der gefleckte Salamander fehlt, dagegen ist in der Waldregion und auf den Alpen sehr häufig der schwarze, Salamandra atra; ich habe ihn bis zu 2000 M. gefunden. Wenn diese holden Wesen am Morgen in Menge auf dem Boden herumkriechen, thut man wohl, sich auf Regen vorzusehen. In Bergquellen und Gräben lebt bis an die Gletscher der kleine Wassersalamander Triton alpestris oder Wurffboinii.

Die vorkommenden Fische beschränken sich auf wenige Arten. Fast überall ist die gewöhnliche Forelle anzutreffen, (Salmo fario) in verschiedenen Abänderungen, die noch nähere Untersuchung verdienen. Dass sie in einigen Seen, z. B. im Tomasee und Maigelsee nicht vorkommt, ist sonderbar, da man sie anderwärts eben so hoch findet. Ich glaube, es kommt daher, dass diese Seen vollständig zufrieren und keinen Luftzutritt gestatten; denn wo keine Luft an offenen Stellen oder an den Seiten zukann, oder kein Bach mit frischem Quellwasser immer neue Luft unter die Eisdecke schafft, können Fische nicht unter derselben leben; diese Andeutungen wären vielleicht praktisch zu benutzen; blosse Gletscher- und Schneebäche genügen begreiflicherweise nicht; denn ihr Wasser sagt den Fischen an und für sich wenig zu, und im Winter versiegen sie. Mit der Forelle in Gesellschaft findet sich gewöhnlich die dickköpfige Groppe Cottus gobio; sie bleibt klein und unansehnlich, wird aber doch nicht ungern gegessen, wenig geachtet ist dagegen der an eben den Orten vorkommende Cyprinus phoxinus vulgo Bammeli, die kleinen Grundeln Cobitis barbatus und taenia scheinen auch vorzukommen.

Hechte finden sich im Trinser- und Laaxer-See; verschiedene andere Fische, welche als im Rhein vorkommend angeführt worden als Cyprinus carpio, nasus, barbus, leuciscus, alburnus, gehen für gewöhnlich wohl schwerlich über Reichenau. Dagegen kommt der ausgezeichnetste Fisch des oberen Rheins, die Rheinlanke oder Ilanke, Salmo lacustris, aus dem Bodensee herauf bis Ilanz und Trons, um in den Waldwassern und im Rhein selbst zu laichen. Wie ihm dies Geschäft verleidet, und seine Zahl vermindert wird, ist mit andern Bemerkungen über den Fischfang oben Cap. 3. auseinandergesetzt. Die Fischerei könnte in Bünden und namentlich auch im Oberland, ein einträglicher Artikel werden, während sich jetzt von Denen, die sie treiben, fast sagen lässt: *per pisces et aves multi periere scholares;* und daran ist der Mangel an Schonung, die Fischerei zur Unzeit und das Holzflössen zur Laichzeit hauptsächlich Schuld. Wir machen hier noch ganz in der Kürze auf die in Frankreich jetzt allgemein übliche, auch im Engadin mit Glück versuchte, künstliche Fischzucht, und auf die Anlage von Teichen auf schlechten Wiesen aufmerksam; denn wenn die Eisenbahnverbindung erst allgemein hergestellt ist, können die Oberländer Forellen eine gesuchte Waare werden.

Die Insekten würden Stoff zu einer sehr ausgedehnten Behandlung geben. Das Vorkommen der Mehrzahl hängt mit der Flora zusammen, das heisst, die pflanzenfressenden Insekten bilden die Mehrzahl und Basis der ganzen Insectenfamilie. Da nun diese an bestimmte Pflanzen gebunden sind, so werden sie mit solchen vorkommen müssen, und daraus folgt: wo vielerlei Pflanzen, da sind vielerlei Insekten. Und da nun das Vorkommen vieler Pflanzenarten vielfach an die Mannigfaltigkeit der Bodenarten gebunden ist, so folgt wieder daraus, dass Boden und Bodengestalt auch auf die Menge der Insekten u. s. w. Einfluss hat. Insekten, welche von andern todten und lebenden Thieren oder von Mist leben, scheinen zwar hiervon eine Ausnahme zu bilden, bedenkt man aber, dass sie zum Theil auf bestimmte Arten der Pflanzenfresser angewiesen sind, so kommt man so ziemlich auf das vorige Verhältniss zurück. Man kann daher die Insekten, wie die Pflanzen nach Regionen eintheilen, während es auch solche gibt, die sich in allen Regionen finden. Wir haben auch hier, wie anderwärts in den Alpen, verschiedene Arten, die man sonst in den Polargegenden findet.

Die Käfer sind wie überall die zahlreichste Ordnung und bleiben solche bis da, wo überhaupt das Thierleben aufhört, obgleich sie selbst mit der Höhe rasch an Zahl abnehmen. Heer führt über 220 Käfer aus der alpinen Region Bündens an. Die meisten gehören den pflanzenfressenden Familien der Rüsselkäfer, Holzkäfer und Blattkäfer an und darunter kommen zum Theil sehr schädliche Insekten vor, sowohl für die Waldungen als für die Oekonomie, welche der Raum nicht gestattet, alle aufzuführen. Es genüge,

14

auf die Borkenkäfer, den Erbsenkäfer, Kornrüsselkäfer und Apfelrüsselkäfer aufmerksam zu machen. Auch die Maikäfer gehen ziemlich hoch hinauf und es ist zu bemerken, dass verschiedene Oberländer Gegenden, wo sie sehr häufig sind, z. B. Flims, mit Chur nicht einerlei Käferjahr haben. Diesen gegenüber als Raubinsekten sind die Laufkäfer und Kurzflügler ziemlich zahlreich, erstere weisen zum Theil schöne und seltene Arten auf. Die Elateriden sind in den Wäldern und auf den Alpen noch ziemlich zahlreich, am schwächsten vertreten sind die Melasomen und Schwimmer.

Die Hymenopteren warten auf Jemanden, der sich mit ihnen speziell beschäftigen wird. Sie sind im Thalland häufig genug, und stimmen hier mit denen so ziemlich überein, welche die Bergregion des mittleren Europa überhaupt aufweist, nach oben nehmen sie schnell ab, doch trifft man einzelne Arten noch sehr hoch, selbst bis auf die höchsten Spitzen. An Zahl überwiegend sind unstreitig die Ameisen, in vielen Arten zum Theil lästig und schädlich; sie gehen sehr hoch. — Die Honigbiene wird in einigen Gegenden sorgsam gepflegt z. B. in Tavetsch und liefert hier einen ausgezeichneten Honig; es könnte aber die Bienenzucht noch einträglicher gemacht werden, wenn man die Forschungen und Erfahrungen der neuesten Zeit besser benutzte und sich überhaupt mehr Mühe damit gäbe.

Die Schmetterlinge der Wald- und Alpenregion zählen schöne und seltene Arten. Es bedarf eines schönen, sonnigen Tages, um diese „flatternden Blumen" in ihrer ganzen Schönheit und regen Lebendigkeit zu beobachten. Auch hier sind noch Entdeckungen zu machen, besonders unter den ganz kleinen Arten, um die sich hier noch Niemand recht bekümmert hat. Man trifft Schmetterlinge zuweilen um die höchsten Gipfel flatternd, welche aber nicht immer dort einheimisch sind. Zu diesen Vorwitzigen gehören namentlich Vanessa polychlorus und urticae, die ich mehrmals bis 3000 M. antraf. Es sind solche unstreitig freiwillig hinaufgeflogene oder einheimische Individuen, nicht mit solchen zu verwechseln, welche vom Sturm gehoben, bis auf die höchsten Schneefelder gelangen, dort liegen bleiben und umkommen. In diesem Zustand habe ich Insekten aller Ordnungen angetroffen, besonders da, wo der Föhn an südliche Abhänge stösst und an diesen aufsteigt. Es unterscheiden sich solche von den auf den Höhen stets oder zeitweilig einheimischen durch ihren hülflosen Zustand, während letztere munter umherschwärmen.

Fliegen habe ich auch gefunden, so weit die Vegetation reicht, doch findet sich die grössere Menge in der Thalfläche. Auf den Alpenweiden sind bis zu oberst die verschiedenen Arten Oestrus, Tabanus und Haematopota eine Plage des Viehs, letztere auch der Menschen. Die Stubenfliege geht auch bis in die Alphütten. Es hat diese Ordnung an Bremi und Am Stein Bearbeiter gefunden, welche auch theilweise das Oberland berücksichtigt haben.

Die Neuropteren sind nicht besonders zahlreich, doch kommen Phryganeen noch an Alpenseen vor; auf niederen Bergwiesen trifft man den schönen Ascalaphus longicornis (Italicus), der an Farbenpracht mit den Schmetterlingen wetteifert.

Von Geradflüglern trifft man hier wie in ganz Bünden bis auf die Alpen eine Menge Heuschrecken, welche schädlicher sind, als man insgemein glaubt, besonders da ihre Hauptfeinde, die Staare, fehlen. Die Steindohlen verzehren ihrer indess auch sehr viel. Gryllus sibiricus und Morio steigen bis auf die höchsten Alpen; eben da findet sich unter Steinen eine seltsame Art von Ohrwurm, Forficula bigettata. In der Thalsohle leben die gewöhnlichen Formen, auch Gryllus domesticus und Blatta orientalis fehlen nicht. Auf Gletschern und Schneefeldern findet sich wie sonst in den Alpen Desoria glacialis u. a.

Die Rhynchoten finden sich mehr im Thal als auf den Alpen, und zwar meist die gewöhnlichen Arten. Die Cicaden gehen höher als die Wanzen. Wie weit die Bettwanze geht, habe ich bis jetzt nicht ermitteln können, sie scheint aber in den höheren Alpenthälern zu fehlen.

Ueber die Arachniden fehlen bis jetzt fast alle Vorarbeiten. Von gewöhnlichen Spinnen kommen sehr viele vor und gehen bis in die Maiensässe und Alpen. Bemerkenswerth ist eine graue, langbeinige Spinne, Opilio glacialis, welche auf den Gletschern herumkriecht, und sich dort von Desorien u. dgl. nährt.

Die Crustacaen und Tausendfüssler sind auf den Alpen häufiger, als man glauben sollte. Es findet sich eine Abhandlung über dieselben von Dr. Am Stein in den Jahresberichten der B. Naturf. Gesellschaft, worauf wir verweisen; denn im Oberland kommen ungefähr dieselben Arten vor. Krebse finden sich im Rhein und wie man sagt auch im Glenner, es ist aber die kleinere Art, Astacus saxatilis, und sie werden wenig benutzt. Die ziemlich zahlreichen Schnecken sind nur wenig beobachtet. So weit ich sie kenne, sind es [die gewöhnlichen alpinen Formen. Es wäre ihnen ein fleissiger Sammler und Beobachter zu wünschen. Die Weinbergsschnecke wird gegessen und sind besonders die Flimser Schnecken als sehr wohlschmeckend gesucht.

Die Romanische Sprache.

Es ist in diesem Werkchen schon viel von der Sprache des Oberlandes die Rede gewesen. Es ist diese ein Zweig des grossen Romanischen Sprachstammes und ein Dialekt der Graubünden eigenthümlichen Rhäto-Romanischen Sprache. Ueber diese ist schon viel geforscht und geschrieben worden; da

sich aber bis daher kein bestimmtes Resultat herausgestellt hat, so werden
mir meine Leser erlassen, diese Streitpunkte und auseinander laufenden Ansichten hier zu wiederholen. Dass die Rhäto-Romanische Sprache eine Tochter
der Lateinischen ist, kann Jeder, der letztere kennt, unschwer herausfinden,
und die Jahrhunderte dauernde Anwesenheit der Römer in Rhätien erklärt
dies auch genügend. Aber es finden sich andere Elemente in dieser Sprache,
welche entschieden nicht Römischen Ursprungs sind; woher nun diese? Die
Sage leitet die Rhätier, wie sie vor den Römern waren, von Etruskern ab,
welche bei dem Einfall der Gallier in Oberitalien sich unter ihrem Kriegs-
führer Rhätus in die Gebirge geflüchtet hätten; nach Rhätus sei dann die
neue Heimath dieser Flüchtlinge benannt worden. Diese, auch von Römischen
Schriftstellern erzählte Sage ist weder zu beweisen noch zu widerlegen; da
wir aber von der Sprache der alten Etrusker so gut als nichts wissen, so
können wir auch dessen etwaige Reste im Romanischen nicht herausfinden.
Dasselbe ist der Fall mit vielleicht vorhandenen Gallischen und sonst Celtischen
Sprachresten. Möge unter unsern Lesern jemand sein, der glücklich genug
ist, die Schlüssel zu diesen Problemen zu finden; wir gehen hier nicht weiter
darauf ein, und geben für solche, welchen die Sprache ganz fremd ist, einige
Proben zum Vergleich mit andern Sprachen des Romanischen Stammes.

1. Rede des Abtes Peter von Pontaningen an die Urserer.

„Officials et amens della Val! Tgei auda jeu de vus? Saveis bucca
denunder che vus esses, tgei sem vus ha schendrau, tgei sein vus ha tezau.
Tgi sei stau vies signur, tgi vies protectur? Han bucca mummas grischunas
vus portau, nobels babs della Thuscia vus nutriu? Per grazia de Diu sun
jeu vies bab spiritual e temporal. Per assistenza dil medem hai jeu gl' onn
vargau uniu las facziuns della Rhezia grischuna e compartiu ad ellas la pesch
e la libertat. Per quella fin sun jeu cheu per compartir a vus quei della casa
de Diu. Mo particularmein sun jeu cheu per emparar vus: scho vus leics
esser glieut della crusch de sogn Plazi ne dal taur ded Uri."
Die ziemlich wörtliche Uebersetzung steht pag. 91.

2. Canzun d' ujarra dils Grischuns.
Da Giachen Camichèl da Breil 1838.

Tier l' ujarra, tier l' ujarra
Mein nus ussa, cars Grischuns
Per defender nossa tiarra,
Sco von temps ils nos babuns.

Sut las armas, sut las armas
Cun curascha semettein;
Senza sponder biaras larmas
Dals nos cars cumiau prendein.

Tier la gloria, tier la gloria
Lein nus ir cun tafradat;
Reportar lein er victoria
Per la sointga libertat.

Grischuns libers, Grischuns libers
En perpeten lein restar;
Gl' inimitg grad sco tons tigers
Lein pigliar e massacrar.

Sclaveria, sclaveria
Ei giè la pli tresta sort;
Pli bugien che tyrannia
Semiglionta lein la mort.

Tier l' armada, tier l' armada
Lein nus ussa pia ir;
Gl' inimitg tras nossa spada
E sittom lein far morir.

Igl exempel, igl exempel
Da nos vegls lein imitar;
Nus lein els entoch' il tempel
Della gloria suondar.

Sco els lein nus, sco els lein nus
En l' ujarra ussa ir,
Sco els lein nus, sco els lein nus
Batter, viver e morir.

Tuts nus pia, tuts nus pia
Uniun lein engirar,
Nus vegnin sigir aschia
Ils nos dretgs a conservar.

Giè la nossa, giè la nossa
Libertat lein conservar,
Da quei far cheu sur la fossa
Da nos vegls lein engirar.

Morir, viver, morir, viver,
Secund sco ei vegn la sort;
Libertat lein suttascriver;
, Sut monarchs? — plitost la mort! —

3. Rhätisches Kriegslied von G. Camichèl.

Uebersetzt von Pl. Plattner.

Fort zum Kriege, fort zum Kriege!
Wackre Bündner drauf und dran!
Schirmen unsrer Freiheit Wiege
Wollen wir, wie einst der Ahn!

Zu den Schwerten, zu den Schwerten
Greifen wir mit Kriegermuth;
Bei dem Abschied von den Werthen
Bleib' uns fern der Thränen Fluth.

Auf, zum Ruhme, auf, zum Ruhme
Lasst uns ziehn mit tapferm Sinn;
Zu der Freiheit Heiligthume
Holen wir des Siegs Gewinn.

Frei, Grisonen, frei, Grisonen,
Woll'n wir bleiben immerdar,
Löwenmuthig sonder Schonen,
Morden unsrer Feinde Schaar.

Sklavenbande, Sklavenbande
Sind des Mannes schlimmstes Loos;
Lieber, als der Knechtschaft Schande,
Dulden wir den Todesstoss.

Fort zum Heere, fort zum Heere,
Zu des Bundes Aufgebot!
Mit dem Schwert und dem Gewehre
Schlagen wir die Feinde todt.

Dem Exempel, dem Exempel
Unsrer Väter folgen wir,
Das uns zu des Ruhmes Tempel
Hehr voranstrahlt für und für.

Gleich den Ahnen, gleich den Ahnen
Ziehen heute wir in's Feld;
Jeder hält, woran sie mahnen,
Kämpft und lebt und stirbt als Held.

Lasst uns Alle, lasst uns Alle
Schwören hier der Eintracht Eid;
So nur bleibt im schlimmsten Falle
Unsre Freiheit unentweiht.

Freiheit, Rhäter, Freiheit, Rhäter
Stets zu wahren unversehrt,
Schwört es auf dem Grab der Väter
Feierlich, dass Gott es hört.

Sterben, Leben; Sterben, Leben,
Welches unser Loos auch sei;
Freiheit, dir sind wir ergeben;
Lieber Tod als Tyrannei!

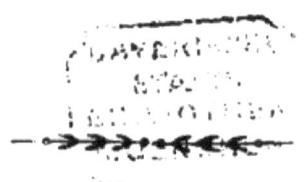

VORDER-RHEIN-THAL.

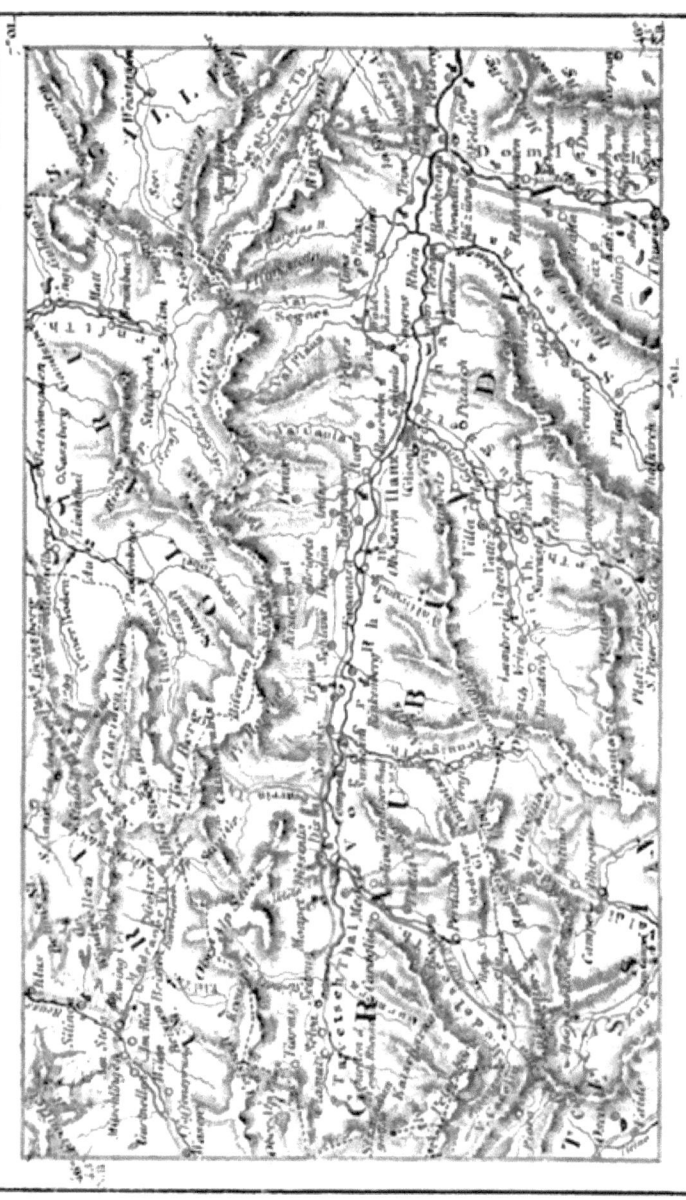

Leipzig Verlag von J.J.Weber

G. Heck del.